스토리텔링과 책놀이 2

이송은 · 김윤경 · 전진영 · 권　옥
한선예 · 최형임 · 이춘희 · 한주미

창지사

일/러/두/기

- 이 책은 2012년 발간된 첫 책, 『스토리텔링과 책놀이』(이송은 저, 창지사)와 내용상 중복 없이 새 수업안으로 구성되었습니다.
- 이 책은 2012년 발간된 책과 더불어, 동화가있는집의 '책놀이지도사'(민간자격등록번호 2013-0267)자격증 과정 교재로도 사용됩니다.
- 책놀이를 처음 접하는 경우라면, 첫 번째 책을 먼저 보시기 바랍니다. 책놀이의 기본이 되는 이론과 활동이 자세히 실려 있습니다.
- 이 책에 소개된 활동들은 동화가있는집이 만들고 현장수업 적용을 거친 것들로, 각각의 수업을 연계하여 중·장기 프로그램을 구성할 수 있습니다. 영아, 유아, 초등별 프로그램에 필요한 활동자료는 현장수업 시 배부됩니다.
- 영·유아 파트는 교사들도 현장에서 적용하기 편리하게 연령별 표준보육과정 및 누리과정과 연계하여 기술하였습니다. 확장활동과 수업메모를 참고하면 도서관이나 센터 등 여러 현장에서 연령과 수업규모를 쉽게 조절할 수 있습니다.
- 실제 편에 제시된 대상연령은 현장상황에 따라 수준을 달리해서 적용할 수 있습니다.

머/리/말

『스토리텔링과 책놀이』를 펴낸 지 5년이 흘렀습니다. 그동안 첫 번째 책에 보내주신 교사, 부모, 사서, 그리고 수많은 익명의 독자들의 성원은 저희에게 참으로 큰 힘이 되었습니다.

"그림책을 이렇게 읽을 수도 있군요!"

"일주일 내내 뜨레풀 노래 흥얼대며 책 읽어달라고 해요."

"실습 갔을 때 애들이 책놀이 너무 좋아했어요! 주임선생님께 칭찬 들었어요!"

"겉돌기만 하고 친구들 괴롭히던 애가, 이젠 센터에 오면 책부터 본다고 선생님도 놀라요."

"손주 돌잔치 때, 한지 꽃을 하나씩 나눠 주고 물에 띄우면서, '꽃이 핀다, 꽃이 핀다, 예쁜 OO꽃 핀다!' 축수하자고 했지요. 그랬더니 난리가 났어요! 사돈한테 점수 좀 땄지. 허허."

이렇듯 책놀이를 만나면서 한 사람, 한 사람, 환해지는 얼굴을 볼 때마다, '퍽퍽한 세상에 등불 하나가 또 켜졌구나!' 싶어 콧잔등이 시큰했습니다.

이제 책 읽기 방법이 얼마나 다채로운지, 책놀이가 얼마나 흥미진진한지 보여줄 두 번째 책이 세상으로 나갑니다. 지난 5년간 영아, 유아, 초등 책놀이 현장에서 수많은 아이와 교사, 부모에게 즐거움과 영감을 주었던 스토리텔링과 책놀이 활동들이 생생한 현장사진, 자세한 설명과 함께 여러분을 찾아갑니다. 저희의 부족함이 눈에 띌 때마다 그것을 보완하고자 더 부지런히 뛰었습니다만, 남은 한 조각은 이 책을 오랫동안 기다려 주신 현장의 동지들이 채워 주시리라 기대합니다.

이 책이 나오기까지 여러 사람의 노력이 있었습니다. 수업안을 만들고, 현장에서 땀 흘리고, 밤새워 원고 정리하느라 고생한 공동저자 김윤경, 전진영, 권옥, 한선예, 최형임, 이춘희, 한주미 연구원은 물론이요, 생생한 수업 아이디어로 참여해 준 강경희, 유훼리, 문소라, 이종여, 이은영, 신은하, 주미라, 박자호, 김형미, 윤현옥 강사님께 감사의 마음을 전합니다. 행복한 책놀이 수업현장을 허락해 준 이천 봄밭유치원, 인천 하늘어린이집 아이들과 원장님께도 깊이 감사드립니다. 그리고 초등 수업안 작성에 도움을 준 유효정 선생님, 방대한 교정을 함께한 이영주 연구원 및 연구진으로 참여한 여러분들께도 고마움을 전합니다. 마지막으로 저자들의 가족 여러분께 머리 숙여 감사드립니다. 지난 일 년간 바쁜 엄마, 얼굴 보기 힘든 딸(며느리), 분주한 아내를 참고 응원해 주신 것, 잊지 않고 기억하겠습니다.

늘 그랬듯이 한 줄의 문장을 붙잡고도 오래도록 고민하는 필자의 습관 탓에 긴 시간동안 기다려 준 창지사 관계자분들께도 감사드리며, 좋은 그림책을 만들어 우리 독자들이 즐길 수 있도록 해 준 작가와 출판사에게도 진심으로 응원의 박수를 보냅니다.

삼십년이 넘게 스토리텔러로, 문학활동교사로 살아온 저는 그려 봅니다. 이 책이 펼쳐지는 곳곳마다 책 읽어 주는 소리와 따뜻한 소통이 넘쳐나는 풍경을요. 그 너머에는 책 앞에 주눅 들지 않고 당당한 독자로 성장한 아이들이 있고, 함께 즐기는 부모와 교사가 있고, 그 뒤편에는 미소 띤 채 옛일을 회상하는 은발의 할머니, 할아버지가 보입니다.

새로운 내용으로 구성한 『스토리텔링과 책놀이 2』가 문학활동 교사의 꿈을 키우는 분들에게 좋은 길잡이가 되리라 확신하며, 책놀이의 등불이 여기저기서 하나, 둘 켜져 세상을 밝히고 따뜻함을 나눠 주는 메신저가 되기를 기대합니다.

2017년 1월 아침

저자를 대표하여 이송은 올림

차 / 례

2장 유아를 위한 책놀이 • 109

3장 초등아동을 위한 책놀이 • 249

ABCDEF
GHIJKLM
OPQRST
UVWXYZ

제 1 부

스토리텔링과 책놀이의 이론

1 책놀이의 이해

1) 왜, 책놀이인가?

책놀이는 크게 보아, 그림책을 활용한 문학활동이다. 그럼에도 굳이 '책놀이'라는 단어를 사용하게 된 데에는, 기존의 '독서지도'나 '문학활동'에서 소홀히 해온 부분들이 있었기 때문이다.

우리나라 아이들은 학년이 올라갈수록 책을 읽지 않는다고 한다.[1] 왜 그럴까? 이유를 찾아보면 몇 권을 읽었는지 양으로 비교당하는 독서, 문해 교육의 수단으로 내몰리는 책과의 초기 만남, 보여 주는 결과물을 재촉받는 독후활동, 책이 독후활동을 위한 수단으로 전락한 독서 과정……. 이 어디에도 책 읽기의 즐거움이 없다.

책놀이는 아이들이 즐겁게 책을 만나면서 자연스럽게 책이 좋아지고, 사람과 사람이 친해지고, 책 앞에서 주눅 들지 않는 당당한 독자가 되는 것을 지향한다.[2] 책놀이에서는 읽기의 다양성과 전문성, 창의적이고 유연한 독후활동, 읽어 주는 사람에 대한 재해석, 말과 글을 넘나드는 스토리텔링, 책에 대한 재개념화(再概念化)[3] 등이 주요한 요소가 된다. 이런 과정을 거치는 동안 아이들은 책이 다시금 보고 싶어지고, 생각하는 독자가 되며, 느끼고 표현하는 것을 즐기는 존재가 되어가는 것이다.

이 책의 1부에서는 2012년 발간된, 『스토리텔링과 책놀이』에서 미처 다루지

---

1) '무식한 대한민국(머니투데이, 2014. 7. 25.)'이라는 제하의 기사를 보면, 우리나라에서는 유아나 초등 때 바짝 읽다가 연령이 높아질수록 안 읽고, 중학생 무렵부터는 입시와 상관없는 책은 아예 읽으려 들지 않는다고 한다. 이에 반해, 선진국에서는 나이가 들수록 더 많이 읽는 독서 사이클을 보여 준다. 그 이유를 한 출판관계자는 이렇게 설명한다. "한국 부모들은 어릴 때 독서를 많이 시켜야 상위 1%에 진입할 수 있다고 믿고 있다. 옆집 아이와 경쟁적으로 책을 사주고 읽힌다. 의도가 순수하지 않은 것이다. 반면 선진국들은 독서가 그냥 습관이다."

2) 『스토리텔링과 책놀이』 p.57 참조.

3) 책 읽어 주기에 관한 새로운 시각에서의 고찰은 필자가 쓴, 〈세 연구자들의 스토리텔링 탐험기: 그림책으로 아이들과 소통하는 할머니 · 할아버지 세워가기〉(교육인류학 연구 19권 3호, pp. 67-119) 중 pp. 74-76에 자세히 실려 있다.

못했던 주요한 이론을 담되, 독자의 편의를 위해 책놀이의 개념 및 읽기 유형표는 다시금 싣는다.

2) 책놀이의 개념

책놀이란 책을 재미있게 읽고 책을 소재로 창의적인 놀이 활동을 하는 것을 말한다.

- 책을 '재미있게' 읽는다는 것은, 작품에 따라, 대상 청중에 따라, 활동목적에 따라, 읽기유형을 적절히 선택하고,[4] 책의 특성(그림책에서는 그림이 이야기를 끌고 가는 주요 요소가 되며, 표지, 면지, 속표지, 책등, 플랩 등 독특한 외형적 특성이 있음)을 살려서 스토리텔링 과정에 녹여내는 것을 뜻한다.
- 책을 소재로 '창의적인' 놀이 활동을 한다는 것에는 여러 가지 의미가 내포돼 있다. 책에 담긴 내용으로 '뻔하지 않은', 참신하면서도 흥미로운 활동을 연계한다는 의미도 있지만, 책 자체를 외형적 놀잇감으로 사용하여 책으로 집을 짓거나 징검다리 놀이를 하는 등 책을 바라보는 시각 자체를 새로이 하는 것까지 포함한다.

3) 책놀이의 등장배경과 전문화 움직임

'책놀이'라는 어휘가 등장한 것은 2000년대 이후로 그림책의 본격 보급, 북스타트 운동, '책'과 '놀이'를 연계한 행사의 증가 등이 배경요인이 되었다(이송은, 2012). 즉 90년대 중반 이후, 단행본 그림책이 본격적으로 보급됨에 따라 '말이나 글로 감상하는 동화'에서 글뿐만 아니라 그림도 읽는 '그림책'으로 도서 환경이 변화하고(이송은 외, 2016), 영아에게도 책을 읽어 주자는 운동과 '책과 더불

---

4) 『스토리텔링과 책놀이』 p.41 참조.

어 놀자'라는 움직임이 일면서 필연적으로 생겨난 것이 책놀이다.[5] 2008년에 학부모 및 예비교사를 대상으로 책놀이지도사 자격과정이 개설되었고, 2013년부터는 직업능력개발원에 민간자격증으로 등록되어 자원활동가 양성, 영유아교사교육, 학부모교육, 유초등교사직무연수, 대학 재학생 전공역량강화 사업 등 여러 가지 목적으로 폭넓게 시행되고 있다.[6] 〈동화가있는집〉은 스토리텔링과 책놀이 전문 연구소로서, 2007년 설립 이래 스토리텔링 및 책놀이에 대한 이론을 정립하고 연구하며, 다양한 대상층을 위한 프로그램 개발 및 전문 활동가 양성 교육을 해 오고 있다.

책놀이의 적용 범위는 관객이 참여하는 공연으로까지 확장이 가능하다. 책놀이 공연은 현장에서 책을 재미있게 읽고 책내용을 확장하여 관객이 함께 즐기는 체험형 활동으로서, 동화가있는집 연구소의 『뜨레풀 책놀이 1』, 「세모야 어디가니?」[7]가 대표적이다. 아울러 책놀이 수업에 대한 현장연구도 갈수록 활발해지고 있다. 결혼이주여성과 초등아동을 대상으로 한 책놀이(이송은, 2007), 결혼이주여성과 영유아 자녀를 대상으로 한 책놀이(신일순, 2009; 한선예, 2014), 공공도서관에서의 모-아 책놀이(전진영, 2014), 독서소외계층 아동을 대상으로 한 책놀이(이송은 · 전진영 · 김윤경, 2016) 등 여러 수업현장연구를 예로 들 수 있다.

---

5) 대중을 대상으로 한 최초의 책놀이 수업은, 2003년 10월 21일, 부천시 복사골문화센터도서관에서 세 차례에 걸쳐 이루어진 '와! 그림책으로 놀자'(주최: 사계절 출판사/설계 및 진행: 이송은)로 볼 수 있다. 당시, '놀이 같은 역동적인 읽기'와 '참신한 통합놀이'를 표방하였고, 각 차시마다 영아 모-자 20쌍을 대상으로 40분 간 진행하였다. 사계절 출판사의 영아책, 『불러 보아요』, 『잡아 보아요』, 『태워보아요』 출간 기념 프로모션 행사의 성격을 띠었다.

6) 책놀이의 현장은 초기에는 영유아로 시작했으나, 2009년 초등 방과 후 다문화 책놀이(안산교육청)를 시작으로 초등대상 프로그램으로 확대되었으며, 2010년 어르신들에게 책 읽어 드리는 북스카우트(주최:한국간행물윤리위원회/ 진행: 동화가있는집) 등 노인층에게까지 확산되었다. 초등, 노인, 장애우 등을 대상으로 2014년부터 해마다 전국적으로 실시되고 있는, '책 읽어 주는 문화봉사단'(주최: 한국출판문화산업진흥원/프로그램 개발 및 교육: 동화가있는집) 프로그램은 다양한 스토리텔링과 책놀이를 보여 주는 대표적인 예이다.

7) 『뜨레풀 책놀이 1』이라는 명칭으로 검색과 구매가 가능하며, 이 안에 「세모야 어디가니?」(이송은 글, 전효훈 그림)등 세 권의 책과 한 개의 CD가 들어 있다. 이 작품은 '책 밖으로 나온 이야기'라는 제목으로, 2007년 어린이날 기념 공연(주최: 아이세움출판사, 장소: 국민제로원센터)을 시작으로, 2008년 순천기적의도서관 어린이날 공연, 국립중앙박물관 독서문화축제 등 여러 현장에서 여러 연령층이 함께하는 책놀이 공연으로 호응을 얻고 있다.

동화가있는집 연구소 리플릿

뜨레풀책놀이 그림책 및 프로그램 리플릿

『뜨레풀 책놀이 1』, 「세모야 어디가니?」 표지

‘세모야 어디가니?’ 공연의 역사

‘세모야 어디가니?’ 책놀이 공연,
동화가있는집 책놀이공연팀
(2008년, 순천기적의 도서관)

“책 밖으로 나온 이야기” 중 ‘세모야 어디가니?’ 공연,
동화가있는집 책놀이팀
(2008년, 국립중앙박물관)
문화체육관광부 · 국립중앙박물관 주최

“군포 독서대전”, ‘세모야 어디가니?’ 책놀이 공연,
동화가있는집 책놀이공연팀
(2014년, 군포시)
문화체육관광부 주최

“세계 책의 날”, ‘세모야 어디가니?’ 책놀이 공연,
동화가있는집 책놀이공연팀
(2015년, 서울 청계광장)
문화체육관광부 주최

“책 밖으로 나온 이야기” 중 ‘세모야 어디가니?’ 공연, 중부책놀이팀
(2016년, 서울용두초등학교)
동부교육지원청 주최

4) 책놀이, 무엇이 다른가?

어떤 것이 책놀이이고, 어떤 것이 책놀이라 부르기에 적합하지 않을까? 그것이 분명해지면 그림책으로 책놀이 활동계획안을 짜는 것이 한결 쉬워질 것이다.

좋은 책놀이 수업 점검 리스트

- 선정한 책이 문학적, 미술적 완성도가 있는가?
- 수업의 시작은 매력적이고 주의집중을 돕는가?
- 읽기 과정에 새로움이나 즐거움이 있는가?*
- 활동은 책의 주제를 적절히 심화하고 있는가?
- 활동 방법은 뻔하지 않고, 전형성을 탈피한, 참신한 것인가?*
- 참여 아동의 주도성과 능동성을 격려하는가?
- 재미있는가?(교사도, 아동도)*
- 책이 다시 보고 싶어지는가?*
- 전반적인 수업의 흐름이 편안하고 자연스러운가?
- 활동을 위한 준비과정이 너무 어렵거나 부담스럽지 않은가?
  (예 고비용 / 고난이도 교구제작)

위의 10가지 항목 중, '*'를 표한 내용은 '책놀이'이기 때문에 보다 더 강조되는 요소들이며, 다른 내용들은 일반 수업활동에도 동일하게 적용되는 것들이다.

2 놀이의 이해와 책놀이

1) 놀이의 특성과 책놀이

놀이에 대한 연구와 정의는 동서고금을 막론하고 여러 학자들이 오래전부터 다루어 왔다. 놀이의 특성을 종합해 보면 내적 동기화, 결과보다 과정 중시, 비사실적 행동, 적극적 참여, 긍정적 정서, 외적 규칙으로부터의 자유, 자유로운 선택, 유연성 등을 들 수 있다(박찬옥 외, 2008).

이러한 놀이의 특성을 책놀이에 적용해 보면, 책놀이를 할 때 교사는 아동이 스스로 하고 싶어 하는지, 과정자체가 의미가 있는지, 가작화(make-believe) 행동을 수용하는지, 게임을 위해 설정한 규칙 외에 외부로부터 과도한 간섭은 없는지, 자유로운 선택이 가능한지, 유연성이 있는지 살펴보아야 할 것이다.

2) 놀이의 개념과 책놀이

놀이에 대한 정의는 여러 관점이 있으나 한국민족문화대백과사전은 다음과 같이 설명하고 있다.

> "놀이란 인간의 생존과 관련이 있는 활동과 '일'에 해당되는 활동을 제외한 모든 신체적 · 정신적 활동의 모든 것을 말한다. …중략… 막연한 휴식은 놀이가 아니다. 일정한 육체적 · 정신적인 활동을 전제로 하며, 정서적 공감과 정신적 만족감을 바탕으로 이루어지는 활동이다. 인간으로서의 삶의 재미를 적극적으로 추구하고 즐기고자 하는 의지적인 활동이다. 그러므로 놀이는 재미가 있어야 하고 다른 사람들을 끌어들이는 공감력이 있어야 하며, 모든 제약으로부터 해방시켜 주는 자유스러움과 놀이 주체의 자발적인 참여가 보장되어야 한다(한국민족문화대백과사전, 제5권, pp.771-772)."

위의 설명을 통해서 볼 때, 책놀이를 계획하고 진행할 때 교사는 그 책놀이가 과연 재미있는지, 참여자들이 자유로움을 느끼며 만족하도록 잘 설계하였는지를 살펴볼 필요가 있다.

3) 놀이의 교육적 가치, 그리고 책놀이

대부분의 성인이 일을 통해 자신의 능력을 확인하고자 하는 반면, 어린이는 놀이를 통해서 세상을 알아가고, 친구를 사귀고, 자신의 유능감을 확인한다. 영유아 및 초등학령기를 포함한 유년기의 놀이 활동은 신체, 사회성, 인지, 언어, 정서, 창의성 발달에 영향을 미친다(이숙재, 2014). 손을 뻗어 놀잇감을 잡고, 쌓고, 구슬의 수를 세고, 손뼉치고 노래하고, 친구와 손을 잡고 반환점을 돌고 보드게임 전략을 세우는 가운데, 아이들은 한걸음, 한걸음 성장해 가는 것이다.

어른들은 자주 아이들에게 "놀지 말고 공부하라!"고 한다. 하지만 이 말을 습관적으로 하는 사람이 있다면, 그는 중요한 사실을 모르고 있다. 아이들에게는 '놀이가 곧 공부'라는 것을, 그것도 '즐거운 공부'라는 것을 말이다. 자세히 살펴보면 어른들이 강조하는 '공부' 중에는 미래에는 쓸모가 없어질 단순 연산이나 암기, 양만 강조하는 맹목적인 독서, 강박에 가까운 외국어와의 씨름 등 '재미'와는 거리가 먼 메뉴들이 즐비하다. 이렇게 자신의 의사와는 무관하게 어른들이 짜서 내민 메뉴에 따라 이리저리 휘둘리다 보면 아이들은 점차 생명력과 자신감, 삶과 세상에 대한 기대를 잃어간다. 놀이 속에서 자기 생각을 표현하고 소통해 본 아이들이야말로 미래사회가 요구하는 창의적 인재, 긍정적 에너지를 지닌 존재가 될 수 있는데 말이다.

놀이를 통해서 아이는 자신이 할 수 있는 것이 많음을 발견한다. 놀이를 통해서 아이는 스마트 폰이나 게임기 없이도 더 큰 재미와 즐거움을 가질 수 있음을 알게 된다. 놀이를 통해서 아이는 친구의 소중함과 규칙과 질서의 중요성을 배워나간다. 책놀이는 여기에서 한 걸음 더 나아간다. 글과 그림을 새롭게 해석하는 경험을 통해 생각하는 독자로 나아가게 하고, 책이라는 평생의 친구까지 선물한다.

4) 놀이의 유형과 발달 단계

곁에 있는 또래에게는 아무 관심 없이 컵만 끼웠다 빼기를 무한 반복하는 영아와, 친구들과 팀을 이루어 규칙을 만들며 게임을 즐기는 아동 사이에는 수년에 걸친 역동적인 변화의 과정이 있다. 놀이의 변화단계는 인지적 측면과 사회적 측면에서 살펴볼 수 있다. 피아제의 인지발달단계는 감각운동기, 전조작기, 구체적 조작기, 형식적 조작기로 구분된다(이숙재, 2014). 놀이와 관련해서 피아제(Piaget, 1962)는 연습놀이, 상징놀이, 규칙 있는 게임으로 구분하였고, 스밀란스키(Smilansky, 1968)는 기능놀이, 구성놀이, 극놀이, 규칙이 있는 게임 등으로 구분하였다(박찬옥 외, 2008에서 재인용).

발달과 놀이를 통합적으로 살펴보면, 감각운동기의 영아는 신체를 활용하여 만족감을 느끼는 행동을 반복함으로써 즐거움을 얻는 기능놀이로 시작한다. 그러다가 만 2세가 가까워져 오면 물건을 끼우고, 쌓고 만드는 등 창조적 활동인 구성놀이를 시작한다. 그 후 2세 중반경부터는 상징놀이를 시작하는데, 상징놀이는 학자에 따라 상상놀이, 가상놀이, 가장 놀이와 혼용되기도 하며 가작화요소를 포함한다.[8] 사회극놀이(sociodramatic play)는 상징놀이가 더욱 발전한 놀이 형태로, 유아들이 즐겨하는 '엄마 · 아빠놀이'가 예이다. 사회극놀이는 한 명 이상의 친구와 함께하며, '역할의 가작화', '사물의 가작화', '행동과 상황의 가작화', '지속성', '상호작용', '언어적 의사소통' 등 여섯 가지가 수준 높은 사회극놀이의 조건이 된다(이숙재, 2014). 규칙 있는 게임은 인지발달단계상, 아동이 전조작기에서 구체적 조작기로 전환되면서 새로운 차원이 첨가된 것이다. '공기놀이'로 유아의 놀이유형의 변화를 살펴보면 아래 각주와 같다.[9]

사회적 측면에서 보면 놀이의 발달은 비참여 행동, 방관자적 행동, 단독놀이, 병행놀이, 연합놀이, 협동놀이의 순으로 나타난다(Parten, 1932; 이숙재, 2014에서 재인용). 즉 어릴 때는 다른 친구의 놀이를 지켜보다가, 혼자서 놀이하다가, 점차 친구 곁에서 놀다가, 친구들과 함께 놀이에 대해 이야기하고 놀잇감도 빌려주다가, 한두 명이 지도자가 되어 역할을 분담하고 놀이를 조직적으로 진행하게 되는 것이다.

책놀이를 설계하고 진행할 때 놀이의 유형이나 발달을 고려해야 하는 이유는, 아이들이 무엇을 할 수 있는지, 어떤 형태를 즐기는지 알아야 흐름이 자연스럽고 편안한 책놀이를 펼칠 수 있기 때문이다.

---

8) 상징놀이의 예: 교사가 그림책의 고추를 가리키며 "호호 매워"라고 찡그리자, 29개월 영아가 두 손으로 컵을 만들어 물을 먹으라고 교사의 입에 대 준다. 실제로는 손에 아무 것도 없다(이송은, 2006).

9) 2세 이전의 영아들은 공깃돌을 굴리고 컵에 담거나 흔들어 보는 기능놀이를 한다면, 3세경이 되면 공깃돌을 다양한 패턴으로 나열하거나 모래케이크의 윗부분을 장식하는 데 사용하며, 4세경에는 공깃돌을 계란으로 가작하여 사회극놀이를 한다. 6세경이 되면 공깃돌로 목표물 안에 던져서 넣는 규칙 있는 게임을 즐길 수 있다(이숙재, 2014).

3 수업계획안 작성

1) 수업계획안과 책놀이

책놀이에 수업(활동)계획안이 필요한 이유는 어린이집, 유치원, 학교의 일반 수업과 마찬가지로, 책놀이 역시 그림책을 활용한 문학활동 수업이기 때문이다.

일반적으로 활동계획안은 활동명, 활동 형태, 활동 목표, 활동 자료, 활동 방법(도입, 전개, 마무리), 심화 및 확장 등의 요소로 이루어져 있다(박찬옥 외, 2015). 책놀이에서는 여기에 '활동 대상'과 '그림책 정보'가 추가된다. 일반 교육현장에서는 일정한 대상자들이 있는 학급의 담당교사가 수업계획안을 작성하는 경우가 대부분이므로 '활동 대상'을 생략하거나 전체적으로 'ㅇ세 교육과정'이라고 전제를 붙이지만, 책놀이는 여러 현장에서 다양한 대상자를 다루므로 구체적으로 써 줄 필요가 있기 때문이다.

활동명은 그 책놀이 수업의 간판 같은 것이므로 활동의 특성이 분명하게 드러나도록 쓴다. 활동의 형태란, 크게 나누어 보면 집단 활동이나 개별 활동이 될 수도 있고, 좀 더 자세히 보면 노래지도, 이야기 나누기, 게임, 신체표현, 찬트, 실험, 동화감상, 동극, 요리, 조형활동 등으로 나눌 수 있다(박찬옥 외, 2015). 그러나 책놀이의 경우는 동화감상이 기본적으로 전제가 되므로, 읽기 자체가 큰 비중을 차지하는 경우에는 '동화감상'으로 하되, 전체적으로 보았을 때 연계활동이 더 중요하다면 활동의 특성에 초점을 맞추어 기술하는 게 바람직하다.[10] 활동 자료는 그림책을 비롯하여 활동에 필요한 모든 자료를 뜻하며, 구체적으로 쓰되 한눈에 파악하기 쉽도록 묶음으로 쓴다.[11] 활동 목표는 크게 행동적 목표와 표현적 목표로 나눌 수 있는데, 전자가 학습자의 행동을 중심으로 도달할 결과가 명확하게 나타나도록 기술한 목표인 반면, 후자는 활동의 과정에

10) 활동 형태 기술은 그 수업이 정규 교육과정(예: 어린이집이나 유치원, 초등학교에서의 주제나 단원)인지, 도서관 및 방과 후 프로그램처럼 독자적인 프로그램인지에 따라서 달라지기도 한다.

11) 예를 들어, '인형 도안, 색연필, 풀, 나무젓가락 10개, 초록색 종이테이프'라고 쓰는 것보다 '막대인형 만들기 재료(인형 도안, 색연필, 풀, 나무젓가락 10개, 초록색 종이테이프)'라고 쓰는 게 가독성이 높다.

서 얻을 수 있는 교육적 만남을 중심으로 기술한 목표이다(박찬옥 외, 2015). 활동 목표나 활동 방법을 쓸 때는 교사 중심이 아닌, 영유아 및 아동 등 학습자 중심으로 써야 하며, 활동 방법은 '도입－전개－마무리' 순서대로 활동을 기술하되, '·' 또는 숫자를 적고 활동 방법을 서술한 뒤, 줄을 바꾸어 아랫줄에 들여쓰기로 '－' 표기를 한 다음 교사의 주요발문을 서술한다(박찬옥 외, 2015). 기호의 일관성은 매우 중요하다. 수업(활동)계획안은 누구든, 언제든 그 내용을 보았을 때 쉽게 이해될 수 있어야만 자료로서 가치가 있기 때문이다.

2) 책놀이 수업(활동) 계획안의 교육적 가치

오랜 현장경험을 가진 교사도 새로운 책으로 재미있는 책놀이 수업계획안을 작성하는 것은 쉽지 않다. 그럼에도 불구하고 수업계획안을 작성해야 하는 이유는 여러 가지가 있다. 좋은 책을 발굴해서 알리고, 수업을 구체적으로 숙지하고 준비할 수 있으며, 사후 평가와 반성적 고찰이 가능해짐으로써 더 나은 수업을 재구성할 수 있다. 나아가 수업 계획안을 통해 타인과의 자료공유가 가능하게 되어 전문성의 폭을 넓힐 수 있다.

4 스토리텔링의 이해와 읽기 유형

1) 스토리텔링의 이해

90년대 중반 이후 단행본 그림책이 본격적으로 보급됨에 따라, 아동 도서 환경은 급격히 변화하였다. 즉, 글이 위주가 되던 동화책에서 그림이 상당한 비중을 차지하는 그림책으로의 전환이 일어난 것이다. 단적인 예를 보여 주는 것이 '강아지똥'이다[12](이송은 외, 2016).

12) '강아지똥'은 1969년, 『기독교교육』에서 공모한 제1회 기독교아동문학상 동화부문 당선작(권정생 글)으로 세상에 알려졌다. 이후 창비아동문고 등 산문모음집에 게재되다가, 1996년 그림책(정승각 그림, 권정생 글)으로 발간되면서, 한국을 대표하는 그림책으로 재탄생하게 된다. 이 과정에서 내용도 간결해지고, 글도 쉬운 구어체로 개작되었다.

담백하게 또박또박 읽기만 해도 좋은 책이 있는가 하면, 등장인물을 입체적으로 성격설정하여 읽는 책, 어떤 책은 글자 없이 그림만으로 이야기를 만들어 가며 전달해야 하는 경우도 있다. 80년대까지만 해도, 책을 재미있게 읽어준다고 하면 '동화구연'을 떠올렸으나 이제는 그 이상이 필요하게 된 것이다. 이에 부합하는 것이 스토리텔링(storytelling)[13]이다. 스토리텔링은 협의로는 동화구연과 같은 의미로 쓰이기도 하지만, '이야기 만들기', '이야기 전달하기'라는 포괄적인 뜻을 가진 더 큰 개념의 어휘이기 때문이다.

2) 읽기 유형 분류

어린이 독서활동을 다루는 여러 분야의 의견을 포괄적으로 수용하면서, 독자가 중심이 되는 읽기방법을 제안한 것이 『어린이 담당 사서를 위한 스토리텔링 운영 매뉴얼』(국립어린이청소년 도서관, 2009; 2011)의 읽기유형분류이다. 이에는 가정과 도서관, 유아교육기관, 학교 등 다양한 현장에서의 책 읽어주는 상황을 관찰한 연구(이송은, 2009)가 바탕이 되었다. 원문의 개작여부와 구연여부가 분류의 주요 축이 되며, 이 유형 분류가 담고 있는 핵심은 읽기에는 다양한 방식이 있으며, 동일한 책이라도 작품에 따라, 청중에 따라, 활동 목적에 따라 읽기 방법을 달리 할 수 있다는 것이다. 이 읽기 유형은 2013년 외국학술잡지에 실리기도 하였는데(Ko & Lee, 2013), 본 장에서는 보다 간결하게 수정한 것을 소개하고자 한다.[14]

13) 스토리텔링은 '스토리(story)'와 '텔링(telling)'의 합성어로서 알리고자 하는 바를 재미있고, 생생한 이미지로 설득력 있게 전달하는 것(문화체육관광부, 2016)이라고 보는 어원적 접근이 있는가 하면, 교육분야에서는 '이야기하기'로서 아동에게 이야기를 들려주거나 읽어 주는 교육행위(최예정 · 김성룡, 2005), '이야기 짓기'로서 아이들의 상상력을 자극하고 키우는 데 밑거름이 되는 것이라 정의되기도 한다(Neuburger, 2013). 미시적인 관점에서는 책을 있는 그대로 읽는, '스토리리딩(storyreading)'과 대조적인 읽기 방법으로서 '스토리텔링'을 쓰는 경우도 있다(Raines & Isbell, 1994).

14) 유형별 장·단점은 『스토리텔링과 책놀이』 pp. 15~16참조.

〈표〉 읽기유형 분류

읽기 유형	I	II	III	IV	IV-1 (기타유형)
개작 여부	원문대로 읽기		개작해서 읽기		상황에 따라 선택
구연식 읽기	적용하지 않음	적용	상황에 따라 선택	적용	상황에 따라 선택
방식	· 글자 그대로 또박또박 읽어 주기	· 책 내용을 그대로 다 읽되, 등장인물을 입체적으로 설정하고 상황을 살려서 읽음.	· 비교육적인 부분의 삭제나 간단한 어미교체 등 간단한 수준의 각색이 이루어짐. · 등장인물을 입체적으로 설정하고 상황을 살려서 읽거나, 담담하게 읽음.	· 줄거리를 그대로 살리되, 개작하여 구연하는 방식으로 읽어줌. · 등장인물을 입체적으로 설정하고 상황을 살려서 읽음. · 읽어 주는 사람의 해석이 가미됨.	· 글 대신 그림 읽기, 부분읽기, 건너뛰며 읽기 등을 한 가지 또는 여러 가지 병행함.
이 방식이 적합하거나, 요구되는 책의 유형 및 상황	· 문자해독교육 · 동시, 동요 그림책, 정보 그림책(원작이 특별한 해석이 필요 없는 경우)	· 문자해독교육 · 등장인물과 줄거리가 있는 이야기 그림책 · 등장인물과 대사가 가미된 동시, 동요, 정보그림책	· 비속어나 비교육적인 장면이 있을 경우 · 지나치게 길거나 어법이나 문법에 맞지 않는 문장이 있을 경우 · 아동의 이해를 돕기 위해 문장첨가가 필요한 경우	· 대집단을 대상으로 하는 활동에서 원문의 양이 너무 많을 때 · 책 이외의 교수매체를 활용하여 들려줄 때 · 공연예술로서의 감상이 필요할 때	**〈영아〉** · 놀이 속성이 강한 책 · 줄거리가 강조되지 않는 책 · 책을 처음 보거나 책 읽기 경험이 많지 않을 때, 일종의 과도기적 책 읽기 형태 **〈영아 외 연령〉** · 활동상 특정장면에 대한 발췌식 읽기가 요구될 때
적용범위	수업용/ 문해 교육	수업용/ 문해 교육	수업용	수업용/ 공연용	영아 초기 책 읽기/ 책의 일부를 활용하는 수업

3) 그림책 맛있게 읽는 방법

그림책의 특성과 대상(영유아 및 아동, 혹은 노인)의 특성을 고려한 맞춤식 읽기도 필요하다. 책 읽어 주기를 '책을 매개로 한 청중과의 데이트' 라고 표현하는 까닭이 여기에 있다. 이외에도 영아에게 책을 잘 읽어주려면 '발문의 위계'나 영유아와 함께하는 '대화식 읽기'에 대한 이해가 필요하다.[15)]

필자의 경험을 바탕으로 그림책을 재미있게 읽는 방법을 간추려 보면 다음과 같다.

- 주제와 내용에 어울리는 도입활동으로 책에 대한 관심을 높인다.
- 표지, 면지, 속표지까지 읽는다.
- 글과 그림을 필요에 따라 부분적으로 가리며 읽는다.
- 그림을 적극적으로 읽는다.
- 책이 지닌 외형적 특성을 살려 읽기 활동의 교구로 황용한다.
- 어감을 살려 감각적으로 읽는다.
- 등장인물의 특징을 살려 읽는다.
- 책 읽기 속에서 소리의 강약, 속도 등 화술의 요소를 가미한다.
- 읽기에 청중을 초대한다.
- 노래와 동작을 곁들여 읽는다.

15) 『스토리텔링과 책놀이』 p.18 참조.

ABCDEF
GHIJKLM
OPQRST
UVWXYZ

제 2 부

스토리텔링과 책놀이의 실제

스/토/리/텔/링/과

책/놀/이/2

제 1 장 영아를 위한 책놀이

1. 『뚜껑 뚜껑 열어라』
2. 『안아 줘!』
3. 『아기 꽃이 펑!』
4. 『코코코 해 보아요』
5. 『똑 닮았어』
6. 『응가하자, 끙끙』
7. 『딱 붙었네』
8. 『나란히 나란히』
9. 『금붕어가 달아나네』
10. 『깨물면 안 돼!』
11. 『빙빙 돌아라』
12. 『풍덩 시원해요』
13. 『펭이의 눈사람』
14. 『꼭 잡아!』
15. 『양말이 좋아』
16. 『초록똥을 뿌지직』
17. 『꼬리야? 꼬리야!』
18. 『숲속 작은집 창가에』
19. 『가방 안에 든 게 뭐야?』
20. 『잡아 보아요』, 『불러 보아요』

영아 책 1

『뚜껑 뚜껑 열어라』

정은정 글, 윤지회 그림, 시공주니어, 2013

책 소개

빨간 뚜껑을 열면 눈이 빨간 토끼가 나오고, 노란 뚜껑에선 노란 오리가 나온다. 마지막으로 까만 뚜껑을 열자 까만 머리의 아기가 나오고, 모두 자기 뚜껑을 들고 신나게 논다. 까꿍 놀이하듯 등장하는 인물의 감탄사와 의태어가 재미있다. '뚜껑뚜껑 열어라'라는 반복되는 글과 함께, 페이지를 위로 넘길 수 있게 되어 있어 뚜껑을 여는 듯한 느낌을 준다.

읽기의 특징

- 노래 곁들여 읽기
- 운율을 살려 읽기

  (일정한 리듬으로) 뚜껑 뚜껑 열어라
- 책 자체를 교구로 활용하여 읽기
- 그림을 묘사하듯 읽기

활동 뚜껑 밑에 누굴까?

◈ 활동 대상 만 1세

◈ 활동 목표

- 여러 색깔의 뚜껑을 열어 동물 찾기 놀이를 한다.
  (자연탐구 〉 탐구하는 태도 기르기 〉 탐색 시도하기)
- 뚜껑을 이용하여 까꿍 놀이를 해본다.
  (신체운동 〉 신체조절과 기본운동하기 〉 소근육 조절하기)

◈ 활동 자료

그림책, 실물자료(뚜껑 있는 냄비, 플라스틱 밀폐용기), 뚜껑놀이 교구(교구 공방 참조)

◈ 활동 방법

손유희 ➡ 뚜껑 탐색 ➡ 그림책 감상 ➡ 뚜껑 여닫기 놀이 ➡ 뚜껑 까꿍 놀이

1. 손유희 '손으로 가리고'를 한다.

- 손으로 내 얼굴을 가려 볼까? 까꿍!

  ♬ 손으로 가리고 손으로 가리고, 왼쪽으로 가니 친구가 있네요. 까꿍!
  손으로 가리고 손으로 가리고, 오른쪽으로 가니 친구가 있네요. 까꿍!
  손으로 가리고 손으로 가리고, 활짝 여니 선생님 있네요. 까꿍!

2. 실물 냄비뚜껑을 탐색한다.

- (냄비와 밀폐용기를 제시하며) 여기 여러 가지 물건이 있어요. 이것이 무엇일까? 냄비네.
- 냄비에는 뚜껑이 있네. 뚜껑은 열 수도 있어.

3. 그림책을 감상한다.

❶ 일정한 리듬이 느껴지게 운율을 살려 읽는다.
- (빨간 뚜껑이 덮여 있는 장면에서) 어? 빨간 뚜껑이 있네.

- (운율을 살려서)
  ♬ 뚜껑 뚜껑 열어라. 빨간 뚜껑 열어라. 빨간 뚜껑 밑에 누가 있을까?

❷ 묻고 대답하며 호기심을 갖도록 읽는다.
- (동요 '무얼까 맞춰 봐요' 가락에 맞춰)
  ♬ 뚜껑 밑에 누굴까? 궁금해요. 누굴까? 궁금해요~ 쉿! 하나 둘 셋.
  (책장을 넘기며) 까꿍! 앗! 깡충깡충 토끼구나.

❸ 등장인물과 인사하며 읽는다.
- 와! 뚜껑 밑에 토끼가 있었네. 토끼가 친구들을 보고 있네. 친구들 안녕! 우리도 토끼랑 인사해 볼까? 토끼야, 안녕!

❹ 마지막 장면을 뚜껑 놀이로 연계한다.
- 친구들이 뚜껑을 들고 모두 어디로 가는 걸까? 따라가 볼까?

4. '뚜껑 열고 닫기' 놀이를 한다.

- (뚜껑놀이 교구를 보여 주며) 어? 동물친구들이 뚜껑을 이곳에 놓고 갔네. 와! 뚜껑이 많다. 우리 뚜껑을 열어 볼까?
  ♬ 뚜껑 밑에 누굴까? 궁금해요. 누굴까? 궁금해요~ 쉿!
- (영아에게 다가가서) ○○가 열어 볼까? 하나 둘 셋 까꿍!
- 와! 노란 뚜껑 밑에 오리가 있었네.

5. 뚜껑놀이 교구로 까꿍 놀이를 한다.

- (교사가 뚜껑으로 교사의 얼굴을 가리고)
  ♬ 뚜껑 뒤에 누굴까? 궁금해요. 누굴까? 궁금해요~ 쉿! 하나 둘 셋 까꿍! 선생님이 있었네.
- (영아에게 각각 뚜껑을 나눠 주고)
  ♬ 뚜껑 뒤에 누굴까? 궁금해요. 누굴까? 궁금해요~ 쉿! 하나 둘 셋 까꿍! ○○이가 있구나.

6. 손유희, '손으로 가리고'를 하며 마무리한다.

교구공방

⊙ 뚜껑놀이 교구

- **준비물:** 색깔 종이접시(빨강, 파랑, 노랑, 주황, 초록) 각각 2개씩, 뽕뽕이, 동물컷, 하드보드지

  ① 색깔 종이접시 중심에 뽕뽕이를 붙여 뚜껑 손잡이를 만든다.

  ② 하드보드지에 각 색깔의 종이접시를 붙인다.

  ③ 각 색깔 종이접시 위에 같은 색의 동물 컷을 붙인다.

  ④ 완성된 뚜껑을 동물컷 위에 덮는다.

수업메모

- 영아가 선택한 뚜껑의 색을 교사가 언어로 표현해 주는 것이 바람직하다.
- 동물 찾기 뚜껑 놀이를 할 때, 20개월 정도의 영아들은 뚜껑 2개를 제시해 놀이하다가 점차 뚜껑의 수를 늘려간다. 30개월 정도의 영아는 뚜껑과 동물의 같은 색깔 찾기 놀이로 확장할 수 있다.
- 연령이 높아지면, '동물 컷을 같은 색의 통에 찾아 넣어 주기'등으로 활동을 확장할 수 있다.

◈ 비슷한 주제를 다룬 책(주제: 까꿍)

『누구게?』 최정선 글, 이혜리 그림, 보림, 2016

『두드려보아요』 안나클라라 티돌름 글·그림, 사계절, 1999

영아 책 2

『안아 줘!』

제즈 앨버로우 글 · 그림, 웅진주니어, 2000

책 소개

어느 날, 아기 침팬지 보보가 숲속을 걸어가다가 다정하게 안고 있는 엄마와 아기 동물들을 만난다. 처음에는 밝은 얼굴로 "안았네." 하고 바라보던 보보는 점차 외로움을 느끼고 자신도 안아달라며 엄마를 그리워한다. 마침내 보보가 울음을 터뜨리며 "안아 줘"라고 크게 외치자, 그 소리를 들은 엄마가 달려온다. 동물들은 기다렸다는 듯이 "안아 줘"라고 함성을 지른다.

읽기의 특징

- 그림에 나타난 등장인물의 정서를 반영하며 읽기
- 동작 곁들여 읽기
- 그림책 속 내용을 몸으로 표현하며 읽기

활동 안아 주세요

◈ 활동 대상 만 2세

◈ 활동 목표

• 엄마(교사)와 안아 보며 사랑의 느낌을 경험한다.
(사회관계 〉 더불어 생활하기 〉 내 가족 알기)

• 엄마 동물과 아기 동물을 짝지을 수 있다.
(자연탐구 〉 수학적 탐구하기 〉 구분하기)

◈ 활동 자료

그림책, 엄마·아기 동물 그림 퍼즐(교사 제시용), 원숭이 인형, 모–자 동물 카드

◈ 활동 방법

손유희 ➡ 엄마·아기 퍼즐 짝지어 보기 ➡ 그림책 감상 ➡ 모–자 동물 카드놀이 ➡ 안아 보기

1. 율동과 함께 'Are you sleeping?' 가락에 맞춰 개사하여 '안아 주세요' 노래를 부른다.

♬ 안아 주세요, 안아 주세요. 엄마 안아 줘, 아기 안아 줘.
간질간질 안아 줘, 간질간질 안아 줘. 꼭 안아 줘, 꼭 안아 줘.

2. 그림책을 감상한다.

❶ 원숭이 인형을 안아 본다.
- (원숭이 인형을 보이며) 얘들아, 안녕! 나도 안아 주세요.

❷ 그림책 앞표지를 탐색한다.
- 엄마 침팬지랑 아기 침팬지랑 안고 있네. 우리도 안아 보자.

❸ 그림에 나타난 아기 침팬지의 기분을 탐색하며 읽는다.
- 아기 침팬지의 기분이 어떤 것 같니?

❹ 움직임을 곁들여 읽는다.
- (보보가 엄마를 찾아가는 부분에서 페이지를 넘길 때마다 양팔을 앞뒤로 흔들며) 엄마 찾으러 갑시다. 엄마 찾으러 갑시다.

❺ 그림책 속 동물의 움직임을 흉내 내며 읽는다.
- 우리도 기린처럼 안아 볼까요?
- 서로서로, 다 함께 안아 보자.

3. 엄마 동물과 아기 동물 만나기 놀이를 한다.

❶ 교사와 함께 엄마, 아기 동물 그림 퍼즐을 맞춰 본다.
- (분리된 엄마, 아기 그림 퍼즐 1쌍을 보여 주며) 여기 엄마 기린이랑 아기 기린이랑 멀리 떨어져 있네? 엄마랑 아기랑 만나게 해 줄까요?
- (영아가 한 명씩 앞에 나와 동물 퍼즐 조각을 맞추면) 우와, ○○가 엄마 기린이랑 아기 기린 만나게 해 주었네.
- (활동을 마치고 제자리로 돌아오는 영아 이름을 부르며) 우리 ○○, 꼭 안아 주세요.

❷ 여러 장(4장)의 카드로 모–자 동물 맞추기 놀이를 한다.
- (영아마다 모–자 동물 카드를 2쌍씩 나누어 준 후) 엄마와 아기를 나란히 짝지어 볼까요?

4. 안아 주기를 하며 수업을 마무리한다.

- (원숭이 인형을 제시하며) 얘들아, 나도 안아 줘! (아이들 모두 안아 보게 한다.)
- 선생님은 누가 안아 주나? 선생님 안아 주는 친구는 없네.
- 그림책도 안아 줄까요?
- 집에 돌아가면 아빠도 안아 주세요.

교구공방

◉ 엄마 · 아기 동물퍼즐

• **준비물:** 펠트, 동물그림 도안

① 모-자 동물 펠트 컷을 서로 마주 보게 바탕 펠트에 붙인다.

② 바탕 판을 두 조각으로 나누어 퍼즐을 만든다.

◉ 동물짝카드

• **준비물:** 동물그림, 두꺼운 도화지, 풀, 가위, 색연필

① 동물그림을 두꺼운 도화지에 풀칠하여 붙인다.

② 색칠한 후 가위로 오려 퍼즐을 만든다.

수업메모

• 처음에는 원숭이 인형 안아 주기를 거부하는 영아가 상당수 있을 수 있다. 그림책을 다 읽은 후에 원숭이 인형이 재등장했을 때는, 대부분의 영아들이 인형을 안아 주게 된다.

• 개별 모-자 동물 카드 맞추기 놀이 시, 처음에는 한 쌍으로 시작하고 영아의 수준을 고려하여 카드 수를 늘려간다.

◈ 비슷한 주제를 다룬 책(주제: 애착)

『엄마랑 뽀뽀』 김동수 지음, 보림, 2008

영아 책 3

『아기 꽃이 펑!』

황K 글·그림, 사계절, 2015

책 소개

새싹이 나고 꽃이 피자 나비와 벌, 새가 찾아온다. 그리고 밤에는 달과 별까지 반갑게 인사하고 모두 잠이 든다. 간결하고 맑게 표현된 등장인물들을 통해 꽃 한 송이가 피는 경이로움을 담고 있다.

읽기의 특징

- 손가락 인형 활용하여 도입하기
- 그림 가리키며 읽기
- 휘파람과 동작 곁들여 읽기

  (휘파람을 불며 책을 옆으로 움직이며) 모래 바람이 휘이잉
- 소리 강약 조절하여 읽기
- 영아 책 읽어 주기의 단계

  (가) 여기, 꽃이 나왔네.

  (나) (영아에게 그림 장면을 보여 주며) 꽃 어디 있어?

  (다) (내용이 익숙해진 다음, 다시 읽을 때 그림을 가리키며) 이게 뭐야?

활동 '꽃' 까꿍 놀이

활동 대상 만 1세

활동 목표

- 꽃이 피는 과정에 관심을 갖는다.
  (자연탐구 〉 과학적 탐구하기 〉 주변 동식물에 관심가지기)
- 다양한 의성어와 의태어를 경험한다.
  (의사소통 〉 듣기 〉 운율이 있는 말 듣기)
- 까꿍 놀이를 통해 안정적인 애착을 형성한다.
  (사회관계 〉 더불어 생활하기 〉 안정적인 애착 형성하기)

활동 자료 그림책, 펠트나비

활동 방법

나비와 인사나누기 ➡ 그림책 감상 ➡ 꽃 까꿍 놀이 ➡ 나비인사 놀이

1. 나비와 인사를 나눈다.

- (손가락에 나비를 끼우고) 얘들아, 안녕!!
  ♬ 나비야 나비야, 이리 날아오너라.
- 오늘 친구가 오기로 했는데, (영아들에게 다가가며) 어디 있지? 친구야~
- (뒤 표지의 나비를 보여 주면서) 안녕, 어서 와.

2. 그림책을 감상한다.

❶ 그림을 관찰하며 읽는다.

- (앞표지를 건너뛰고 뒤표지에서 바로 첫 장면을 펼치며) 으응, 아무도 없나? (새싹 끝부분을 가리키며) 이게 뭐지?

❷ 상황을 부연 설명하며 읽는다.

- 어디선가 소리가 들리네.
- 포로록! 여기요, 여기. 새싹이 나왔어요. (새싹 그림을 토닥거리며) 아! 예뻐"

❸ 시간의 흐름이 느껴지도록 책을 움직이며 들려준다.

- (새싹에서 꽃이 되는 장면) 예쁜 새싹이 하루, 이틀, 사흘……이 지나자 펑! 아기 꽃이 피었어요.

❹ 속도와 강약을 달리하여, 의성어 및 의태어 부분을 대비되게 읽는다.
- 포로록(천천히) / 펑!(빨리)
- 윙(빨리) / 팔랑팔랑(천천히)
- 펑!(크게) / 콜콜 잠이 들어요. 쉬이이잇(작게)

❺ 영아의 움직임을 격려하며 읽는다.
- (빨리) '윙' 꿀벌처럼 빨리 움직여 볼까요?
- (천천히) '팔랑팔랑' 나비처럼 천천히 움직여 볼까요?

3. '꽃 까꿍' 놀이를 한다.

- 이번엔 아기랑 엄마랑 꽃 까꿍 놀이를 해 볼까요?
- 여기 예쁜 꽃이 있네. 예쁜 ○○꽃은 ♡♡엄마(교사) 품속으로 쏘옥
  하나, 둘, 셋 (빠르게) '펑' 에 열어 주세요.
  우아, 아기 꽃이 피었다. 예쁜 ♡♡꽃이 피었어요. 안녕~ ♡♡ 꽃 안녕!
- 꽃(엄마 또는 교사가 영아를 가렸다가)없다~
  펑! (영아가 엄마 앞으로 나오며) 있네.

4. 나비 손가락 인형을 끼고, 책에 나왔던 등장인물들을 만나 본다.

- (새싹, 벌, 아기 꽃, 달과 별 등을 각각 보자기로 씌워놓은 뒤) 이제 우리가 나비가 되어서 친구들을 만나러 갈 거야.
  ♬ 나비야~ 나비야~ 이리 날아오너라.
- 하나 둘 셋 펑! (보자기를 들추며) 새싹이네. 새싹한테 인사해 주자.
- 나비야~이리 날아오너라. 하나 둘 셋 펑! (보자기를 들추며) 달과 별이네. 어! 캄캄한 밤이네. 코 자네.

5. 아기 꽃이 되어 잠자고 깨어나는 놀이를 한다.

- (수업 전 교실 한쪽 무릎 담요를 준비한 곳으로 펠트나비 손가락 인형을 끼고 가서)어, 여기는 누가 잠자고 있을까? 하나 둘 셋 펑! 와, 여기에서 아기가 뭐해요? *코 자요.*
- (준비한 담요를 덮어 주며) 우리도 코 자 볼까?

- 다음 날 나비들이 놀러왔어요. 우리 아기 꽃들이 어디 있을까? (담요를 들추며) 펑! 아기 꽃이 펑! 피었네.

6. 그림책 앞표지를 보며 인사를 나눈다.
- (앞표지를 보여 주며) 『아기 꽃이 펑!』 아기 꽃 안녕! 다음에 또 놀자~

확장 활동

⊙ 꽃까꿍 인형놀이

- **활동 자료:** 꽃 까꿍인형 교구
- **활동 방법**

1. 꽃 까꿍 인형교구로 까꿍놀이를 한다.
- 나비가 훨훨 날아온다. 나비가 훨훨 날아온다. 어? 꽃 어디 있지? 하나 둘 셋! 까꿍(꽃까꿍 인형교구 등장)

교구공방

⊙ 꽃 까꿍 인형

- **준비물:** 페트병(500㎖), 나무 막대기(지름 1㎝×25㎝), 두꺼운 스타킹(또는 헌 옷 팔부분), 펠트(분홍, 빨강, 검정, 초록), 글루건

① 스타킹이나 헌 옷 팔 부분으로 페트병 밖을 감싸서 꽃의 몸통이 되게 한다.
② 페트병 바닥에 나무 막대기가 들어갈 만큼 구멍을 뚫는다.
③ 펠트를 잘라 꽃을 만든다.
④ 나무 막대기를 꽃의 몸통 속으로 집어넣어 끝부분에 꽃을 고정시킨다.
⑤ 나무 막대기의 다른 끝을 손잡이로 사용한다.

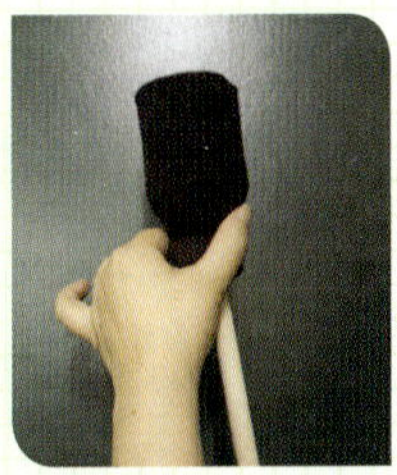

비슷한 주제를 다룬 책(주제: 까꿍)

『누구게?』 최정선 글, 이혜리 그림, 보림, 2016
『뭐 하니?』 유문조 글, 최민오 그림, 길벗어린이, 2001

영아 책 4

『코코코 해 보아요』

신용주 글, 이진아 그림, 사계절, 2006

책 소개

아이가 개구리, 돼지, 악어 등 동물들과 함께 코코코코 놀이를 한다. 개구리를 따라 큰 눈을 깜박이고, 돼지처럼 돼지 코를 만들어 보면서 영아의 신체부위를 재미있는 놀이로 익히는 그림책이다.

읽기의 특징

- 그림책 손가락으로 짚으며 읽기
- 읽기와 신체 놀이 병행하기
- 책 내용을 '곰 세 마리' 음률에 맞추어 개사하여 부르며 읽기
- 그림 읽기
  (그림을 짚고 상호작용하며 읽는다.)

활동 코 코 코 놀이해요!

활동 대상 만 1세

활동 목표

- 코코코 놀이에 즐겁게 참여한다.
  (신체운동 〉 신체활동에 참여하기 〉 몸 움직임 즐기기)

- 코코코 놀이를 통해 신체를 탐색하고 조절한다.
  (신체운동 〉 감각과 신체인식하기 〉 신체 탐색하기)

활동 자료

그림책, 펠트 교구(아이 모습, 눈, 코, 입, 손, 발, 배꼽), 동요 '곰 세마리' 음원

활동 방법

신체탐색 ➡ 그림책 감상 ➡ 노래 부르기 ➡ 얼굴과 몸 붙이기 ➡ 노래 부르기

1. **얼굴에서 눈, 코, 입 등을 살펴본다.**
   - 동그란 얼굴에 무엇이 있을까?
   - 동요 '곰 세 마리' 가락에 맞추어 부른다.
     ♬ 얼굴에, 얼굴에 무엇이 있나?

2. **그림책을 감상한다.**
   ❶ 표지를 탐색한다.
   - 아기가 '코코코' 하고 있네.

   ❷ 신체부위의 명칭에 해당하는 그림을 가리키며 읽는다.
   - ('코' 글자를 짚어 가며 리듬감 있게) 코코코코코 코코코코 (그림책 눈을 가리키며) 눈!

   ❸ 읽기와 '코코코 놀이'를 병행하며 읽는다.
   - (그림책을 읽으며 영아에게 다가가) ○○ 눈 어디 있나? 요기!
   - 눈을 깜박(손을 동그랗게 오므렸다 펴며) 눈을 깜박, 깜박깜박 윙크해 보아요.

3. **그림책 내용을 노래로 불러본다.**
   ♬ 얼굴에, 얼굴에 무엇이 있나. 눈, 코, 입입입
   깜박깜박 눈 눈 눈, 꽉~꽉~ 코코코, 아~아~ 입입입
   으쓱으쓱 잘한다.

4. **펠트 교구를 이용해 신체 부위를 붙여 본다.**
   ❶ 눈, 코, 입이 없는 아이모습 바탕 판을 보여 준다.
   - 어? 이 친구는 눈도 없고, 코도 없고 입도 없네.

❷ 영아에게 눈, 코, 입, 귀 그림 컷을 나눠 준다.

❸ 바탕 판에 신체 부위 컷을 붙여 본다.

- 눈은 누가 가지고 있나? ○○이가 눈을 가지고 있구나. ○○이가 눈 붙여 줄까요?

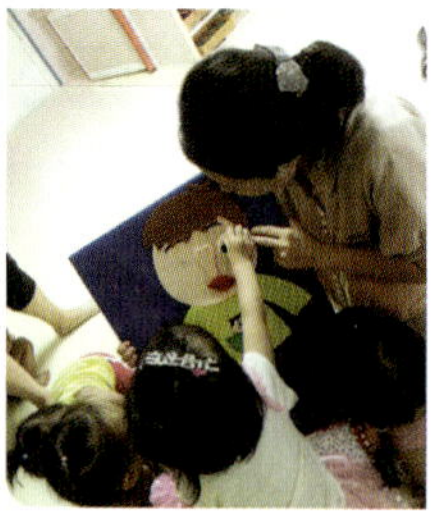

5. **'얼굴에, 얼굴에 무엇이 있나?' 노래를 부르며 수업을 마무리한다.**

교구공방

⊙ 아이모습 바탕 판

- **준비물:** 펠트, 우드락(가로 40㎝×세로 60㎝), 강력자석(지름 1.5㎝, 11개), 클립, 송곳, 글루건, 셀로판테이프

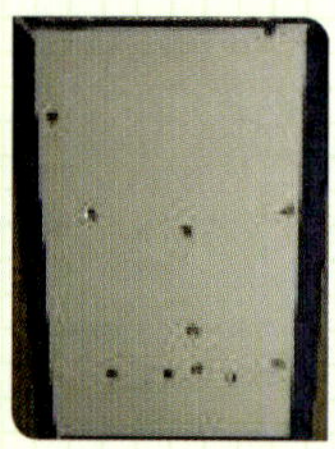

① 펠트로 우드락 앞면을 감싸고 그 위에 아이모습을 만들어 붙인다.
② 앞면 아이모습에 신체부위 붙일 부분을 송곳으로 힘껏 눌러 표시한다.
③ 아이모습 우드락판 뒷면 구멍 뚫린 곳을 (강력자석 크기만큼) 동그랗게 구멍을 판다.
④ 구멍에 강력자석을 넣고 셀로판테이프로 고정시킨다.
⑤ 펠트로 우드락 뒷면을 붙여 마무리한다.
⑥ 각 신체부위(눈, 코, 입, 배꼽, 손, 발)는 펠트를 두 겹으로 하여 모양을 오리고 그 안에 클립을 넣고 글루건으로 맞붙인다.

◈ 비슷한 주제를 다룬 책(주제: 신체)

『발바닥이 간질간질』 한은영 글·그림, 책읽는곰, 2013
『곤지곤지 잼잼』 최숙희 글·그림, 푸른숲주니어, 2013

영아 책 5

『똑 닮았어』

김선영 글, 한병호 그림, 키위북스, 2016

책 소개

부엉이의 동그란 눈, 오리의 뒤뚱뒤뚱 걷는 모습 등 동물들의 특징을 엄마와 아기의 닮은 점으로 표현하고 있다. 겉모습뿐만 아니라, 꾸벅꾸벅 자는 모습 등 아기가 엄마와 아빠와 닮았음을 큰말, 작은말로 친근감 있게 보여 준다. 반복되는 문장이 노랫말처럼 되어 있어 따라 하기에 좋다.

읽기의 특징

- 그림 짚어 가며 읽기
- 동작 곁들여 읽기
- 리듬감 살려 읽기
- (영아가 발음하기 좋게) 문장의 끝 단어 바꿔 읽기

활동 모두모두 닮았네!

활동 대상 만 1세

활동 목표

- 동물의 움직임을 흉내 내 본다.
  (예술경험 〉 예술적 표현하기 〉 모방행동 즐기기)
- 여러 동물들의 생김새를 탐색해 본다.
  (자연탐구 〉 과학적 탐구하기 〉 주변 동식물에 관심가지기)
- 부모와 닮은 점을 찾아보며 애착과 사랑을 느낄 수 있다.
  (사회관계 〉 더불어 생활하기 〉 안정적인 애착 형성하기)

활동 자료

그림책, 동물그림 자료(코끼리, 물고기, 오리－교사용/영아용), 집 모형(4개), 엄마와 영아 사진, 색종이 액자, 바구니 4개, 풀

활동 방법

동요 부르기 ➡ 그림책 감상 ➡ 엄마·아기 찾기 놀이 ➡ 신체표현 ➡ 가족액자 만들기

1. **동요 '요기 여기'를 부르면서 '닮았네'라는 단어를 만나 본다.**

♬ 눈은 어디 있나 요기~

- 엄마랑 나랑 눈도, 코도, 입도 똑같네. 똑 닮았네.

2. **그림책을 감상한다.**

❶ 표지를 탐색한다.

- (앞표지를 보여 주며) 무엇이 있어요? *얼룩말*
- 엄마 얼룩말과 아기 얼룩말이 있네. 동그란 눈, 길쭉한 귀, 웃는 입이 엄마랑 아기가 똑 닮았네.

❷ 큰말과 작은말, '똑 닮았네'를 강조하여 읽고 노래를 덧붙인다.

- (그림책 속의 부엉이를 가리키며) 엄마 눈은 (큰소리로) 동글, 아기 눈은 (작은 소리로) 댕글!
- (세게) 닮았네, 닮았네, (좀 더 세게) 똑 닮았네.
- 동요 '똑같아요' 가락에 맞추어 부른다.

  ♬ 닮았네, 닮았네, 똑 닮았네, 엄마 눈 아기 눈 똑 닮았네.

❸ 큰말과 작은말을 몸으로 표현하며 읽는다.

- 아빠 코는 (한쪽 손을 코끼리 코처럼 만들어) 둘둘, 아기 코는 (한쪽 손바닥을 코 끝에서 세우며) 돌돌

3. 엄마 아기 찾기 놀이를 한다.

❶ 교사용 코끼리, 물고기, 오리 엄마 그림 자료를 집 모형에 각각 붙이고 교실 곳곳에 놓아 준비한다.

- 엄마 동물들이 집에서 아기들을 기다리고 있어요. 우리가 아기 동물들이 엄마를 찾을 수 있도록 도와줄 수 있을까요?

❷ 각 아기 동물 그림 자료를 영아 1인당 동일한 그림 자료를 1개씩 배부한다.

- 코가 긴 아기 코끼리, (영아 이름 부르며) ㅇㅇ에게 갑니다.

❸ 엄마 동물과 아기 동물 그림을 비교한 후 '똑 닮았네'이면 바구니에 넣는다.

- 신나게 노래를 부르며 엄마 찾으러 떠난다.

  ♬ 엄마 찾으러 갑시다. 이야이야오~

- (교실 곳곳에 놓은 집을 가리키며) 엄마코끼리가 어디 있지? 이 집에 있나? 저 집에 있나?

4. 동물의 움직임을 몸으로 표현한다.

- 우리 동물 집에 놀러 가 볼까요?
- (각 동물 집까지 이동하며)

  ♬ 닮았네, 닮았네, 똑 닮았네. 엄마랑 아기랑 똑 닮았네.

- (코끼리 집 벽을 두드리며) 똑똑똑 누구네 집인가요? *코끼리*
- (엄마 코끼리 코는 크게 아기 코끼리 코는 작은 동작으로 비교하여 보여 주며) 엄마 코끼리 코는 둘둘, 아기 코끼리 코는 돌돌. 우리도 코끼리 코 만들어 볼까?

  ♬ 닮았네, 닮았네, 똑 닮았네. 엄마 코 아기 코 똑 닮았네.

5. 나의 엄마 사진을 찾아본다.

- (네 번째 집 앞에서) 이 집에는 누가 살고 있지? 똑똑똑
- (모형 집 문을 열어 각 영아의 엄마 사진을 보여 주며) 어! 누구 엄마지? *우리 엄마야*. 아~ ㅇㅇ이 엄마구나 (엄마 사진을 영아에게 준다.)

6. **엄마와 아기 사진 액자를 만든다.**

❶ 개별적으로 색종이 액자와 영아 사진을 준비한다.
- 이제 엄마랑 아기랑 사진이 '똑 닮았네' 해 줄까요?

❷ 완성된 사진 액자를 전시하고 기념 촬영을 한다.

7. **'똑 닮았네' 노래를 부르며 마무리한다.**

교구공방

⊙ 색종이 액자 접기

- **준비물:** 색종이(7.5㎝×7.5㎝) 2장

① 세모를 두 번 접는다.
② ①을 펼쳐 방석 접기를 한다.
③ ②를 펼친 후 모서리에서 작은 세모를 접고 ②의 접은 선에 따라 그대로 말아 접는다.
④ 뒤집어서 방석 접기를 한다.
⑤ 뒷면 세모로 접힌 면에 각각 풀칠하고 연결하여 붙인다.

⑥ 7.3㎝×7.3㎝ 크기의 엄마와 아기 사진을 끼운다.

수업메모

- 한두 명을 대상으로 읽어줄 때에는 처음부터 '똑 닮았어'로 원문대로 읽는다. 여러 명을 대상으로 읽고 노래하는 수업에서는 영아가 발음하기 쉽도록 '닮았네'로 바꿔 읽다가, 책이 익숙해지고 월령이 증가하면 원문대로 읽는다.

◈ 비슷한 주제를 다룬 책(주제: 닮은 점)

『할머니랑 나랑 닮았대요』 정미라 글, 조미애 그림, 비룡소, 2012

영아 책 6

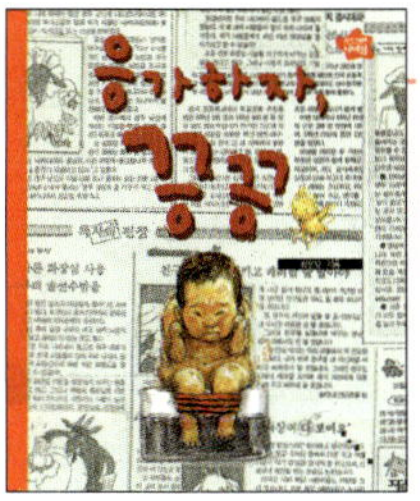

『응가하자, 끙끙』

최민오 지음, 보림, 2001

책 소개

여러 동물들이 우스꽝스러운 자세와 표정으로 변기에 똥을 눈다. 등장인물들이 변기에 앉을 때마다 과연 성공할 것인지 그 다음 내용이 궁금해지며, 마지막에 한 남자 아이가 똥을 눌 때는 모두가 응원하는 심정으로 책을 읽게 된다. 유쾌하게 표현된 동물들의 모습을 통해 배변의 즐거움을 보여 주고 있다. 투박한 느낌의 화풍이 해학적이며, 그림에서 두루마리 휴지의 변화를 찾아보는 것도 재미있다.

읽기의 특징

- 그림 묘사하며 읽기
- 반복되는 말을 강조하며 읽기
- 문장을 첨가하여 읽기
- 책 내용 노래 부르며 읽기

활동 휴지 심아, 놀자!

◈ 활동 대상 만 1세

◈ 활동 목표

- 배변 활동에 관심을 갖는다.
  (기본생활 〉 건강하게 생활하기 〉 건강한 일상생활하기)
- 휴지 심을 이용해 다양한 놀이를 한다.
  (예술경험 〉 예술적 표현하기 〉 모방행동 즐기기)

◈ 활동 자료

그림책, 두루마리 휴지(새 것, 사용한 것), 휴지 심 인형, 휴지 심, 눈 스티커, 끈, 평평한 판지

◈ 활동 방법

두루마리 휴지 탐색 ➡ 그림책 감상 ➡ 휴지 심 놀이

1. **두 개의 두루마리 휴지를 탐색한다.**
   - (휴지 심에 감긴 두루마리 휴지를 통째로 보여 주며) 얘들아, 안녕! 난 두루마리 휴지야. 응가하고 나서 (휴지를 떼며) 똑! 휴지로 엉덩이를 닦고, 또 닦고 했더니 (거의 다 쓴 두루마리 휴지를 보여 주며) 이렇게 작아졌어.
   - 누가 응가하는지 만나 볼까?

2. **그림책을 감상한다.**

❶ 동물의 모습을 묘사하며 읽는다.
- 염소가 두 뿔을 잡고 변기에 앉았네.

❷ 반복되는 말을 강조하며 천천히 읽는다.
- (교사가) 응가하자 (다 함께) *끙! 끙!*

❸ 그림 내용에 해당하는 문장을 첨가하며 읽는다.
- 염소가 변기 안에 응가했네. 성공!

❹ 그림책 장면 속의 두루마리 휴지의 변화를 관찰한다.

- (뒷 표지에 있는 휴지 심을 가리키며) 어머, 휴지가 하나도 없네. 다 썼네. 휴지가 언제부터 있었지?
- (첫 번째 염소장면을 펼치며) 휴지가 어디 있나?

3. **노래를 부르며 그림책을 다시 감상한다.**

- ('동무들아 오너라' 가락에 맞추어)

♬ 응가하자 *끙끙끙 끙끙끙 끙끙끙* 강아지도 다 같이 응가하자.

4. **휴지 심 놀이를 한다.**

- (마지막 남은 휴지를 뜯고 휴지 심을 보이며) 애들아, 안녕. 너희가 응가를 많이 해서 하얀 옷이 다 없어지고 나만 남았어. 난 정말 재미있는 놀이를 할 수 있어.
- (휴지 심을 판지 위에 굴리며) 짠! 데구르르 굴러가네.
- (영아마다 휴지 심을 나눠 준 후) 손가락에 끼워 볼까?
- (교사가 휴지 심 두 개를 망원경처럼 보여 주며) 와! 잘 보인다. 망원경이 되었네.
- (끈을 나눠 주고) 휴지 심에 끈을 끼워볼까?

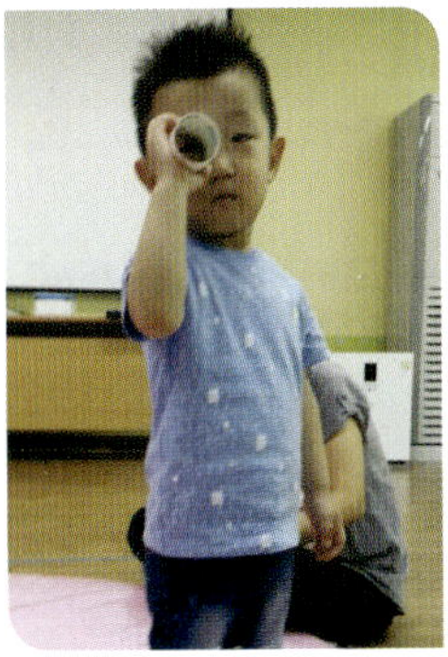

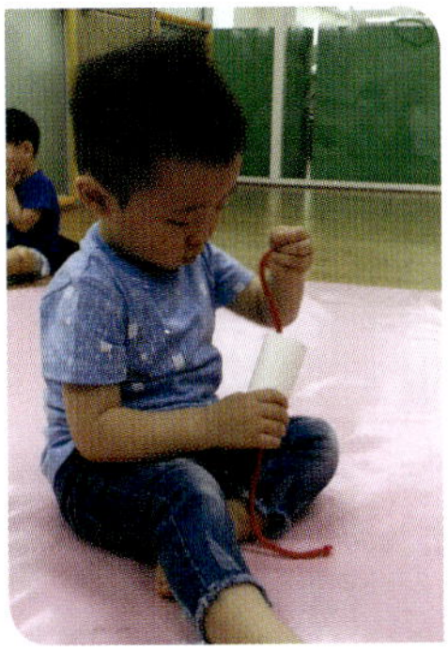

5. **휴지 심을 정리하며 마무리한다.**

- 애들아, 휴지 심 친구 잘 데리고 가. 다음에 또 같이 놀자~.

확장 활동

◉ 예쁜 내 팬티

『팬티를 입었어요』
히로카와 사에코 글·그림, 이기웅 옮김, 길벗어린이, 2014

- **활동 자료:** 그림책, 휴지 심
- **활동 방법**

1. 표지탐색을 한다.
   - (휴지 심을 들고 인사하며) 안녕! 변기에 응가를 잘한 우리 친구들에게 선물이 있어! (앞표지를 보이며) 짠~ 팬티!! 이 친구는 팬티를 입고 있네.
2. 부분적으로 그림을 가려놓고 읽는다.
   - (이어지는 상황부분을 종이로 가린 채) 멋진 팬티를 입고 멋지게 걷는데, 어떻게 되었을까?
3. 마지막 장면에서 자신이 좋아하는 무늬의 팬티를 찾아본다.
   - ㅇㅇ는 어떤 팬티 입고 싶어요?

수업메모

- 눈 스티커를 붙임으로써, 휴지 심이라는 일상 용품을 교구로 전환할 수 있다.
- '끈 끼우기 놀이'는 교사가 칼라 신발 끈의 한쪽을 잡아 주고 영아가 휴지 심을 끼울 수 있도록 한다.
- 2세 영아를 대상으로 할 경우에는 '휴지 심 쌓기 놀이', '(끈에 끼운) 휴지 심 돌리기 놀이' 로 확장하여 진행할 수 있다.

◈ 비슷한 주제를 다룬 책(주제: 배변)

『똥이 풍덩』 알로나 프랑켈 글·그림, 김세희 옮김, 비룡소, 2001
『누구나 눈다』 고미 타로 글·그림, 이영준 옮김, 한림출판사, 2000

영아 책 7

『딱 붙었네』

미우라 타로 글·그림, 김숙 옮김, 북뱅크, 2009

책 소개

금붕어 두 마리가 따로 따로 헤엄치다 다음 페이지로 넘어가면 딱 붙는다. 오리와 오리, 코끼리와 코끼리, 원숭이와 원숭이도 딱 붙는다. 마지막으로 엄마와 아기, 그리고 아빠까지 딱 붙자 아기가 까르르 웃음을 터뜨린다. 간결한 글과 그림 속에 등장인물들의 표정이 잘 표현되어 있다. 작가의 육아경험이 토대가 되어 나온 책이다.

읽기의 특징

- **그림 가리키며 읽기**
  등장하는 동물들의 생김새를 묘사하며 읽는다.
- **유아지향적 언어(child-directed speech) 사용하기**
  높은 톤, 감탄사, 풍부한 표정, 긴 포즈(pause) 등을 활용하여 영아의 주의 집중을 높인다.
- **다음 장면에 대한 궁금증을 유도하며 영아의 반응 격려하며 읽기**
  원숭이하고 원숭이가 (∨) 딱 붙었네
- **책 내용을 노래로 부르며 읽기**

활동 딱 붙었네!

활동 대상 만 2세

활동 목표

- 스킨십 활동을 통해 엄마, 아빠(또는 양육자)와의 친밀감을 느낀다.
  (사회관계 〉 더불어 생활하기 〉 내 가족 알기)
- 눈과 손의 협응력을 기른다.
  (신체운동 〉 신체조절과 기본운동하기 〉 소근육 조절하기)

활동 자료

그림책, 금붕어교구세트(자석 & 클립), 어항(곤충채집통)

활동 방법

그림책 탐색 ➡ 그림책 감상 ➡ 붙어라 신체 놀이 ➡ 금붕어 붙이기 놀이 ➡ 동물원 꾸미기 놀이

1. **'딱 붙었네'와 '나란히 나란히'책을 맞붙여서 보여 준다.**
   - 어! 책이 딱 붙었네. 책이랑 책이 딱 붙었네. 책이 안 떨어지네. 어떡하지?
   - 떨어져라, 얍!

2. **그림책을 감상한다.**

❶ 유아지향적 언어 사용하여 약간 높은 톤으로 천천히 문장의 끝을 올려 읽는다.
   - 금~붕어하고 (↻) 금~붕어가 (↗)

❷ 다음 장면에 대한 궁금증을 불러일으키며 읽는다.
   - 오리는 어디가 붙었을까? *입*

❸ 동물의 생김새를 묘사하며 읽는다.
   - 오리는 납작한 부리가 딱 붙었네.
   - 코끼리하고 코끼리는 기다란 코가 딱 붙었네.

❹ 노래를 부르며 그림책을 다시 감상한다.
   - ('똑같아요' 가락에 맞추어)

   ♬붙었네, 붙었네, 딱 붙었네.
   금붕어 두 마리 딱 붙었네.

3. **'붙어라' 신체 놀이를 한다.**

❶ 그림책 내용처럼 '붙어라' 신체 놀이를 한다.
   - 책에 나온 원숭이는 손이 딱 붙었구나. 우리도

원숭이처럼 딱 붙어 보자.

- 진짜 딱 붙었어. 안 떨어지네. "떨어져라, 얍!"

❷ 다양한 신체부위로 '붙어라' 신체 놀이를 한다.

♬ 붙어라, 붙어라, 붙어라, 발이 붙어라(어깨, 팔꿈치, 엉덩이 등)

- 떨어져라, 얍!

4. **금붕어 붙이기 놀이를 한다.**

- (펠드 금붕어 한 마리를 영아에게 나눠 주며) 빨간 금붕어, ○○한테 갑니다.
- (그림책에 금붕어를 대보며) 우리 책에 나온 금붕어랑 똑같네.
- (교사가 두 마리로 시범을 보이며) 얘들아, 금붕어 두 마리가 따로따로 헤엄치다 딱 붙었네.
- (다른 금붕어 한 마리를 양육자에게 나눠 주며) 엄마 금붕어랑 딱 붙어 볼까요?

5. **'딱 붙었네' 노래를 부르며 인사를 나눈다.**

- 교사와 영아가 차례로 두 손을 맞대며 부른다.

♬ 붙었네 붙었네 딱붙었네 손이랑 손이 딱 붙었네. 안녕~

확장 활동

⊙ 동물원을 꾸며요!

- **활동 자료:** 그림책, 펠트자료(여러 동물 컷), 융판, 나그네 역할용 모자
- **활동 방법**

1. 영아가 각자 가지고 있는 동물 컷을 하나씩 동물원 바탕 판에 붙여서 동물원을 꾸민다.

♬ 붙었네, 붙었네, 딱 붙었네.
토끼가 동물원에 딱 붙었네.

- 우와! 우리 친구들이 멋진 동물원을 꾸며 주었구나.

교구공방

◎ 금붕어교구세트

• **준비물:** 빨강 펠트, 검정펠트, 강력자석, 클립, 솜, 가위, 실·바늘(혹은 글루건)

① 빨강 펠트 한 장에 도안을 그리고 펠트 두 장을 겹쳐 오린다(앞판, 뒷판).

② 두 장의 빨강 펠트 금붕어 사이에 하나는 자석, 다른 하나는 클립을 붙이고 바느질한다.

③ 검정펠트 눈동자를 앞뒤 면의 대칭되는 위치에 놓고 바느질한다.

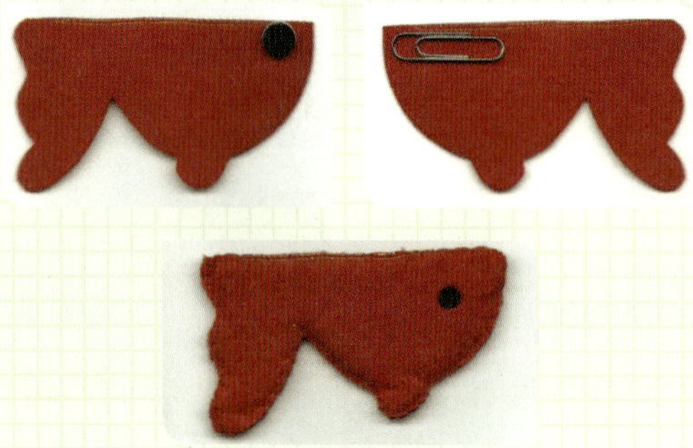

수업메모

• 연계활동으로 부모와 영아가 볼을 딱 붙이고 사진 찍기를 할 수 있다.

• 금붕어를 거둘 때도 어항교구를 이용해 노래를 부르며 놀이처럼 진행한다.
  - 빨간 금붕어, 어항 속으로 풍덩~

• 영아와 엄마(교사), 영아와 영아가 붙었다가 떨어질 때마다 주문처럼, "떨어져라, 얍!"을 외치면서 활동하면 더욱 재미있다.

• 금붕어 교구를 제시할 때, 클립이 들어 있는 금붕어를 먼저 제시한 다음 자석이 들어 있는 금붕어를 갖다 붙이는 것이 좋다.

◈ 비슷한 주제를 다룬 책(주제: 엄마 아빠)

『나란히 나란히』 미우라 타로 지음, 김숙 옮김, 북뱅크, 2009

영아 책 8

『나란히 나란히』

미우라 타로 글·그림, 김숙 옮김, 북뱅크, 2009

책 소개

여기저기 흩어져 있던 개미, 참새, 크레용, 자동차, 빨래들이 페이지를 넘기면 나란히 나란히 한 줄로 자리 잡고 있다. 마지막엔 사랑하는 엄마, 아빠, 아기가 나란히 웃고 있다. 이 책은 흩트렸다가 가지런히 모으기를 좋아하는 영아의 특성이 잘 담겨 있고, 실제로 작가의 두 돌 된 자녀가 장난감을 나란히 줄 세우고 즐거워하는 모습을 보고 만들어졌다고 한다.

읽기의 특징

- 그림 가리키며 읽기
- 다음 장면을 예측하며 읽기
- 책 내용을 노래로 읽기
- 유아지향적 언어(child-directed speech) 사용하기

  높은 톤, 감탄사, 풍부한 표정, 긴 포즈(pause) 등을 활용하여 영아의 주의 집중을 높인다.

활동 나란히 놓아 보아요

◈ **활동 대상** 만 2세

◈ **활동 목표**

- 물건을 나란히 놓아 본다.
  (신체운동 〉 신체조절과 기본운동하기 〉 소근육 조절하기)
- 나란한 것과 그렇지 않은 것을 구별할 수 있다.
  (자연탐구 〉 수학적 탐구하기 〉 차이에 관심가지기)

◈ **활동 자료**

그림책, 동요 '나란히 나란히' 음원, 정육면체 블록, 젓가락 그림자료, 개미·참새컷, 융판, 빨래줄, 빨래집게, 인형 옷, 마스킹 테이프, 스티커

◈ **활동 방법**

동요 듣기 ➡ 물건 나란히 놓아 보기 ➡ 그림책 감상 ➡ 나란히 놀이 ➡ 색연필·스티커 나란히

1. **(젓가락 그림 자료를 보여 주며) '나란히 나란히' 동요(윤석중 작사, 윤극영 작곡)를 감상한다.**
 - ♬ 나란히 나란히 나란히 밥상 위에 젓가락이 나란히 나란히 나란히

2. **정육면체 블록을 나란히 놓아 본다.**

 - (수업 전, 바닥에 붙여 둔 마스킹 테이프 위에 블록을 하나씩 놓으며) 선생님이 블록을 나란히 놓아 볼게요. 나란히, 나란히.
 - (블록을 흩뜨리고) 이건 '나란히'가 아니네?
 - (아이들에게 블록을 나눠 주고) 여기 옆에 나란히 놓아 보자.

3. **그림책을 감상한다.**

❶ 그림을 가리키며 읽는다.
 - 개미들이 여기저기 흩어져서 발발발발 기어가는구나.
 - 흩어져 있던 개미들이 이렇게 나란히, 나란히 하고 있구나.

❷ 다음 장면에 대해 예측하며 읽는다.
- 알록달록 크레용이, 어떻게 됐을까? (책장을 넘기며) 짠 나란히 나란히!

❸ 그림책 내용을 '나란히' 가락에 맞추어 부르며 회상한다.
♬ 나란히 나란히 나란히 발발발발 개미들이 나란히 나란히 나란히,
나란히 나란히 나란히 알록달록 크레용이 나란히 나란히 나란히

4. 그림책 내용으로 '나란히 놀이'를 한다.
- (개미 그림 컷을 나눠 준 후) 개미들을 나란히 놓아 볼까?
- 빨래를 빨랫줄에 나란히 널어 보아요.
- 이번엔 부릉부릉 나란히 나란히 자동차 운전해 볼까요? (유아들 교사 뒤로 한 줄로 서서 운전하는 흉내를 내며 교실을 한 바퀴 돈다.)
- (교사가 바닥에 표시된 선 위에 올라서며) 이제 ○○반 자동차들, 나란히 주차해 볼까요?

5. 색연필과 스티커를 활용해 '나란히 놀이'를 한다.
❶ 나란히 있는 그림 찾기를 한다.
- 나란히 있는 자동차에 동그라미해 보세요.

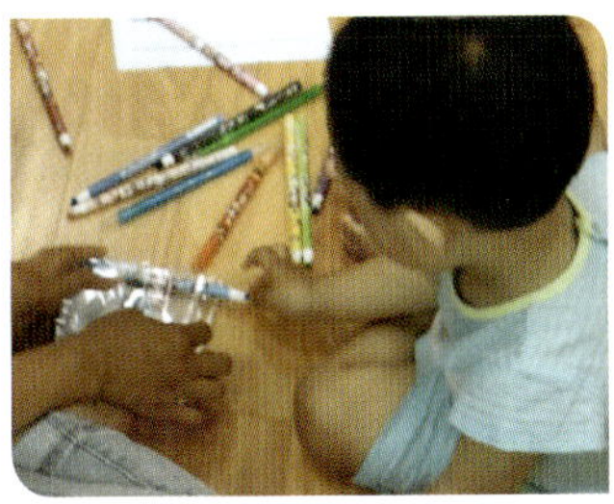

❷ 색연필을 색연필 통에 나란히 담아 본다.
- 어! 색연필이 흩어졌네, 색연필을 나란히 담아 보아요.

❸ 스티커를 나란히 붙여 본다.
- 까만 선에 스티커를 나란히 붙여 보아요.

6. 나란히 서서 인사하며 마무리한다.
- 오늘 우리가 '나란히' 놀이를 해 보았어요. 우리 모두 나란히 서서 인사해 볼까요?

수업메모

- 확장 활동으로, 수업 직후에 자신의 신발을 가지런히 놓아보거나, 가정에서 가지런히 놓아보는 활동을 제안할 수 있다. 부모님에게 영아가 나란히 한 신발을 사진 찍어 어린이집으로 보내달라고 요청한 후, 사진을 보며 이야기 나눌 수 있다.
- 개미 컷과 참새 컷을 나란히 붙이는 활동을 할 때 기준 선을 제시해주어 영아가 방향을 알 수 있게 한다.
- 손의 힘이 약한 영아는 빨래집게를 벌리기가 어려우므로 교사의 도움으로 빨래 널기를 해도 좋다.
- 빨래 널기 활동은 빨래집게 하나로 널 수 있는 작은 사이즈의 옷(인형옷)이 영아들에게 성취감을 줄 수 있다.

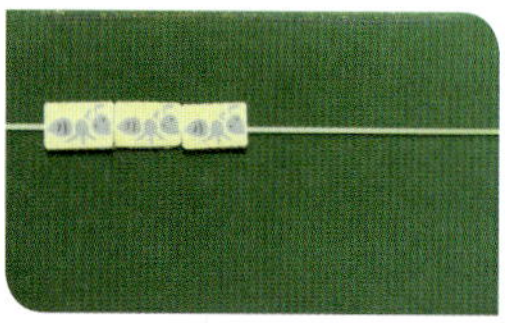

◈ 비슷한 주제를 다룬 책(주제: 정리정돈)

『제자리에 쏙쏙』 이야기보따리 글, 서희주 그림, 행복창고, 2015

영아 책 9

『금붕어가 달아나네』

고미 타로 글·그림, 엄기원 옮김, 한림출판사, 2003

책 소개

어항 속에 혼자 있던 금붕어 한 마리가 달아나기 시작한다. 커튼으로 달아난 금붕어는 화분으로, 다시 사탕이 든 병 속으로 달아난다. 여기저기로 달아나던 금붕어가 마침내 도착한 곳은 친구들이 많이 있는 큰 수족관이다. 장면이 바뀔 때마다 동그란 금붕어가 어디로 숨었는지 찾아보는 재미가 있다.

읽기의 특징

- **손유희 운율 활용해 읽기**

  매 페이지를 넘길 때마다 '금붕어가 뛰었다 뽕!' 운율을 살려 읽는다.
- **영아의 참여 격려하며 읽기**
- **동작 곁들여 읽기**
- **그림 설명하며 읽기**

활동 금붕어를 찾아보아요

◈ 활동 대상 만 2세

◈ 활동 목표

- 반복되는 문장을 운율에 맞추어 말한다.
  (의사소통 〉 말하기 〉 낱말과 간단한 문장으로 말하기)
- 금붕어 찾기 놀이를 통해 주변 사물과 장소에 관심을 갖는다.
  (사회관계 〉 더불어 생활하기 〉 자신이 속한 집단 알기)

◈ 활동 자료

그림책, 펠트 금붕어(교사용, 영아용), 금붕어 찾기놀이 자료(어항, 커튼, 화분, 사탕), 펠트수족관(파랑)

◈ 활동 방법

손유희 ➡ 그림책 감상 ➡ 금붕어 찾기 놀이 1 ➡ 금붕어 찾기 놀이 2

1. '금붕어가 뛰었다' 손유희를 듣고 따라해 본다.
   - (펠트 금붕어를 움직이며) 금붕어가 머리 위에 앉았더니 모자가 되었어요.

   ♬ 금붕어가 뛰었다, 뽕! 머리에 앉았다. → 모자
   금붕어가 뛰었다, 뽕! 눈 위에 앉았다. → 안경
   금붕어가 뛰었다, 뽕! 손목에 앉았다. → 시계

2. 그림책을 감상한다.

❶ 그림책 표지를 탐색한다.
- (펠트 금붕어를 손으로 잡고 책 속으로 들어가는 흉내를 내며) 금붕어가 쏙! 책 속에 들어갔어요.
- 이 어항 속에 사는 금붕어가 달아나기를 좋아한대요. 금붕어가 뛰었다 뽕!

❷ 손유희 운율을 활용해 리듬감 있게 읽는다.

♬ 금붕어가 뛰었다 뽕! 어! 금붕어 어디 있지? 찾아볼까요?

❸ 영아의 참여를 격려하며 읽는다.
- (숨어 있는 금붕어를 찾을 수 있도록 영아에게 충분한 시간을 주며) ○○

아! 금붕어 어디 있을까?

❹ 로켓 발사 동작을 곁들여 읽는다.

- (로켓그림이 있는 펼침면에서) 우리 친구들이 로켓이 되어 보자. 손을 모으고 발사!

❺ 금붕어가 숨은 장소를 설명하며 읽는다.

- 금붕어가 커튼 속에 숨어 있었구나.
- 금붕어가 화분에 핀 꽃처럼 숨어 있네.

3. **금붕어 찾기 놀이를 한다.**

❶ 펠트 자료(어항, 커튼, 화분, 사탕)에 숨은 금붕어 찾기 놀이를 한다.

- 금붕어가 또 달아나네요, 찾아보세요. 금붕어가 뛰었다 뽕!

❷ 몸에 숨은 금붕어 찾기 놀이를 한다.

- 금붕어가 선생님 몸에 숨었어요. 어디 있을까?
- 금붕어가 엄마 몸에 숨었네?

(영아와 엄마가 서로 몸에 숨기고 찾는 놀이를 한다.)

❸ 교실에 숨은 금붕어 찾기 놀이를 한다.

ㄱ. 영아와 엄마가 교실에 금붕어를 숨긴다.

- 숨길 때 금붕어가 조금은 보이게 해 주세요.

ㄴ. 교사가 금붕어를 찾는다.

ㄷ. 다 찾은 후, 금붕어를 숨겼던 곳에 대해 이야기 나눈다.

- 의자 밑에 누가 숨겼었나요? ○○요.
- ○○가 의자 밑에 숨겼었구나.
- (교사가 찾은 펠트 금붕어를 나누어 주며) 의자 밑에 숨었던 금붕어가

다시 ㅇㅇ한테 갑니다.

4. 금붕어를 수족관에 놓으며 마무리한다.
- 금붕어가 물속에서 헤엄치고 싶대요. 어떻게 하면 좋을까?
- 수족관 물속으로 놓아 주자.
- (영아들이 펠트 수족관 위에 각자의 금붕어를 다 놓은 후, 교사가 가진 금붕어를 수족관 위에 갖다 놓으며) 친구들이 있는 곳이 제일 좋아!
- 금붕어가 이제는 달아나지 않는대요.
- 우리도 친구와 함께 그림책 볼 수 있어서 참 좋아요.

교구공방

⊙ 펠트 금붕어

• **준비물:** 접착 펠트(진분홍 2장, 검정 1장, 하양 1장), 검정 매직

① 진분홍 접착 펠트에 금붕어를 그린 후 오린다. 금붕어 크기는 책과 동일한 사이즈가 적당하다.
② 영아용 금붕어는 매직펜으로 눈동자를 표현한다.
③ 교사용 금붕어는 하얀색 접착 펠트 위에 매직으로 눈동자를 그려 완성한다.

수업메모

• 금붕어 손유희는 『표현력과 창의성을 키우는 손유희 101가지』(이송은 저, 동심)에 있는 '물고기가 뛰었다' 손유희의 가사를 개사한 것이다.

비슷한 주제를 다룬 책(주제: 찾기)

『아기 오리는 어디로 갔을까요?』 낸시 태퍼리 글·그림, 박상희 옮김, 비룡소, 1999

영아 책 10

『깨물면 안 돼!』

마이클 달 글, 아담 레코드 그림, 공상공장 옮김, 키즈엠, 2013

책 소개

아기 공룡 리노에게 드디어 이가 났다. 이빨이 근질근질한 리노는 장난감, 의자, 신발 그리고 엄마까지 깨물고 싶지만, 절대 깨물면 안 된다. 그 대신, 음식은 마음껏 깨물어 먹을 수 있다. 이가 나기 시작한 영아를 위한 기본생활습관 책이다.

읽기의 특징

- 그림 묘사하며 읽기
- 영아 반응 격려하며 읽기
- 동작 곁들여 읽기
- 노래로 부르며 읽기

  ♬ 리노 이는 뾰족해 뾰~족 뾰족!

활동 깨물면 안 돼요!

활동 대상 만 1세

활동 목표

- 깨물어도 되는 것과 안 되는 것을 구분하며 바른 습관을 기르도록 한다. (기본생활 〉 안전하게 생활하기 〉 안전하게 지내기)

활동 자료

그림책, 공룡 손 인형(교구공방 참조), 각종 물건 및 음식 컷(깨물어도 되는 것－클립 부착), 바구니 2개

활동 방법

손 인형과 인사하기 ➡ 그림책 감상 ➡ 노래 부르기 ➡ 깨물어도 되는 것과 안 되는 것 구분하기

1. **공룡 손 인형과 인사를 나눈다.**
   - (공룡 인형을 보여 주며) 얘들아! 안녕. 나는 리노라고 해. 내게는 뾰족 뾰족한 이빨이 있어. 난 뭐든지 깨물고 싶어!
   - (공룡 손 인형을 낀 채, 교사의 다른 한 손을 가까이 가져가며) 깨물고 싶어. 어떡하지?

2. **그림책을 감상한다.**

❶ 그림을 가리키며 묘사하며 읽는다.
   - (리노 이를 가리키며) 리노 이빨 어디 있어? 정말 뾰족뾰족하구나!
   - (엄마 꼬리를 깨무는 리노를 종이로 가린 채, 엄마의 표정을 먼저 보여 주며) 엄마가 깜짝 놀라고 있네. 왜 그럴까?

❷ 반복되는 어휘를 읽을 때 영아가 참여하도록 격려한다.
   - 깨물면(∨) 안 돼!

❸ 동작을 곁들여 읽는다.
   - 깨물면, (양팔을 X자로 교차시키며) 안 돼!

- (음식을 먹는 장면에서 흉내말을 소리와 동작으로 함께 표현하며) 아삭 아삭, 오독 오독, 아작 아작,

3. 그림책 내용을 노래로 불러본다.

- ('그래 그래서' 노래를 책 내용으로 개사하여)

  ♬ 리노 이는 뾰족해. 뾰~족 뾰족! 뭐든지 깨물어 뾰~족 뾰족/
  신발–안 돼, 의자–안 돼, 사과–좋아, 과자–좋아

4. 깨물어도 되는 것과 안 되는 것을 구분해 본다.

- (공룡 손 인형을 끼고) 아이 배고파, 난 뭐든지 깨물고 싶어.
- (그림 자료를 보이며) 블록? *안 돼!* 사과? *좋아.* 선생님? *안 돼!*

5. 공룡 손 인형과 나와 인사하며 마무리한다.

- 나 이제 아무거나 깨물지 않을 거야.

교구공방

⊙ 공룡 손 인형

· **준비물**

- 얼굴 재료: 양말(초록이나 청록색), 모형 눈(지름 2.5㎝), 뽕뽕이(지름 5㎝)
- 입 재료: 두꺼운 종이, 주황색 펠트, 이빨 모양으로 자른 흰색 펠트(두께 2mm), 강력자석(지름 2㎝)
- 꼬리 재료: 초록색 펠트
- 뾰족한 등: 연두색 펠트(3mm), 글루건, 가위

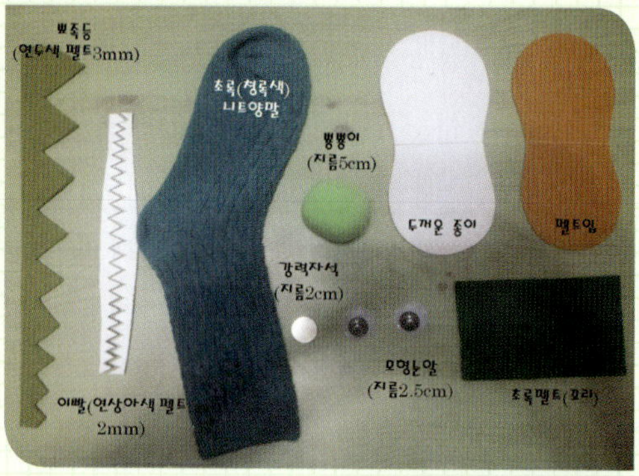

① 양말을 사진과 같이 가위로 잘라서 공룡 입 부분을 만든다.
② 접착 펠트를 붙인 두꺼운 종이에 뽕뽕이를 붙여 얼굴의 입체감을 살린다.
③ 양말의 잘라낸 부분의 중심을 맞춰 올려놓고 양쪽 옆부터 위아래로 양말을 붙인다.
④ 강력자석을 ③에 붙이고 그 위에 펠트 입의 위, 아래를 잘 확인한 후 포개어 붙인다. 뾰족한 이를 깔끔히 붙여 준다.
⑤ 뾰족한 등 장식을 양말의 중심선에 맞춰 붙이고 모형 눈을 붙여 완성한다.

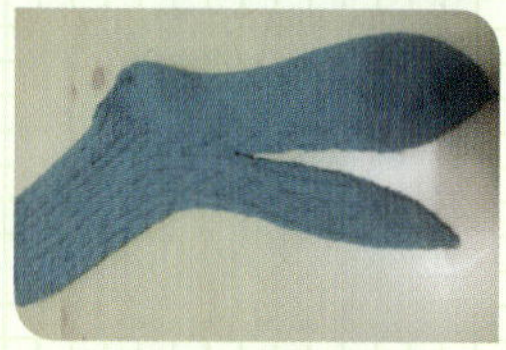

수업메모

- 자석 없이 작은 크기의 양말과 펠트만으로 공룡 손 인형을 제작하여 놀이할 수도 있다.
- 모-자 수업에서는 각종 물건과 음식 컷을 붙인 막대인형을 만들어 깨물어도 되는 것과 깨물면 안 되는 것 구분하기 놀이를 할 수 있다.

비슷한 주제를 다룬 책(주제: 기본생활)

『소리치면 안 돼!』 마이클 달 글, 아담 레코드 그림, 공상공장 옮김, 키즈엠, 2014
『때리면 안 돼!』 마이클 달 글, 아담 레코드 그림, 공상공장 옮김, 키즈엠, 2013

영아 책 11

『빙빙 돌아라』

이상희 시, 김효은 그림, 비룡소, 2012

책 소개

잠자리채를 든 아이가 강아지와 함께 길을 나선다. 붕붕 풍뎅이, 팔랑팔랑 노랑나비, 동동 잠자리, 윙윙 바람개비, 하롱하롱 꽃 이파리, 모두가 빙빙 돈다. 아기도 함께 빙빙 돌다 지쳐 엄마 등에서 잠이 든다. 서정적인 그림에 역동적인 의성어, 의태어가 돋보이는 그림책이다. 곤충과 사물, 식물 주변에 빙빙 도는 선이 그려져 있어서 손가락으로 짚으며 선을 따라가 볼 수도 있다. 장면을 넘길 때마다 주인공 뒤로 함께 따라오는 곤충들을 보는 재미도 있다.

읽기의 특징

- **운율 살려 읽기**

  (전래 동요 가락으로) 빙빙 돌아라
- **시 내용을 몸으로 표현하며 읽기**

  풍뎅이처럼 붕붕~, 나비처럼 팔랑팔랑~

활동 1 우리 아기 빙빙 돌아라!

활동 대상 만 2세

활동 목표

- '빙빙'이라는 말의 뜻을 이해한다.
  (의사소통 〉 듣기 〉 짧은 문장 듣고 알기)
- '빙빙'을 표현하는 신체 놀이에 즐겁게 참여한다.
  (예술경험 〉 예술적 표현하기 〉 움직임으로 표현하기)

활동 자료

그림책, 분홍 습자지 꽃잎, 곤충 잡기 놀이 교구(유아 수만큼, 교구공방참조)

활동 방법

손 인사 ➡ 습자지 꽃잎 탐색 ➡ 그림책 감상 ➡ 곤충잡기 놀이

1. **엄마와 아기가 서로 양 손바닥을 맞대고 빙빙 돌리며 인사를 한다.**
 - (전래 동요 느낌으로)
   ♬빙빙 돌아라, 빙빙 돌아라. 엄마(아기) 없다. 까꿍! 있네.

2. **꽃잎이 떨어지는 것을 관찰한다.**
 - (분홍 습자지 꽃잎을 떨어뜨리며) 꽃잎이, 빙-빙 떨어져요. 꽃잎 둘, 빙-빙 떨어지네.

3. **그림책을 감상한다.**

❶ 앞표지를 탐색한다.
 - (책을 빙빙 돌리며) 어? 책이 빙빙 도네. 아하! 책 제목이 '빙빙 돌아라'구나.

❷ 운율을 살려 읽는다.

❸ 시 내용을 몸으로 표현하며 읽는다.
- 우리도 풍뎅이처럼 붕~ 하며 돌아보자.

❹ 곤충이 빙빙 도는 것을 표현한 그림을 손으로 따라가며 읽는다.
- (영아의 손을 잡고 그림책의 선을 따라가며) 잠자리 따라 빙빙 돌아볼까?

4. **곤충잡기 놀이를 한다.**

❶ 수업 전 교실 벽면에 붙여 놓은 그림책 속 곤충그림을 찾아 이동한다.
- (리본이 달린 잠자리채 교구를 들고) 곤충 친구들이 어디 있는지 찾아볼까?
- 저기, 붕~ 풍뎅이(나비, 잠자리)가 앉았네.
- 풍뎅이를 잠자리채로 빙빙 잡아볼까?
- ㅇㅇ(이)가 풍뎅이를 잡았구나.
- (풍뎅이 스티커를 나눠 주며) 풍뎅이를 붙여 주자.

❷ 다음 곤충이 붙은 곳으로 노래를 부르며 이동한다.

5. **곤충들의 움직임을 몸으로 표현해 본다.**
- 어떤 곤충을 잡았는지 볼까?
- 잠자리처럼 윙윙 돌아볼까?

활동 2 빙빙 팽이놀이

◈ 활동 대상 만 2세

◈ 활동 목표

- 팽이 돌리기에 참여한다.
  (신체운동 〉 신체조절과 기본운동하기 〉 소근육 조절하기)

◈ 활동 자료

팽이 판(우드락), 곤충 스티커(풍뎅이, 나비, 잠자리)

◈ 활동 방법

1. **곤충 스티커로 팽이를 꾸민다.**

❶ 풍뎅이, 나비, 잠자리 스티커를 우드락 팽이 판에 붙인다.
❷ 가운데에 팽이심을 꽂는다.

2. **팽이 놀이를 한다.**

❶ 팽이 꼭지를 잡고 돌려 본다.
❷ 돌고 있는 팽이를 손으로 눌러 정지하고 곤충을 확인한다.

교구공방

⊙ 곤충잡기 놀이 교구

- **준비물:** 백업(지름 2㎝×20㎝), 리본테이프(약 70㎝), 원형 라벨지(지름 3.8㎝)

① 20㎝ 길이의 백업 한쪽 끝에 리본테이프를 묶어 영아용 잠자리채를 만든다.

② 잠자리채의 리본테이프에 붙일 곤충 스티커(풍뎅이, 나비, 잠자리)는 원형 라벨지에 출력하여 만든다.

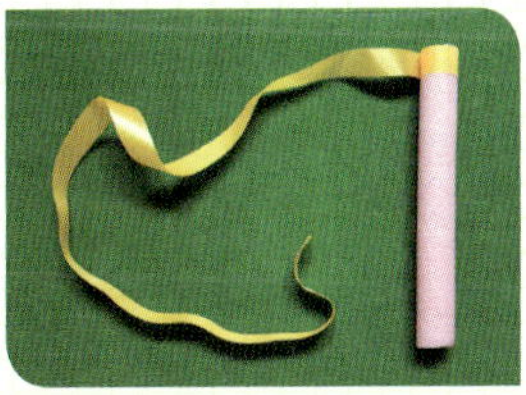

⊙ 팽이 판(앞페이지 활동사진 참조)

- **준비물:** 원형 우드락(지름 12㎝), 팽이 심(인원수만큼), 곤충 스티커 (풍뎅이, 나비, 잠자리 라벨)

수업메모

- 모-자수업 일 경우, '빙빙 돌아라'노래에 맞추어 각 팀(모-자)별로 돌다가 마지막에는 전체 팀이 함께 손을 잡고 빙빙도는 활동으로 수업을 마무리해도 좋다.

  ♬ 손을 잡고 오른쪽으로 빙빙 돌아라 손을 잡고 왼쪽으로 빙빙 돌아라
  뒤로 살짝 물러났다 앞으로 다시 들어가 손뼉 치며 빙빙 돌아라
- 영아와 엄마가 손바닥을 맞잡고 빙빙 돌리며 인사를 한 후 교사와도 한 명씩 돌아가며 인사해 본다.
- 도입 시 사용하는 분홍 꽃잎(분홍 습자지)은 1인당 꽃잎 하나로도 충분하다. 꽃잎을 많이 뿌리면 그 자체가 재미있어 도입이 길어질 수 있기 때문이다.
- 새로운 곤충들이 등장할 때는 그림을 먼저 읽어 준다."와! 초록색 풍뎅이가 하나, 둘, 셋. 세 마리 있네."라고 그림을 짚어가며 읽는다.

◈ 비슷한 주제를 다룬 책(주제: 곤충)

『이것 좀 봐』 이태수 세밀화, 차정인 그림, 보리, 1994

영아 책 12

『풍덩 시원해요』

심조원 글, 김시영 그림, 호박꽃, 2010

책 소개

무더운 여름, 더위를 피해 마루 밑으로 기어 들어가는 똥 강아지와 포장지 옷을 입은 여름과일 자두, 복숭아, 포도, 참외, 수박들이 시원하게 물놀이를 즐긴다. 재미난 의성어·의태어와 함께 세밀화 기법으로 표현된 과일들이 먹음직스럽게 담긴 보드북이다.

읽기의 특징

- **책을 놀잇감처럼 활용하여 읽기**

  각 과일들이 물속으로 들어가는 부분에서는 "퐁당"하고 이야기하며 책을 바닥에 내려놓는다.

- **의성어와 의태어 느낌을 살려 동작 곁들여 읽기**

  (작은 동작으로) 퐁당, (큰 동작으로) 풍덩

- **그림 탐색하며 읽기**

  각 장면마다 등장하는 강아지들의 움직임과 변화된 그림을 가리키며 읽는다.

활동 1 풍덩, 과일 물놀이해요

◈ 활동 대상 만 2세

◈ 활동 목표

- 오감각으로 여름 과일과 과일 포장재를 탐색한다.
  (자연탐구 〉 과학적 탐구하기 〉 물체와 물질 탐색하기)
- 물체를 물에 빠뜨릴 때 나는 여러 가지 소리를 경험한다.
  (의사소통 〉 듣기 〉 말소리 구분하여 듣고 의미 알기)

◈ 활동 자료

그림책, 다양한 과일 포장재, 실물 여름 과일(자두, 포도 등), 과일 사진 컷

◈ 활동 방법

과일 포장재 탐색 ➡ 그림책 감상 ➡ 풍덩! 물놀이 ➡ 과일 맛보기 ➡ 풍덩! 융판 놀이

1. **과일 포장재에서 나는 소리와 냄새를 탐색한다.**
- (참외 포장지, 포도 봉지, 복숭아 포장재, 자두 포장용기 등을 등 뒤에 감추고 부스럭대며) 이게 무슨 소리일까?
- 어떤 냄새가 나니?

2. **그림책 표지를 탐색한다.**
- 여기 맛있는 과일들이 있네. 어떤 과일들이야? *수박, 포도*
- 과일들이 물 속으로 '풍덩 시원해요'라고 말하네.

3. **그림책을 감상한다.**

❶ 의성어와 의태어를 강조하며 읽는다.
  - (강세를 두어) 뜨끈뜨끈 마루가 뜨거워요.
  - 옷 벗고 물속으로 (가벼운 느낌으로) 퐁당!

❷ 각 장면에 나오는 강아지와 과일의 모습을 묘사하며 읽는다.
  - 강아지가 너무 더워서 헉헉거리며 마루 밑으로 가요. 휴~살았다. 멍멍!
  - 그런데 자두는 너무 더워요. 땀이 송골송골 맺혔어요.

4. 실물 과일(자두, 포도 등)을 물속에 떨어뜨릴 때 나는 소리와 모습을 탐색한다.

- (물이 반쯤 채워진 투명 수조를 준비한 후) 빨간 자두가 퐁당! 아이 시원해.
- 자두가 물에 어떻게 빠졌나요? *퐁당.*

5. 과일을 탐색하고 맛본다.

- 자두는 어떤 냄새가 날까?
- 손으로 만져 볼까? 매끈매끈하구나.
- 겉은 빨간색인데 속은 어떨까?
- 다 같이 먹어 보자. 어떤 맛이니?

6. 과일 크기에 따라 의성어를 다르게 표현해 본다.

- (크기 순서대로 세 가지의 과일 컷을 준비한 다음, 융판에 붙이며) 자두는 퐁당! 복숭아는 풍덩! 포도는 첨벙!
- 과일 친구들이 물에 빠질 때 어떤 소리가 났는지 말해 볼까?
- (동작과 소리의 크기를 점증시키며) 자두는 퐁당! 복숭아는 풍덩! 포도는 첨벙!

활동 2 과일가게 놀이를 해요

◈ 활동 대상 만 2세

◈ 활동 목표

- 과일 포장용기를 이용하여 놀잇감을 만들어 본다.
  (예술경험 〉 예술적 표현하기 〉 자발적으로 미술활동하기)
- 과일가게 놀이를 즐긴다.
  (예술경험 〉 예술적 표현하기 〉 모방과 상상놀이하기)

◈ 활동 자료

플라스틱 과일 포장용기, 플라스틱 손잡이, 영아가 색칠한 과일 그림 컷(또

는 과일모형), 색연필, 네임펜, 접착시트지 및 스티커, 동요 '시장잔치' 음원

활동 방법

그림책 감상 ➡ 과일 포장용기 꾸미기 ➡ 과일가게 놀이

1. 그림책을 감상한다. (활동 1과 동일)

2. 그림책에서 과일 포장용기 부분이 나오는 장면을 찾아본다.
 - 여기 바루 위에 있는 (자두 포장용기를 가리키며) 자두도 더워요. 그래서 옷 벗고 물속으로 퐁당!

3. 투명한 플라스틱 포장용기를 꾸며 가방을 만든다.
 - 우리가 자두를 물속에 퐁당 시원하게 해 주었더니, 자두가 들어 있었던 이것만 남았네.
 - 이 포장용기로 멋진 가방을 만들어 보자.

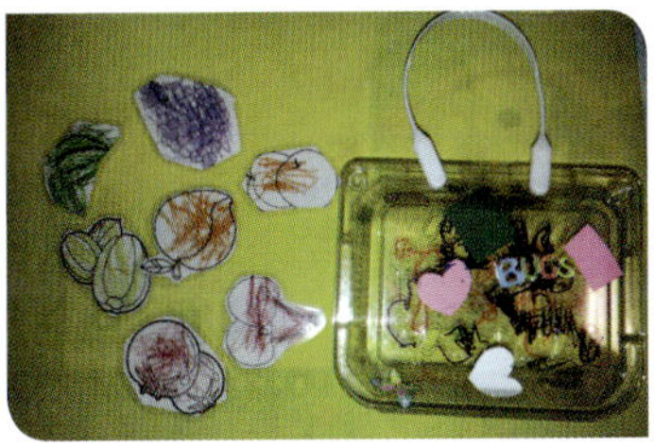

3. 과일가게 놀이를 한다.
 - 어서 오세요. 여기는 과일가게입니다. 손님, 어떤 과일을 드릴까요?
 - (과일 모형 또는 색칠한 과일 그림 컷을 주며) 네, 자두요. 여기 자두 드릴게요.

수업메모

• 영아들이 직접 꾸민 과일 포장용기 가방에 실제 과일을 담아 보는 활동을 진행해도 좋다.

비슷한 주제를 다룬 책(주제: 과일)

『냠냠냠 쪽쪽쪽』 문승연 글·그림, 길벗어린이, 2008

『한입에 덥석』 키소 히데오 글·그림, 한수연 옮김, 시공주니어, 2002

영아 책 13

『펭이의 눈사람』

페트르 호라체크 글·그림, 손미선 옮김, 문학동네어린이, 2003

책 소개

눈 오는 날, 펭이와 친구는 함께 밖으로 나가 눈사람을 만든다. 눈사람에게 목도리를 둘러주고, 빨간 컵과 당근, 숯으로 눈, 코도 붙여주지만, 잠시 후 나가 보니 햇볕에 녹고 있다! 두 친구의 속상함을 알기라도 하듯 다시 눈이 내린다. 페트르 호라체크의 대표적인 표현 기법인 크레파스와 물감을 사용한 강렬한 색감이 눈길을 끈다. 플랩과 구멍, 손잡이를 이용한 눈내리는 풍경 연출 등 놀잇감 같은 스타일이 눈길을 끈다.

읽기의 특징

- **그림 읽기 (그림 설명하며 상호작용하기)**

  글뿐만 아니라 그림을 짚으며 그림에 대한 묘사 위주로 상호작용하며 읽는다.
- **책 자체를 놀잇감으로 활용하는 읽기**

  장면마다 재미있는 놀이 요소가 있으므로 영아가 직접 조작하게 하며 읽는다.
- **노래를 곁들여 읽기**

활동 눈사람을 만들자

◈ **활동 대상** 만 2세

◈ **활동 목표**

• 겨울과 관련된 동요를 즐겁게 부른다.
(예술경험 〉 예술적 표현하기 〉 리듬 있는 소리와 노래로 표현하기)

• 신체활동에 적극적으로 참여한다.
(신체운동 〉 신체활동에 참여하기 〉 신체활동에 참여하기)

◈ **활동 자료**

그림책, 동요 '멋진 눈사람' · '눈이 옵니다' 음원, 흰색 뻥뻥이(지름 4㎝, 100개)

◈ **활동 방법**

동요부르기 ➡ 그림책 감상 ➡ 눈 굴리기 게임 ➡ 눈사람 카드 만들기

1. '멋진 눈사람' 동요를 동작과 함께 부른다.

- 아이 추워. 겨울이 왔어요. 겨울이 되면 하늘에서 펑펑 눈이 내려요.
- 신나는 겨울노래 들어 보자.
  ♬ 눈을 굴려서 눈을 굴려서 …….

2. 그림책을 감상한다.

❶ 표지를 탐색한다.
- (표지를 보여 주며) 여기 누가 있니? *펭귄, 눈사람*
- (눈사람 가리키며) 코는 뾰족뾰족, 눈은 동글동글, 모자도 쓰고 목도리도 둘렀네. 누가 이 멋진 눈사람을 만들었을까?

❷ 등장인물의 상황을 반영하여 읽는다.
- (몸을 약간 움츠리며) 이상한걸. 왜 이렇게 춥지?

❸ 책을 음향 교구로 활용하며 읽는다.
- (손끝으로 책 뒷표지를 똑똑똑 두드리며) 어? 누가 왔을까? (플랩을 열며) 펭이야, 이리 와 봐.

❹ 등장인물의 대사를 첨가하여 읽는다.

- 우리 눈사람 만들자. 그래그래! 밖이 추우니 옷을 따뜻하게 입어야 해. 응~ 잠깐만. 목도리 두르고 모자랑 장갑도 쓰고, 따뜻한 털신도 신고!
- 어? 눈사람이 녹아 버렸네. 어떡하지? 눈사람 보고 싶다. 너무 슬퍼하지 마.
- (그림책의 마지막 장면 넘기며)

  ♬ 펄펄 눈이 옵니다. 하늘에서 눈이 옵니다.
  와! 눈이다.

3. **흰 뻥뻥이로 눈 굴리기와 던지기 놀이를 한다.**

- 이곳에도 눈이 오면 좋겠다.

  ♬ 펄펄 눈이 옵니다. 하늘에서 눈이 옵니다.
- (흰 뻥뻥이를 아이들 머리위에 뿌려 준다.) 와, 눈이 온다. 친구들 머리 위에 눈이 와요. 눈을 만져 볼까? 뽀드득 소리도 나는 것 같다.
- (두 팀으로 마주 앉아) 자기 팀에 있는 눈을 앞에 있는 친구들에게 굴려 주세요.

4. **뻥뻥이 눈을 바구니에 정리하며 마무리한다.**

- (눈사람 그림이 있는 바구니를 제시하며) 이 안에 눈을 모아 볼까?

확장 활동

⊙ 눈사람 카드를 꾸며요

• 활동 자료

· 카드 배경 판(사전 교사준비): 하늘색 색지(A4 크기), OHP 필름(A4크기의 1/2), 동그란 라벨지 대 · 소 – 2개(몸통용)

· 카드 꾸미기 재료(영아용): 스티커(흰색 동그라미, 세모 1, 하트 4, 눈 2, 별 2, 리본 1, 화살표 2)

• 활동 방법

1. 눈사람 카드 바탕 판에 스티커를 붙여 꾸민다.

- (하늘색 색지에 눈사람과 몸과 OHP 필름이 붙어 있는 바탕 판을 나누어 준 후) 이게 누구야? *눈사람*
- (바탕 판에 붙은 하얀 눈사람을 가리키며) 그런데 눈, 코, 입이 없네.
- (OHP 필름에 흰 동그라미 스티커를 붙여 보이며) 하늘에서 눈이 내리네.

2. 자신이 만든 눈사람 카드와 함께 사진을 찍으며 마무리를 한다.
- 친구들이 만든 눈사람과 함께 사진 찍어 볼까요?

수업메모

• 그림책 장면마다 플랩, 당김 장치, 구멍을 이용한 겹치기 등 여러 가지 흥미로운 구조적인 요소가 있으므로 영아가 충분히 탐색할 시간을 주고 책에 재미를 느끼게 한다.

• 영아들이 카드 꾸미기를 할 때 동요 '멋진 눈사람'을 배경 음악으로 들려준다.

• 눈 굴리기, 눈싸움 놀이 후 영아 스스로 정리할 수 있도록 격려한다.

비슷한 주제를 다룬 책(주제: 눈, 겨울)

『썰매를 타고』 정유정 글 · 그림, 사계절, 2007

『첫 눈』 박보미 글 · 그림, 한솔수북, 2012

『눈 오는 날』 에즈라 잭 키츠 글 · 그림, 김소희 옮김, 비룡소, 1995

영아 책 14

『꼭 잡아!』

이혜경 글, 강근영 그림, 여우고개, 2007

책 소개

귀여운 애벌레들이 땅속에서 나와 세상구경을 떠난다. 갑자기 비가 내리자 애벌레들은 나뭇잎으로 우산을 만들어 쓴다. 초록나뭇잎은 배, 낙하산, 보자기, 식탁, 이불로 변신한다. 아이들의 하루 일상처럼 펼쳐지는 이야기가 흥미롭다. 여러 가지로 변신하는 초록나뭇잎과 애벌레가 무언가 계속 꼭 잡고 있는 동작들을 관찰하는 재미가 있다.

읽기의 특징

- **읽기와 노래, 놀이를 교차병행시키기**

  반복되는 '꼭 잡아'를 개사된 노래로 함께 불러가며 영아들의 상징놀이를 유도한다.

- **책 자체를 놀잇감으로 활용하는 읽기**

  나뭇잎이 바뀔 때마다 변신하는 책을 그 물체(우산, 배, 낙하산, 이불 등)인 것처럼 움직인다.

- **그림 읽기(그림 설명하기)**

  글보다는 그림에 대한 묘사 위주로 읽는다.

- **언어반응 및 동작 참여 격려하기**

  동작 참여를 위해서는 '나뭇잎 우산을 꼭 잡아!' 또는 '꼭 잡아 꼭 잡아 꼭 잡아요'라는 반복되는 구절에서 함께 노래로 부르면 효과적이다.

활동 초록 나뭇잎 꼭 잡아!

◈ 활동 대상 만 2세

◈ 활동 목표

- 교사, 또래와 더불어 하는 놀이에 즐겁게 참여한다.
  (사회관계 〉 더불어 생활하기 〉 자신이 속한 집단 알기)
- 초록 보자기를 이용하여 다양한 물체변형 놀이를 한다.
  (예술경험 〉 예술적 표현하기 〉 모방과 상상놀이하기)

◈ 활동 자료

그림책, 초록색 보자기(60㎝×60㎝, 영아 수만큼), 큰 초록색 보자기(250㎝×250㎝, 1개), 앵두나무 바탕 판, 빨강 뽕뽕이(지름 4㎝, 100개), 비밀상자, 바구니 2개

◈ 활동 방법

손잡으며 인사하기 ➡ 그림책 감상 ➡ 물체변형 놀이

1. '똑같아요' 동요가락에 책 내용으로 가사를 붙여 인사를 나눈다.

♬ 꼭 잡아 꼭 잡아 꼭 잡아요. 선생님 두 손을 꼭 잡아요.
(엄마 두 손을, 엄마 얼굴을, 엄마 어깨를)

2. 그림책을 감상한다.

❶ 짧은 감탄사로 주의를 집중시키며 표지를 탐색한다.

- 어! 여기 애벌레 친구들이 있어. 이 애벌레 친구들이 꼭 잡고 있는 이것은 무얼까?

❷ 그림에 대한 설명을 하며, 동작시범 보이기를 통해 동작 참여를 격려한다.

- 어? 그런데 갑자기 '후두둑 툭툭 후두둑 툭툭' 비가 내리고 있어! 어떻게 하지?
- 괜찮아. 이렇게(책을 산처럼 만들어 유아의 머리에 씌워 주며) 나뭇잎 우산 만들면 되지.

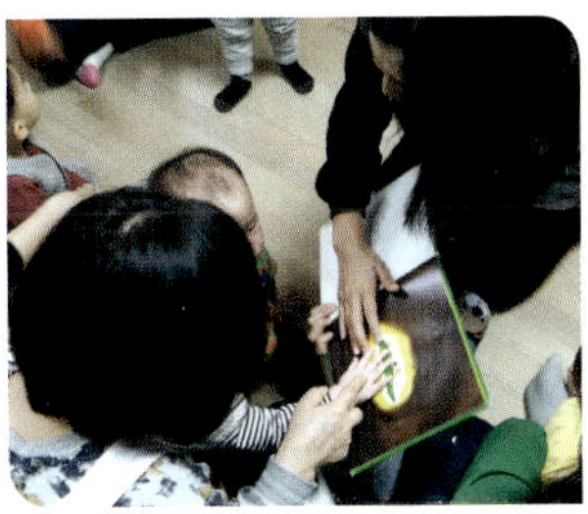

♬ 꼭 잡아 꼭 잡아 꼭 잡아요. 나뭇잎 우산을 꼭 잡아요.

3. 초록보자기로 물체변형 놀이를 한다.

- (보자기의 양쪽을 잡고 배처럼 움직이며) ♬ 꼭 잡아 꼭 잡아 꼭 잡아요. 나뭇잎 배를 꼭 잡아요.
- (우드락 앵두나무판에 붙은 앵두교구를 가리키며) 여기 빨간 앵두가 있네. 앵두를 어떻게 가져가지? 아~ 이렇게 나뭇잎 바구니에 담으면 되지.

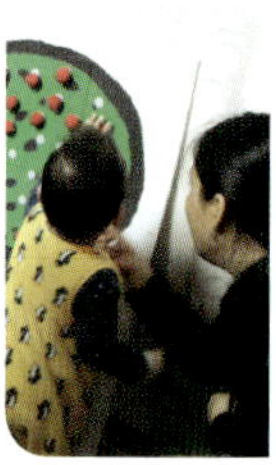

- 우리 친구들이 모두 힘들었나 봐. 잠이 들었네. 잘 자. 토닥토닥

4. '꼭 잡아' 인사를 하며 마무리한다.

♬ 꼭 잡아 꼭 잡아 꼭 잡아요. 선생님(친구) 손을 꼭 잡아요, 안녕~

- 엄마(할머니 손, 친구) 손 꼭 잡고 조심히 돌아가세요.

확장 활동

◉ 큰 보자기를 함께 잡아요

- 활동 자료: 그림책, 큰 보자기, 빨강 뽕뽕이
- 활동 방법
  - (초록색 큰 보자기를 펼치며) 어? 이게 뭘까요? 와~~ 점점 커지네. 커다란 나뭇잎이 우리한테 놀러 왔나봐
  - (다 같이 둥글게 가장자리를 잡고) '후두둑 툭툭 후두둑 툭툭' 비가 내려요. 어떻게 하지? 괜찮아~ 이렇게 나뭇잎 우산 만들면 되지. 꼭 잡아! (배, 낙하산)
  - 친구들이 따왔던 열매를 꼭 잡아서 커다란 나뭇잎 보자기에 넣어 보아요.
  - 영차 영차! 나뭇잎 식탁으로 옮기자.

교구공방

⊙ 초록보자기

- **준비물:** 초록보자기(망사천-속이 비치는 천), 초록색 큰 보자기(250㎝×250㎝, 1개)

  ① 영아가 활동하는 작은 초록 보자기는 60㎝×60㎝크기로 잘라 유아 수만큼 준비한다.

  ② 큰 초록색 보자기는 대폭(150㎝×90㎝)망사천을 3마씩 2장 준비하여 가운데를 박음질해서 준비한다.

⊙ 빨간 앵두나무 판

- **준비물:** 원단 우드락(60㎝×90㎝×5T), 4절 양면색상지 갈색 1장, 2절 양면 색상지 녹색 1장, 원형 보들이와 까끌이(각 50개), 뽕뽕이(빨강, 지름 4㎝, 약 50개), 투명 시트지, 글루건, 풀

  ① 녹색 색상지와 갈색 색상지를 나무형태로 오려 우드락에 붙인다.

  ② 투명시트지로 우드락을 감싸준다.

  ③ 나무의 녹색 부분에 원형 까끌이를 간격을 조절하여 붙여 준다.

  ④ 빨강 뽕뽕이에 원형 보들이를 글루건으로 붙여 준다.

수업메모

- 모자수업 시 큰 보자기로 활동할 때 엄마들은 큰 보자기를 잡고, 안전을 위해 교사는 영아와 함께 보자기 아래쪽이나 위쪽에 들어간다.
- 유아만 참여할 때는 팀을 나누어 큰 보자기를 잡는 팀과, 활동하는 팀을 정하고 역할을 바꿔서 다시 한번 활동한다.

◈ 비슷한 주제를 다룬 책(주제: 보자기, 물체변형 놀이)

『분홍 보자기』 윤보원 글·그림, 창비, 2015

『뜨레풀 책놀이 3』, 「보자기야 놀자」 이송은 글, 이혜영 그림, 동심, 2008

영아 책 15

『양말이 좋아』

손미영 글·그림, 사계절, 2011

책 소개

양말은 영아들에게 가장 친숙한 놀잇감 중 하나이다. 한 여자아이와 고양이가 점무늬, 줄무늬, 꽃무늬, 슈퍼맨, 체크무늬, 꽃버선, 구멍 난 양말 등 형형색색의 양말로 놀이를 한다. 작가가 유학 시절 신발 가게에서 경험했던 구멍 난 양말 에피소드를 모티브로 해 만든 그림책이다.

읽기의 특징

- **그림 묘사하며 읽기**
- **영아의 반응 격려하며 읽기**

  (구멍 난 양말을 가리키며) 어디에 구멍이 났지?
- **운율 살려 찬트하듯 읽기**

  죽죽 줄무늬/ 땡글땡글 점무늬/ 길쭉길쭉 코끼리/ 알록달록 꽃무늬

활동 양말로 놀아요

◈ 활동 대상 만 2세

◈ 활동 목표

- 양말의 무늬를 구별하여 짝을 지을 수 있다.
  (자연탐구 〉 수학적 탐구하기 〉 단순한 규칙성에 관심가지기)
- 모양 꾸밈말을 동작과 함께 말해 본다.
  (의사소통 〉 말하기 〉 낱말과 간단한 문장으로 말하기)

◈ 활동 자료

그림책, 양말(다양한 무늬와 패턴 및 크기), 바구니(또는 상자)

◈ 활동 방법

동요 부르기 ➡ 양말 탐색 ➡ 그림책 감상 ➡ 손유희 ➡ 양말 짝짓기

1. '머리 어깨 무릎 발' 노래를 부른다.

♬ 머리 어깨, 무릎, 발, 무릎 …… 입, 코, 발!

2. 자신이 신고 있는 양말을 탐색한다.

- 선생님은 줄무늬 양말을 신었어요.
- ○○(이)는 꽃무늬 양말을 신었네!
- 한번 당겨 볼까? 쭈욱~

3. 그림책을 읽는다.

❶ 면지를 탐색한다.

- (면지를 탐색하며) 여기 빨랫줄에 나비 친구가 놀러왔네! 어! 바닥에 뭐가 떨어져 있어? 뭐지?

❷ 그림을 묘사하며 읽는다.

- (축구 양말을 가리키며) 양말이 똑같다. 노란 양말 똑같다. 왜 똑같은 양말을 신었을까? 우리는 축구팀~
- 이 양말은 흰 색, 검은 색, 죽죽 줄무늬가 있구나.

❸ 영아의 반응을 격려하며 읽는다.
- (구멍 난 양말을 가리키며) 구멍난 데가 어디 있지?

❹ 운율을 살려 찬트하듯이 첨가하며 읽는다.
- 이 양말은 흰 색, 보라색 줄무늬가 있구나.
♬ 죽- 죽- 줄무늬
- 이 양말은 땡글땡글 점무늬가 있구나.
♬ 땡글땡글 점무늬

4. **모양 꾸밈말을 동작과 함께 말해 본다.**
- (줄무늬를 보여 주며) 줄무늬처럼 손을 죽죽 움직여 볼까?
♬ 죽- 죽- 줄무늬
- (동그란 점무늬를 보여 주며) 동그란 점 만들어 볼까? 땡글땡글 점무늬

5. **같은 양말끼리 짝지어 본다.**
- (한 짝만 제시하며) 이 양말은 짝이 없어요. 우리가 짝을 찾아 주자!
- 같은 양말끼리 만났나요?

확장 활동

⊙ 양말 빨래 놀이

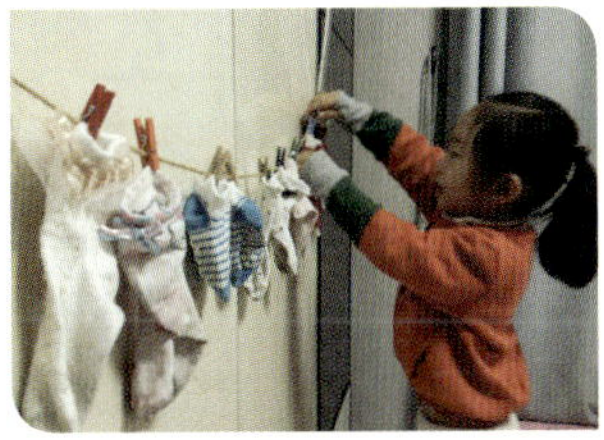

- 활동 자료: 양말(영아 수만큼 한 켤레씩), 빨랫줄, 빨래집게
- 활동 방법
  - (어머! 양말이 더러워졌네. 우리가 깨끗하게 해 주자. 빨래 시작! 쓱쓱쓱쓱 조물조물조물
  - (양말 한 켤레를 들어 보이며) 이제 빨랫줄에 양말을 널어 볼까?
  - 재미있는 양말 친구들아, 다음에 또 놀자~.

⊙ 산타 양말 바느질 놀이

- 활동 자료: 산타 양말 펠트 본 1쌍, 유아용 바늘, 펀치, 털실
- 활동 방법
  - (양말 펠트 앞과 뒷장을 흔들며) 이 안에 선물을 담아야 하는데 어떻게 하면 좋지? 아! 바느질해 봐야지!

수업메모

- 놀이 과정에서 자연스럽게 양말을 신고 벗는 활동도 할 수 있다.
- 간단한 눈 스티커를 활용하여 양말 손인형 극놀이를 할 수 있다.

비슷한 주제를 다룬 책(주제: 양말)

『티나의 양말』 홍수영 글 · 그림, 한솔수북, 2015

영아 책 16

『초록똥을 뿌지직』

윤아해 · 보린 · 유다정 글, 신동준 그림, 사파리, 2012

책 소개

아기 달팽이는 초록색 오이를 먹으면 초록 똥, 빨간 딸기를 먹으면 빨간색 똥을 뿌지직 눈다. 먹은 음식에 따라 배설물의 색깔이 달라지는 달팽이의 생태를 통해 색깔을 인지할 수 있도록 한 것이 특징이다. 날개 페이지를 펼쳤다 접었다 하면서 달팽이가 먹은 음식을 보고 어떤 똥을 눌지 유추해 볼 수 있다. 그림이 크고 색깔이 선명하며, 배설물 색깔과 유사한 동물, 식물, 사물이 작은 그림으로 숨어 있다.

읽기의 특징

- **'두껍아 두껍아' 음률에 맞추어 개사하여 읽기**
  달팽이야, 달팽이야, 무얼 먹고 자라니?
- **글과 함께 그림 형태를 손가락으로 좇아가며 읽기**
  달팽이의 배설물이 그려진 장면에서는 배설물 그림을 따라 손으로 좇아가며 읽는다.

활동 달팽이야 놀자

활동 대상 만 2세

활동 목표

- 먹이에 따라 달팽이의 똥의 색깔이 달라짐을 안다.

(자연탐구 〉 과학적 탐구하기 〉 주변 동식물에 관심가지기)

- 먹이와 같은 색깔의 달팽이 똥을 찾을 수 있다.
(자연탐구 〉 수학적 탐구하기 〉 구분하기)
- 그림책 읽기에 즐겁게 참여한다.
(의사소통 〉 읽기 〉 그림책과 환경 인쇄물에 흥미가지기)

활동 자료

그림책, 달팽이 먹이와 색깔똥 카드, 달팽이 교구(교구공방 참조)

활동 방법

달팽이 교구 만나기 ➡ 그림책 감상 ➡ 색깔 대응하며 그림책 재감상 ➡ 색깔 연결 놀이

1. **달팽이 교구와 인사를 나눈다.**

- 안녕, 난 달팽이야. 내가 무얼 먹고 자라는지 아니? 책을 보면 내가 무얼 먹고 자라는지 잘 알 수 있을 거야.

2. **그림책을 감상한다.**

❶ 속표지를 탐색한다.
- 달팽이가 무언가를 보며 '냠냠 맛있겠다' 하고 있네? 무얼 보고 그런지 따라가 볼까?

❷ 새로운 먹이가 등장할 때마다 양손을 입가에 대고 달팽이에게 묻듯이 읽는다.
- ('두껍아' 가락에 맞추어) 달팽이야, 달팽이야, 무얼 먹고 자라니?

❸ 그림 형태를 손가락으로 좇아가며 읽는다.
- **꼬불꼬불 가다가 초록 똥을** (강세를 두며) **뿌지직!**
- '**노란 똥을**(∨) (일시 정지하여 영아들의 반응을 격려하며) **뿌지직**'

3. **먹이와 똥의 색깔을 대응하며 그림책을 다시 감상한다.**

- 냠냠 초록색 오이를 먹었더니, 초록 똥을 뿌지직
- 냠냠 빨간 딸기를 먹었더니, 빨간 똥을 뿌지직

4. **달팽이가 먹은 먹이와 같은 색깔의 똥을 찾아본다.**

- (먹이 카드를 보여 주며) 달팽이가 어떤 먹이를 먹고 있니? *오이*
- 그래, 초록색 오이를 먹고 있구나.(여러 가지 색의 똥 그림 컷을 보여 주며) 오이를 먹고 어떤 똥을 눴는지 이 중에서 찾아볼까?

확장 활동

⊙ 달팽이 산책놀이

- 활동 자료: 색지, 색테이프, 먹이 스티커
- 활동 방법
  1. 색지로 달팽이 놀잇감을 만들어 본다.
  2. (바닥에 미리 붙여 놓은 색 테이프 선을 따라) 달팽이 산책놀이를 한다.
     - 색 테이프에 맞게 음식 스티커들을 붙여 주고) 달팽이가 배가 고프대요. 달팽이에게 맛난 음식을 먹여 주자.

교구공방

⊙ 달팽이 교구

- **준비물:** A4 주황 머메이드지(달팽이 몸 도안), 색지(노랑 30㎝, 파랑 20㎝, 분홍 25㎝), 아이스크림 막대, 리본 테이프, 셀로판테이프, 눈알, 스티커, 스테이플러

① 파랑, 분홍, 노랑 색지를 각각 둥글게 말아 둔다.
② 파랑, 분홍, 노랑 색지를 크기대로 끼우고 스테이플러로 고정하여 그 부분에 양면테이프를 붙여 달팽이 등 위에 붙인다.
③ 달팽이 얼굴에 눈과 입을 붙인다.
④ 달팽이집에 스티커를 붙여 꾸민다.
⑤ 아이스크림 막대에 리본을 묶고 반대쪽 리본을 달팽이 배 부분에 붙인다.

수업메모

- 모-자 수업일 경우, 달팽이 만들기를 수업시간에 함께하고, 어린이집이나 유치원일 경우에는 원아 수만큼 미리 만들어 영유아들은 스티커 붙이는 활동만 하게 할 수 있다.

◈ 비슷한 주제를 다룬 책(주제: 색깔)

『깜짝깜짝! 색깔들』 척 머피 글·그림, 비룡소, 2006
『저마다 제 색깔』 레오 리오니 글·그림, 이명희 옮김, 마루벌, 2008
『뚜껑 뚜껑 열어라』 정은정 글, 윤지회 그림, 시공주니어, 2013

영아 책 17

『꼬리야? 꼬리야!』

강혜숙 글·그림, 상, 2006

책 소개

꼬리가 없어진 아기 도마뱀이 꼬리를 찾아 떠나는 여행에서 사자, 얼룩말, 고양이, 뱀, 악어 등물을 만나게 된다. 자기 꼬리를 찾기 위해 부지런히 다른 동물친구들의 꼬리를 갖다 대 보는 동안, 어느새 꼬리가 다시 자라난다. 다양한 꼬리를 통해 동물의 전체와 부분을 탐색해 볼 수 있다.

읽기의 특징

- **그림책 속 주인공이 영아들에게 묻듯이 읽기**

  장면마다 "이 꼬리, 내 꼬리야?"라는 말을 영아들에게 물어본다.
- **영아들과 함께 노래를 부르며 다음 장면으로 넘어가기**

  ♬ 꼬리 찾으러 갑시다. 이야 이야오.
- **책의 장면을 부분만 보여 주고 예측하며 읽기**

  도마뱀이 꼬리를 찾는 다음 장면을 모두 보여 주지 않고 꼬리 부분만 보여 준다.

활동 꼬리야 꼬리야!

◈ **활동 대상** 만 2세

◈ **활동 목표**

- 다양한 동물 꼬리의 생김새를 탐색하고 구별한다.
  (자연탐구 〉 과학적 탐구하기 〉 주변 동식물에 관심가지기)
- 각 동물의 꼬리를 바르게 연결한다.
  (자연탐구 〉 수학적 탐구하기 〉 구분하기)

◈ **활동 자료**

그림책, 보들이가 붙은 모자, 융판, 융판용 동물 컷(꼬리와 몸통이 나뉜 형태), 동물 윤곽 바탕 그림(몸은 색깔이 없고 꼬리만 색칠된 동물그림)

◈ **활동 방법**

그림 컷으로 등장인물 탐색하기 ➡ 그림책 감상하기 ➡ 꼬리 찾으러 가기 놀이 ➡ 동물의 몸과 꼬리 찾아 연결하기

1. **그림책 속 등장인물의 꼬리를 그림 컷으로 탐색한다.**

- (융판에 도마뱀 컷을 제시하며) 안녕! 나는 도마뱀이야. (꼬리 부분을 강조하며) 나는 멋진 꼬리를 가지고 있어. 너희도 꼬리가 있니?
- 나처럼 꼬리를 가진 동물들이 많이 있대.
- (사자 그림 자료를 보여 주며) 어흥~ 누굴까? 사자! 사자도 꼬리가 있어. 사자 꼬리는 어떻게 생겼을까?(꼬리 부분을 붙인다.)

2. **그림책을 감상한다.**

❶ 그림책 표지를 탐색한다.

- (표지의 꼬리들을 가리키며) 와! 이게 뭐지? *꼬리*
- 꼬리가 많네.

❷ 장면마다 도마뱀 꼬리 찾으러 가는 노래를 부르며 읽어 준다.

♬ 꼬리 찾으러 갑시다. 이야이야오.

❸ 도마뱀과 등장인물이 묻고 대답하듯이 읽는다.
- 이 꼬리가 내 꼬리야? *아니.*
- 그럼 누구 꼬리야?
- 이히힝 내 꼬리야. 얼룩말.

❹ 각 동물 꼬리의 생김새에 대해 구체적으로 설명하며 읽는다.
- 사자꼬리는 가늘고 길어. 꼬리가 사자 머리처럼 북슬북슬하네.

3. **'도마뱀 꼬리 찾으러 가기' 놀이를 한다.**
- (놀이를 하기 전에, 벽면에 몸 색깔은 없고 꼬리만 색칠된 동물 윤곽 바탕 그림을 붙인다.)
- (꼬리 잘린 도마뱀 컷이 붙은 모자를 쓰고) 내 꼬리가 또 없어졌어. 꼬리 찾으러 갈 건데 나 좀 도와줘.
- (교사를 따라 줄지어 걸어가며)
  ♬ 꼬리 찾으러 갑시다. 이야이야오. 꼬리 찾으러 갑시다. 이야이야오.
- (사자 꼬리 그림 앞에 멈추고, 도마뱀 컷을 영아에게 보이며) 이 꼬리가 내 꼬리야? (영아가 바탕 그림에 대보며) *아니.*

4. **여러 동물들의 몸통과 꼬리를 짝지어 본다.**
- (꼬리와 몸통을 융판에 나눠 붙이고, 서로 알맞게 찾아 붙이도록 한다.)
- 여기 동물들이 잃어버린 꼬리가 많이 있네. 우리가 꼬리를 찾아 주자. 사자의 꼬리는 어떤 것일까?
  ♬ 찾아라 찾아라 찾아라 사자꼬리 찾아라.
- ○○가 사자꼬리를 찾아서 붙여 볼까?

교구공방

◉ 융판용 동물 컷

- **준비물:** 동물 그림도안, 코팅 필름, 접착 펠트, 까끌이

① 코팅한 동물 컷을 접착 펠트에 붙여 오린다.

② 동물의 몸과 꼬리 부분을 자른다.

③ 몸과 꼬리에 까끌이를 붙인다.

◉ 동물 윤곽 바탕 그림(몸은 색깔이 없고 꼬리만 색칠된 그림 자료)

- **준비물:** 동물 그림도안, A4 용지, 코팅 필름

① A4 크기의 동물 그림도안에서 꼬리는 두고 몸통 부분만 오려 코팅한다.

수업메모

- 도마뱀 꼬리 찾으러 가는 놀이에서 교사는 도마뱀이 되어 영아들과 상호작용을 하며 놀이를 이끌어 간다. 마지막 동물까지 지나면 도마뱀 꼬리를 모자에 붙이고 영아들에게 꼬리가 생겼음을 알려 준다.
- 엄마랑 아기랑 책놀이에서 꼬리 찾으러 가는 놀이를 신체활동과 연계할 수 있다. "꼬리 찾으러 갑시다 이야이야오 빨리 달려갑시다 이야이야오"

  예 '비행기 타고 갑시다', '업혀서 갑시다', '기차 타고 갑시다' 등
- 동물 윤곽 바탕 그림을 활용하여 꼬리 찾으러 가는 놀이를 할 때, 가림지로 동물의 몸을 가려 두고 꼬리만 보이게 한다. 연령대가 어린 경우에는 가림지를 가리지 않고 활동을 한다.

◈ 비슷한 주제를 다룬 책(주제: 부분과 전체)

『이 꼬리 누구 꼬리?』 샘 로이드 글·그림, 최율리 옮김, 문학동네어린이, 2007

『누구야?』 정순희 글·그림, 창비, 2005

영아 책 18

『숲속 작은집 창가에』

유타 바우어 글·그림, 유혜자 옮김, 북극곰, 2012

책 소개

동요 '숲속 작은 집 창가에'를 유쾌하게 재구성한 작품이다. 마음이 따뜻한 노루와 귀여운 토끼, 토끼를 쫓는 여우, 그리고 사냥꾼이 등장한다. 약자와 강자, 선과 악의 대결이 아닌 서로 손을 잡으며 어우러져 화해하고 함께 공존할 수 있는 결말을 보여 준다. 그림책 속 계절의 변화와 등장하는 동물들의 표정 변화를 살펴보면 또 다른 재미를 느낄 수 있다.

읽기의 특징

- **그림 읽기**

  계절의 변화와 동물의 표정을 관찰하며 읽는다.

- **노래와 동작 곁들이며 읽기**

  ♬ 숲속 작은 집 창가에 노루가 밖을 보는데……

활동 사냥꾼을 조심해!

◈ 활동 대상 만 2세

◈ 활동 목표

• 반복되는 짧은 문장을 말해 본다.
(의사소통 〉 말하기 〉 낱말과 간단한 문장으로 말하기)

• 교사, 친구와 함께하는 놀이에 능동적으로 참여한다.
(사회관계 〉 더불어 생활하기 〉 자신이 속한 집단 알기)

◈ 활동 자료

그림책, 토끼 머리띠 교구, 동요 '숲속 작은집 창가에' · '빙빙 돌아라' 음원

◈ 활동 방법

손유희 ➡ 그림책 감상 ➡ '사냥꾼을 조심해' 놀이 ➡ 노래 부르기

1. '똑똑똑똑' 손유희를 개사하여 부른다.

♬ 똑똑똑똑 똑똑 문 좀 열어 주세요. 똑똑똑똑 똑똑 문 열었더니
토끼가 깡충, 여우가 아 우~~ 문 좀 열어 달라고 깡충 아 우~~

- (그림책의 앞표지를 보여 주며 책 뒤에서는 뒤표지를 두드리며) 똑똑똑 똑 똑똑

2. 그림책을 감상한다.

❶ 책표지를 탐색한다.
- 이 집에 누가 찾아 왔을까?
- 이건 누구네 집일까?
- 숲속에 빨간 나뭇잎이 팔랑 팔랑 떨어지고 있네.

❷ 그림을 자세히 탐색하며 읽는다.
- (토끼가 살려달라고 외치는 장면에서) 사냥꾼이 어디 있지?
- (노루가 창밖을 내다보는 장면에서) 노루 아줌마 옆에 길쭉한 이것은 무얼까?

❸ 동작과 노래를 곁들여 읽는다.

- (그림책을 내밀며) 여기 토끼가 '살려주세요!' 하고 문을 두드리고 있네. 우리도 해 볼까? *살려주세요!*
- (서로의 손을 잡으며) ♬ 손을 잡아요.

3. **'토끼와 사냥꾼' 놀이를 한다.**

❶ 놀이 방법을 설명한다.

- 지금부터 토끼와 사냥꾼 놀이를 해 볼 거야. ㅇㅇ토끼 어디 있니? *여기.* 모두 토끼처럼 깡충깡충 뛰어 보자.
- 혹시 사냥꾼이 나타날지도 몰라. 멍멍! 강아지 소리가 나면 사냥꾼이 가까이 온 거래. 그러면 엄마 뒤에 숨는 거야.

❷ '토끼와 사냥꾼' 놀이를 한다.

- (보조 교사가 머리에 모자를 쓴 채, 손가락 총을 든 사냥꾼으로 등장하며) 멍멍! 토끼가 모두 어디 갔지?
- (엄마들이 서로의 손을 잡아 둥근 울타리를 만들고, 영아들은 원 안에 숨는다.)
- (사냥꾼) 문 좀 열어주세요. *안 돼요.*
- (사냥꾼) 왜 안 돼요? *잡아먹을 거잖아요.*
- (사냥꾼) 아니오. 하루 종일 굶어서 배가 너무 고파요. 먹을 것을 조금만 주세요.
- (원 안에 있는 영아들에게 속삭이듯) 애들아, 문 열어 줄까? *네.*
- (울타리를 열어 주며)
  ♬ 사냥꾼 아저씨 들어와, 손을 잡아요.
- 손을 잡았더니 사냥꾼 아저씨도 친구가 되었네.

4. **'숲속 작은 집 창가에' 가락에 맞추어 노래를 개사하여 부른다.**

♬ 숲속 작은 집 창가에 노루가 밖을 보는데~

확장 활동

⊙ '숲속 작은 집' 인형놀이

- 활동 자료: 이야기 꾸미기 교구(집 – 갈색 펠트, 고동색 · 어두운 남색 접착 펠트), 등장인물 컷
- 활동 방법

1. 개별 이야기 꾸미기 교구를 나누어 갖는다.
   - 여기 책에서 봤던 집이랑 동물들이 있네. 토끼는 어디 있나? *여기.*
2. 교사의 지시에 따라 그림 컷을 놓아 본다.
   - 숲속에 작은 집이 있었어요. 그 집 창가에는 노루가 있었어요. 그 때 토끼 한 마리가 뛰어왔어요. 토끼가 뭐라고 했을까? *살려주세요.*

수업메모

- 영아 수업 시 사냥꾼 역할은 부모 또는 보조교사의 도움을 받을 수 있다.
- 영 · 유아 교육기관에서 부모 없이 진행할 경우에 블록 등으로 한 영역을 울타리로 설정해 진행할 수 있다.
- 사냥꾼의 구연이 너무 무섭지 않도록 유의한다.

◈ 비슷한 주제를 다룬 책(주제: 사냥꾼)

『사냥꾼 하나』 팻 허친즈 글 · 그림, 홍연미 옮김, 시공주니어, 1997

『사냥꾼을 만난 꼬마 곰』 앤서니 브라운 글 · 그림, 공경희 옮김, 웅진주니어, 2015

『사냥꾼이 떴다!』 황지영 글 · 그림, 키즈엠, 2016

영아 책 19

『가방 안에 든 게 뭐야?』

김상근 글·그림, 한림출판사, 2015

책 소개

빨간 가방을 둘러멘 개구리가 어디론가 서둘러 발길을 재촉한다. 다람쥐, 토끼, 원숭이, 곰은 저마다 빨간 가방 안에 자기가 좋아하는 음식이 있을 거라며 개구리를 좇아간다. 개구리 가방 안에 들어 있던 개구리 알과 올챙이들은 마침내 물이 가득한 연못에 떨어지고, 뒤따라오던 동물들도 결국 자기가 좋아하는 음식을 찾게 된다. 색연필의 세밀한 터치로 따뜻한 분위기와 등장인물의 개성 넘치는 표정을 잘 살려냈다.

읽기의 특징

- **반복되는 문장 함께 읽기**
- **그림 가리고 추측하며 읽기**

  동물들이 자기가 좋아하는 음식을 상상하는 부분에서 종이로 가렸다 떼며 읽는다.

활동 가방 안에 뭐가 있을까?

활동 대상 만 2세

활동 목표

- 반복되는 문장을 함께 말해 본다.
  (의사소통 〉 말하기 〉 낱말과 간단한 문장으로 말하기)

• 동물의 먹이에 관심을 갖는다.
(자연탐구 〉 과학적 탐구하기 〉 주변 동식물에 관심가지기)

활동 자료

그림책, 가방을 멘 개구리 막대인형, 빨간 가방, 융판 교구(동물 컷, 음식 컷), 유아용 교구(빨간 펠트 가방, 동물 컷, 음식 컷), 신나는 음악

활동 방법

막대인형 상황극 ➡ 그림책 감상 ➡ 그림책 회상 ➡ '가방 안에 든 게 뭐야?' 놀이

1. 그림책 속에 등장하는 개구리를 만나 본다.

- (가방을 멘 개구리 막대인형을 들고 움직이며) "바쁘다, 바빠. 바쁘다. 바빠"
- "개구리야, 왜 그렇게 바빠?"
- (가방을 멘 개구리 막대인형을 들고 움직이며) "바쁘다, 바빠. 바쁘다. 바빠"
- "가방 안에 든 게 뭐야?"
- (막대인형을 내려놓고) 조금 전에 만났던 개구리 가방 안에 뭐가 들었을까?

2. 그림책을 감상한다.

❶ 표지를 탐색한다.
- 안녕! 나야 나. 개구리.
- 개구리야, 가방 안에 든 게 뭐야?

❷ 반복되는 문장 함께 읽는다.
- 가방 안에 든 게 (∨) 뭐야? 나도(∨) 줘!

❸ 각 동물이 좋아하는 것을 상상하는 장면에서는 그림을 가리고 읽는다.
- 원숭이가 좋아하는 건 뭘까? (가림종이를 떼어내며) 바나나였구나.

3. 동물 컷과 음식 컷으로 그림책을 회상한다.

- 다람쥐는 어떤 음식을 좋아했지? *도토리*
- 토끼는? *당근.*

4. '가방 안에 든 게 뭐야?' 놀이를 한다.

❶ 모든 영아에게 펠트 가방을 나누어 준다.

- 선생님 가방이 볼록하네. 가방 안에 뭐가 들어 있을까?
- '가방 안에 든 게 뭐야?' 하고 친구들이 물어봐 줄래?
- (영아용 빨간 가방들을 꺼내며) 와, 빨간 가방이다. 우리도 가방을 메 볼까?
- ○○ 가방 안에 든 게 뭐야? (영아 가방 안에 든 것이 무엇인지 확인한다.)
  토끼…….

❷ 각 동물의 특징을 움직임으로 표현해 본다.
- 멋진 가방 메고 숲속으로 놀러가자.
- (신나는 음악과 함께) 다람쥐처럼 쪼르르르 달려 볼까?

❸ 각 동물들이 좋아하는 먹이를 찾아본다.
- 신나게 놀았더니 동물 친구들이 배가 고프대.
- (교사용 작은 빨간 가방을 꺼내며) 선생님 가방 안에 뭐가 있을까?
  "가방 안에 든 게 뭐야?"
- (당근 컷을 보이며) 당근이네. 당근은 어떤 동물이 좋아할까? *토끼요.*
- (가방 안에 토끼가 들어 있던 영아가 앞으로 나와 당근 컷을 가져간다.)

5. **가방을 메고 인사하며 마무리한다.**
- 친구들, 가방 잘 멨나요? 가방 안에 든 게 뭐야? *토끼, 다람쥐…….*
- 가방 안에 잘 담아서 가세요.

확장 활동

⊙ 좋아하는 엄마 사진을 찾아요.
- 가방 안에 선생님이 더 좋은 것을 갖고 왔어요.
- 가방 안에 든 게 무엇일지 한번 물어봐 줄래요? *가방 안에 든 게 뭐야?*
- 우와~ 사랑하는 우리 엄마 사진이다. 누구 엄마인가요?
- 가방 안에 엄마 사진 잘 넣어 가세요.

비슷한 주제를 다룬 책(주제: 가방)

『가방에 뭐가 있을까』 안은영 글 · 그림, 사계절, 2013

영아 책 20

『잡아 보아요』

윤봉선 글·그림, 사계절, 2010

책 소개

빨간 공이 날아와 곰돌이, 개구리, 오리를 차례로 맞히더니 통통통 달아난다. 처음엔 놀라던 동물들은 곧 공을 잡으러 나선다. 마침내 빨간 공을 잡았다고 모두 즐거워하는 순간, 어디선가 노란 공이 통 통 통 날아온다.

『불러 보아요』

고선아 글, 원혜영 그림, 사계절, 2015

책 소개

한 아이가 같이 놀 친구를 찾아 떠난다. 구멍을 발견할 때마다 '야, 놀자'라고 친구들을 불러 모으고 쥐, 다람쥐, 토끼, 여우 등 차례로 불러 모은 친구들은 마지막에 찾아간 아기 곰의 동굴에서 뒹굴며 논다. 책 한쪽에 뚫린 작은 구멍이 흥미 있다.

활동 엄마랑 함께 책이랑 놀아요

◈ **활동 대상** 만 2세 영아와 부모 참여수업

◈ **활동 목표**

- 놀이를 통해 책에 대한 친밀감을 갖는다.
  (의사소통 〉 읽기 〉 그림책과 환경 인쇄물에 흥미가지기)
- 그림책의 내용을 몸으로 표현해 본다.
  (신체운동 〉 신체활동에 참여하기 〉 기구를 이용하여 신체활동하기)

◈ **활동 자료**

- 1부 수업
  큰 그림책(잡아 보아요), 5가지 종류 공(소프트공, 타월공, 털실공, 완구용 농구공, 탱탱 볼), 자리 표시용 스티커 5가지(칼라 접착 시트지), 큰 자루 6개(공 수납용–빨강, 노랑, 초록, 파랑, 보라, 하양)
- 2부 수업
  큰 그림책(불러 보아요), 동물 집 5개(우드락), 그림책 2권(『잡아 보아요』, 『불러 보아요』), 대형밴드 15m(대집단 활동용), 노래 음원과 가사 판(통통통), 머리띠 1개(교사 진행용), 동물 그림 컷(그림책 속 등장인물), 지퍼백

1부. 잡아 보아요(00:00~00:25)

1. **인사 나누기 및 공 탐색**(00:00~00:10)
   * 감각요소: 촉각
   * 활동영역: 신체 표현, 탐색

❶ 경쾌한 동요를 부르며 인사를 나눈다.
(사전에 '뜨레풀 주제가'를 틀어 놓는다.)
- 스티커가 붙어 있는 곳에 앉아 볼까요?
- 우리 다 같이 인사해 볼까요?
  ♬ 안녕, 안녕, 안녕, 뜨레풀 친구들

※『스토리텔링과 책놀이』, pp. 340~341 악보 및 율동 도해 참조

❷ 공의 촉감을 탐색하고 공놀이를 한다.

㉮ 공(소프트공, 타월공, 농구공, 털실공, 탱탱 볼)을 탐색하고 움직여 본다.

- 느낌이 어때요? *말랑말랑, 보들보들, 오돌도돌, 폭신폭신, 매끈매끈*
- 공을 눌러 볼까? 엄마랑 다리 벌려 마주 보고 굴려 보자. 던져 보아요. 잡아 보아요. 다리 밑으로 굴려 보자. 튀겨 보자. 어떻게 튀나? 통통통.
- 어! 빨간 공이 통 통 통 통 튀네.

㉯ 공을 정리한다.

- (주머니를 벌리며) 재미있게 놀이한 공을 슛 골인하면서 정리해 볼까? 슛 골인! (공을 종류별로 주머니에 정리한다.)

2. 『잡아 보아요』 그림책 읽기 및 율동(00:10~00:25)

* 감각요소: 청각, 시각

* 활동영역: 음률, 언어, 신체 표현

* 활동 자료: 『잡아 보아요』 큰 책(1), 동요 '통통통' 음원, 노래 가사 판

❶ 큰 그림책으로 『잡아 보아요』를 읽는다.
(반복되는 구절을 강조하고 동작을 곁들이며 읽는다.)

- 통 통 통 튀는 공이 나오는 책을 한번 볼까요?
- 통 통 통, 잡아 보아요.
- 펑! 잡았을까?

❷ '통통통' 노래에 맞추어 율동을 한다.

- 우리도 통통통 튀는 공이 되어 볼까?
- '통통통'은 어떻게 움직이는 걸까?
  (가사의 내용을 생각하며 움직이기)
- 노래 부르며 즐겁고 신나게 움직여 보자.

2부. 불러 보아요(00:25~00:40)

* 감각요소: 청각, 시각

* 활동영역: 극놀이, 언어

1. 『불러 보아요』 그림책 읽기 및 집 뒤로 숨기

❶ 큰 그림책으로 『불러 보아요』를 읽는다.

- (영아의 참여를 격려하며 리듬감 있게 읽는다.)
- (표지의 그림을 가리키며) 여기 이 친구가, '친구야—' 하고 부르고 있네.

❷ 자리 색깔별로 해당하는 동물 팀별로 집 뒤에 숨는다.

2. 대형밴드를 이용한 기차놀이

• 첫 번째 회기: 차례차례 길게 타고 종종걸음으로 칙칙폭폭 하며 다음 동물 집으로 이동한다.

- (머리띠를 쓰면서) 아이 심심해. 동물 친구들을 만나러 가야지.
- (대형밴드의 앞은 교사가, 뒤는 보조교사가 잡고) 칙칙폭폭 칙칙폭폭. (첫 번째 생쥐 집 교구 앞으로 다가가) 어, 여기는 누구네 집이지? 불러 보아요. 야— 놀자~

생쥐팀: 잠깐만! 밥 좀 먹고 냠냠냠….

교사, 생쥐팀, 다람쥐팀, 토끼팀, 여우팀: 어 누구네 집이지? 불러 보아요. 야아~ 놀자.

곰팀: 잠깐만! 이제 일어났어. 아바바바.

• 두 번째 회기: 모두 탄 상태로 다섯 동물 집 앞에서 책 내용을 회상하며 흉내를 낸다.

교사: 칙칙폭폭, 어디까지 왔나? 아직, 아직 멀었다! 칙칙폭폭……. 첫 번째 역 (문 밖에 있는 생쥐 그림을 가리키며) 생쥐네 역입니다. 여기서는 무얼 했더라.

유아들: 신발 신어요.

교사: 네, 승객 여러분은 신발을 신어 주시기 바랍니다.

• 세 번째 회기: 영아와 부모가 원래 들어가 있던 집에 도착하면 차례차례 인사하고 각자 집으로 돌아간다.

교사: 마지막 역, 곰네 집입니다. 곰님 내려 주세요. 안녕히 가세요. 안녕~ 다음에 또 같이 놀자. (교사 머리띠를 벗는다.)

3부. 마무리 및 인사(00:40~00:45)

* 감각요소: 촉각, 시각

* 관련영역: 음률, 조형, 수

* 활동 자료: 그림책 2권(『불러 보아요』, 『잡아 보아요』), 동물 그림 컷(『불러 보아요』 등장인물)

- 오늘 그림책 두 권으로 여러 가지 놀이를 했는데 어땠나요?
- (동물 그림 컷을 나눠 주면서) 『불러 보아요』에 나오는 이 동물친구들로 무슨 놀이를 할 수 있을까요? (예: 서열화해 보기, 울음소리 내 보기, 움직여 보기, 집 안 곳곳에 그림 컷을 붙이고 극놀이해 보기 등)
- 뜨레풀 노래를 부르면서 오늘 활동을 마무리하겠습니다.

수업메모

이 수업은 대중을 대상으로 한 최초의 책놀이를 담고 있다. 2003년, '보아요' 창작 그림책 시리즈, 〈불러 보아요〉 〈잡아 보아요〉 〈태워 보아요〉 발간과 더불어 폭넓은 활용과 홍보를 위하여 사계절 출판사의 의뢰로 시작되었다. 이송은(현, 동화가있는집 소장)이 설계하고 주강사를 맡아 진행하였다. 첫 수업은 부천시 복사골문화센터 도서관에서 모-자 20쌍을 대상으로 이루어졌으며, 이후 코엑스 유아 박람회, 2004 파주 책 잔치, 순천기적의 도서관 북스타트 시범 수업 등 여러 현장에서 수업이 실시되었다.

한 달여의 연구기간 동안 관찰과 모의수업을 통해 영아를 대상으로 한 책 읽기 및 문학 활동의 방향 및 방법이 모색되었다. 이때 다음과 같은 영아문학활동 구성의 원리가 제시되었다.

- 영아 문학 활동은 단순 읽기가 아닌 놀이여야 한다.
- 시각, 청각적 요소뿐만 아니라 촉각, 신체 표현, 음률 등 여러 영역이 골고루 포함되어야 한다.
- 그림책을 재방문하게 하고 그림책을 심화 · 확산 · 즐길 수 있는 연결고리 역할을 한다.
- 반복되는 소리와 글자의 연결을 통해 발현적 문해의 기초를 제공한다.

이는 훗날 2006년 발표된 「2세 영아의 책에 대한 의미탐색(이송은, 중앙대학교대학원 박사학위 논문)」 논문의 시발점이 된다.

첫 수업 당시에는 '보고 싶었죠' 노래와 '손으로 가리고' 등의 음악이 사용되었으며, 전체 45분 동안 〈불러 보아요〉 〈잡아 보아요〉 책을 다루고, 〈태워 보아요〉는 종료 후에 책 소개만 하는 것으로 그쳤다. 초반에는 동요나 손유희 등으로 주의집중을 하고, 미리 뒤편에 따로 놓아두었던 공이 든 자루들을 군데군데 놓으면서 시작한다.

공 탐색 시 주의할 점은 공을 튀기는 것은 흥분 효과가 크므로 맨 나중에 하는 게 적당하며, 책 원문과의 연결을 위해 '공이 어떻게 튀지?' 등의 상호작용을 하는 게 필요하다. 공 탐색과 '통통통' 등 음률 활동을 할 때 일방적으로 리드하기보다 참여자의 반응을 기다려 주면서 하는 게 중요하다.

이 수업은 학부모 참여 수업용으로 적합하다. 2003년 부천 복사골 도서관 모-자 수업의 경우, 주교사 한 사람, 보조교사 두 명 정도가 참여하였다. 보조교사는 바닥에 U자 형으로 스티커를 미리 붙여 놓고 유아가 앞에 앉고 엄마가 뒤에 앉도록 한다. 보조교사는 공과 자루 등 교구들을 챙기고 기차놀이 시 밴드 줄 잡아 주기, 동물 집 교구 안쪽에 붙여 둔 '잠깐만 ~하고' 라는 대사를 참여자와 함께 읽어주는 등의 역할을 한다. 특별한 행사일 경우에, 활동 후 빨간 탱탱 볼을 선물로 주어 가정에서의 놀이로 연계될 수 있도록 한다.

스/토/리/텔/링/과

책/놀/이/2

제 2 장 유아를 위한 책놀이

1. 『분홍 애벌레 위글리』0
2. 『모두 달아났네』
3. 『야, 비온다』
4. 『투둑 떨어진다』
5. 『콩이 쑥쑥』
6. 『모리의 커다란 성』
7. 『야옹이가 제일 좋아하는 색깔은?』
8. 『수박 수영장』
9. 『또또와 사과나무』
10. 『나팔불어요』, 〈잠자리〉
11. 『가을아 어디 있니?』
12. 『잠자리 꽁꽁, 내 손 끝에 앉아라!』
13. 『털보 아저씨의 행복 우산』
14. 『파도야 놀자』
15. 『꿈에서 맛본 똥파리』
16. 『악어가 쿵, 작은 새가 포르르』
17. 『집 나가자 꿀꿀꿀』
18. 『코끼리 아저씨와 100개의 물방울』
19. 『내가 잡은 예쁜 물고기』
20. 『빨강부채 파랑부채』
21. 『거미는 거미야』
22. 『재재콩알』
23. 『양말 들판』
24. 『바빠요 바빠』
25. 『아빠, 나한테 물어봐』
26. 『생각하는 ㄱㄴㄷ』
27. 『장갑보다 따뜻하네』
28. 『메리크리스마스, 늑대아저씨!』
29. 『크리스마스 선물』
30. 『추워라 춥대장 나와라 눈대장』
31. 『배달 대소동』
32. 『꼬마 단추 푸치』
33. 『자꾸자꾸 초인종이 울리네』
34. 『똑똑! 누구세요?』

유아 책 1

『분홍 애벌레 위글리』

시미 글·그림, 시미월드, 2010

책 소개

알에서 태어난 분홍 애벌레 위글리는 날개를 찾으러 다니다가 무서운 파랑새를 만나게 된다. 도망치던 위글리는 자신과 비슷하게 생긴 애벌레들을 만나 함께 번데기가 되었다가 마침내 황금빛 날개를 가진 나비가 된다. 빅북 표지에 붙어 있는 주머니 안에는 애벌레, 번데기, 나비로 변신하는 인형이 들어 있고, 펼침면마다 구멍이 뚫려 있어 애벌레 인형을 통과시키며 이야기를 진행한다.

읽기의 특징

- 책을 무대처럼 활용하여 읽기
- 시간의 흐름을 유아와 함께 시계 소리로 표현하며 읽기

활동 애벌레야 놀자

활동 대상 만 3세

활동 목표

- 나비의 성장 과정에 관심을 가진다.

(자연탐구 〉 과학적 탐구하기 〉 생명체와 자연환경 알아보기)

- 다양한 방법으로 나비의 성장 과정을 표현한다.
(예술경험 〉 예술적 표현하기 〉 움직임과 춤으로 표현하기)

활동 자료

그림책, 그림책 부록 CD, 애벌레 만들기 재료(원아 수만큼)

활동 방법

손유희 ➡ 그림책 감상 ➡ 동작표현하기 ➡ 애벌레 인형 만들기 ➡ 평가하기

1. '나비가 훨훨' 손유희를 한다.

♬ 나비가 훨훨 날아간다. 나비가 훨훨 날아간다.
한 마리 쪽, 아이 좋아! 한 마리 쪽, 아이 좋아! 뽀뽀했대요.
('나비'와 '한 마리' 대신에 유아의 이름을 넣어 부를 수도 있다.)

2. 그림책을 감상한다.

- (교사가 먼저 인형 조작 방법 및 내용을 익힌 후, 인형을 이용하여 그림책을 읽는다.)

❶ 표지를 탐색한다.
- (나뭇잎에 붙어있는 것을 가리키며) 이 동그란 것은 무엇일까? *알*
- 알? 무슨 알일까? 알에서 무엇이 나올까?

❷ 책 자체를 무대배경처럼 세우고 봉제 위글리 인형을 활용하여 그림책을 읽는다.

❸ 번데기가 되어 시간이 흘러가는 장면에서는 입으로 '똑딱똑딱' 시계 소리를 첨가하여 들려준다.

3. 나비의 성장 과정을 간단한 동작으로 표현해 본다.

❶ 의태어를 강조하며 생동감 있게 표현한다.
- 위글리는 어디에서 태어났을까?
- 알은 어떤 모양이지?
- 우리가 알이 되어 볼까? 몸을 어떻게 해야 할까? *동그랗게 해요.*
(예: 동글동글 알, 꿈틀꿈틀 애벌레, 대롱대롱 번데기, 나풀나풀 나비)

❷ 그림책 부록 CD(트랙 4)에 맞추어 동작표현을 한다.

4. **활동을 회상하고 평가한다.**

- 애벌레 위글리는 어떻게 변했니? 처음에는 어떤 모습이었지?
- 몸으로 나비가 되는 과정을 표현해 보았는데 어떤 동작이 가장 재미있었니?

교구공방

⊙ 애벌레 인형만들기

- **준비물:** 판타롱 스타킹 1개, 스티로폼 공(지름 8㎝) 1개, 신문지, 모루(10㎝) 2개, 컬러밴드, 큰 눈알 2개, 뽕뽕이(지름 1㎝) 2개, 펠트 스티커(동그라미)

① 스타킹 발가락 끝까지 스티로폼 공을 밀어 넣고 묶는다.
② 신문지를 동그랗게 2개 만들고 스타킹에 하나씩 넣고 컬러밴드로 묶는다.
③ 스티로폼 공 얼굴에 눈과 코를 붙이고 모루와 뽕뽕이로 더듬이를 만들어 붙인다.
④ 펠트스티커를 애벌레 몸에 붙인다.
⑤ 애벌레를 움직여 보는 활동을 한다.

수업메모

- 스타킹으로 만든 애벌레 인형에 날개를 붙여 대형나비로도 만들 수 있다.
- 6, 7세가 이 수업을 할 경우 나비의 성장 과정을 북아트로 만들 수도 있다.

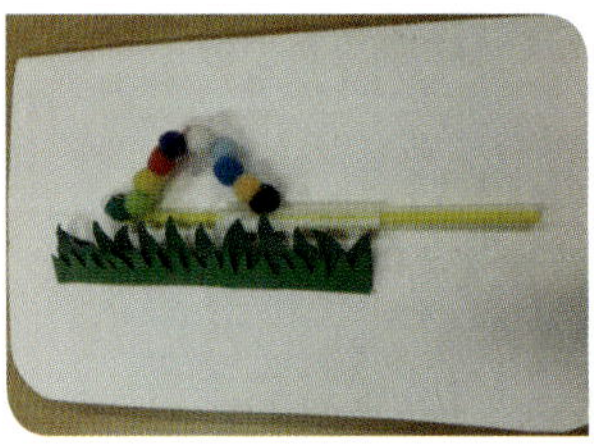

◈ 비슷한 주제를 다룬 책(주제: 나비)

『애벌레가 들려주는 나비 이야기』 노정임 글, 안경자 그림, 철수와영희, 2011
『애호랑 나비』 다테노 히로시 글·그림, 민점호 역, 베틀북, 2015
『민들레와 애벌레』 김근희 글·그림, 휴먼어린이, 2010

유아 책 2

『모두 달아났네』

기시다 에리코 글, 초 신타 그림, 유문조 옮김, 사계절, 2008

책 소개

한 아이가 들판에서 곤충을 발견하고 잡으려 하지만 그때마다 모두 달아난다. 곤충들이 달아난 텅빈 하늘과 초록 들판은 아이들이 상상의 나래를 맘껏 펼칠 수 있도록 되어 있다. 페이지를 넘길 때마다 마치 곤충들이 나타나고 사라지는 반복되는 곤충잡기 놀이를 하는 것 같다.

읽기의 특징

- 이어지는 상황 예측하며 읽기
- 읽기와 놀이 병행시키기

활동 모두 달아나요

활동 대상 만 3세

활동 목표

- 곤충의 움직임을 동작으로 표현할 수 있다.
  (신체운동·건강 〉 신체활동에 참여하기 〉 자발적으로 신체활동에 참여하기)
- 규칙을 지키며 게임에 참여할 수 있다.
  (사회관계 〉 다른 사람과 더불어 생활하기 〉 사회적 가치를 알고 지키기)

활동 자료

그림책, 곤충(나비, 메뚜기, 잠자리)컷, 절연테이프, 곤충 돌림판

활동 방법

곤충 움직임 표현하기 ➡ 그림책 감상 ➡ 달아나기 놀이

1. **곤충들의 움직임을 동작으로 표현해 본다.**
- (곤충 컷을 제시하며) 여기 곤충들이 있어. 누구일까?
- 잠자리는? *윙~ 윙~* (양팔을 활짝 펴고 돌기)
- 나비는? *팔랑팔랑* (종종걸음 치며 양팔 상하로 나풀거리기)
- 메뚜기는 어떻게 움직일까? *폴짝폴짝* (웅크렸다 점프하기)

2. **그림책을 감상한다.**

❶ 앞표지를 탐색하며 상상해 본다.
- (표지를 보여 주며) 짠! '모두 달아났네' 어? 메뚜기는 여기 있는데 누가 달아났을까?

❷ 문장을 첨가하여 동작과 함께 읽는다.
- 앗 잠자리다! 잡아볼까? 쉿! 하나, 둘, 셋! (책장을 넘긴다.)

❸ 다음 장면을 추측하며 읽는다.
- (텅 빈 장면을 보여 주며) 잠자리는 어디로 달아났을까?

3. **'모두 달아나요' 놀이를 해본다.**

❶ 돌림판을 돌려 나오는 곤충의 모습을 동작으로 표현해 본다.
- 쉿! 하나 둘 셋!(돌림판을 돌린다.)
- 나비다! 나비처럼 (두 팔을 벌리고) 팔랑팔랑.

❷ 돌림판의 곤충이 표시되어 있는 곳으로 달아나기 놀이를 한다.
- (수업 시작 전, 교실 바닥에 절연 테이프로 세 곳의 안전지대를 표시해 둔다.)
- (잠자리, 나비, 메뚜기 컷을 세 안전지대에 하나씩 붙여 주며) 여기는 곤충들의 안전한 집이야. 이곳에 오면 아무도 잡을 수 없어. 누가 잡으러 오면 여기로 피해.
- (교사가 모자를 쓰고 곤충 채집자가 되어 돌림판을 잡고) 히히히, 곤충 잡으러 가 볼까? 쉿! 어떤 곤충이 나올지 몰라. 하나 둘 셋!(돌림판을 돌린다.) *메뚜기다!*
- (모자를 벗고) 우리 곤충들이 안전하게 피했는지 봐야겠어.
- (바닥에 메뚜기가 붙어 있는 구역에 가서) 여기는 무슨 곤충나라지? *메뚜기*
- 그럼 메뚜기처럼 뛰어 볼까?

4. **활동을 회상하며 이야기를 나눈다.**
- 곤충처럼 움직여 봤는데 어떤 곤충의 동작이 재미있었니?
- 모두 달아나요 게임할 때 어려운 점은 없었니?

교구공방

⊙ 곤충 돌림판

• **준비물:** 두꺼운 도화지, 주황색 머메이드지(지름 21㎝), 곤충그림, 할핀, 시곗바늘 컷

① 주황색 머메이드지에 동그라미(지름 21㎝)를 그려 오린다.

② 세 영역으로 나누고 각 곤충(나비, 메뚜기, 잠자리)그림을 붙인다.

③ 두꺼운 도화지에 손잡이 모양이 달린 동그라미(지름 20㎝)를 그려 오린다.

④ 손잡이 모양에 시곗바늘 컷을 붙인다.

⑤ 곤충그림이 그려진 동그라미와 손잡이 달린 동그라미를 포개고 할핀으로 고정시킨다.

◈ 비슷한 주제를 다룬 책(주제: 곤충)

『벌레가 좋아』 마거릿 와이즈 브라운 글, 조은희 그림, 최재숙 옮김, 보림, 2003

『곤충들의 운동회』 도쿠다 유키히사 글, 구스미 다쿠야 그림, 김숙 옮김, 북뱅크, 2003

『외톨이 말벌』 비키 처칠 글, 찰스 휴즈 그림, 이은석 옮김, 문학동네어린이, 2003

『금메달은 내 거야!』 토어 프리먼 글·그림, 이재원 옮김, 아이세움, 2008

유아 책 3

『야, 비온다』

이상교 글, 이성표 그림, 보림, 2002

책 소개

단이에게 작고 노란 우산이 생겼다. 토독 토독 톡토독. 드디어 비가 오고 단이는 신이 나서 우산을 펴 들고 밖으로 달려 나간다. 단이는 모든 것들에게 우산을 씌워 주며 즐거워하는데 잠시 후 비가 그쳐 아쉽게도 우산을 접어야 한다. 그런데 하늘에는 세상에서 가장 커다란 우산, 무지개가 떴다.

읽기의 특징

- **등장인물의 정서 반영하여 읽기**
- **의성어와 의태어 부분을 강조하며 읽기**
  빗방울 떨어지는 소리들의 크기와 속도를 달리하여 읽는다.
- **그림책을 교구처럼 활용하여 읽기**

활동 1 뚝뚝! 두두둑! 빗방울

활동 대상 만 3세

활동 목표

- 빗방울이 떨어지는 소리에 관심을 갖는다.
  (자연탐구 〉 과학적 탐구하기 〉 자연현상 알아보기)
- 노래의 가사와 리듬에 관심을 갖는다.
  (예술경험 〉 아름다움 찾아보기 〉 음악적 요소 탐색하기)

• 물감과 면봉을 사용하여 비가 내리는 모습을 표현해 본다.
(예술경험 〉 예술적 표현하기 〉 미술활동으로 표현하기)

활동 자료

동요 '비가 온다' 음원(『예쁘지 않은 꽃은 없다』 백창우 작곡), 코팅 필름(A4 크기), 면봉, 물감(흰색, 파랑, 하늘), 물감 접시

활동 방법

동요감상 ➡ 신체표현하기 ➡ 동요에 맞춰 리듬치기 ➡ 면봉찍기

1. '비가 온다' 동요를 주의 깊게 듣는다.

❶ 비 내리는 소리를 탐색한다.
- (전주 부분의 빗소리를 들려주며) 무슨 소리일까?
- 빗방울이 떨어지는 곳은 어디일까? *땅, 지붕, 우산*
- 빗방울 떨어지면 어떤 소리가 날까? *똑똑 두두두*

❷ 동요를 통해 비 내리는 소리흉내말을 알아본다.
- 노랫말에서는 비가 올 때 어떤 소리가 난다고 했니? *똑똑 두두둑*

2. 비가 내리는 모습과 소리를 몸으로 표현한다.
- 비가 어떻게 내리는지 손으로 표현해 볼까?
- 떨어질 때 나는 소리를 어떻게 표현할까? *크게요. 박수쳐요. 두드려요.*
- (리듬을 살려 책상을 두드리며)
♬ 두두둑 두두둑 두두둑 두두둑 갑자기 비가 온다.

3. 동요를 들으며 면봉과 물감으로 빗방울을 표현해 본다.

❶ 물감, 면봉, 코팅 필름을 배부한다.

❷ A4크기의 코팅 필름 안쪽 면을 펼쳐 보여 주며 찍기 방법을 설명한다.
- 노래에 맞춰 빗방울이 떨어지는 모양을 면봉으로 찍어 볼 거야.

❸ 표상한 것에 대해 이야기를 나눈다.
- 어떤 빗방울인지 말해 주겠니?

4. 작품을 감상하며 평가한다.
- (유아들의 작품을 한 곳에 모아 펼쳐 놓은 후) 친구들이 찍은 물방울을 보니 어떤 느낌이 드니? *비가 많이 내려요.*

활동 2 비 오는 날을 그려요

◈ **활동 대상** 만 3세

◈ **활동 목표**

- 빗방울이 떨어지는 소리를 크기와 속도를 달리하여 말해 본다.
  (의사소통 〉 말하기 〉 낱말과 문장으로 말하기)
- 비 오는 날의 모습을 그림으로 표현한다.
  (예술경험 〉 예술적 표현하기 〉 미술 활동으로 표현하기)

◈ **활동 자료**

그림책, 빗방울 코팅 필름(전 차시 유아들의 표상), 유성매직(또는 네임펜)

◈ **활동 방법**

동요 부르기 ➡ 그림책 감상 ➡ 비 오는 날 풍경 그리기

1. **'비가 온다' 노래를 부른다.**

♬ 비가 온다 둑둑! 비가 온다 둑둑!

2. **그림책을 감상한다.**

❶ 책을 교구로 사용하며, 뒤표지와 앞표지를 이어 읽는다.

- (뒤표지를 먼저 보여 주면서 손끝으로 앞표지를 또독또독 두드리며) 어, 이게 무슨 소리지? *빗소리요.*
- (앞표지를 보여 주며) "야, 비 온다."
- 또 무엇이 보이니? *자동차가 우산을 쓰고 있어요.*

❷ 빗방울 떨어지는 소리들의 크기와 속도를 달리하여 읽는다.

- (작은 소리로 약하게) 똑또닥 똑또닥 / 토닥 토닥 탁탁탁 / (강하게) 후둑 후둑 후두둑 / 투둑 투둑 투두둑 / (말이 뛰는 리듬으로) 탁타닥 탁타닥 타닥 / (빠른 속도로) 호도닥 호도닥 / (느린 속도로) 톡, 톡, 톡.

3. **비 오는 날의 모습을 그림으로 표현한다.**

- (전 차시에 표상한 코팅 필름을 보여 주며) 여기 빗방울들이 많이 있어. 여기

에다 비 오는 날의 모습을 그려 볼까?
- 비 오는 날 어떤 우산을 쓰고 싶니?
- 누구에게 우산을 씌워주고 싶니?

4. **그림을 교실 창문에 전시하고 작품을 감상한다.**
- 와! 정말 여러 가지 비 오는 날의 모습들이 있구나.
- 비 오는 날, 누가 무엇을 하는 것인지 소개해 볼까?

5. **활동을 회상하며 평가한다.**
- 오늘 들어 본 빗소리 흉내말 중에 제일 재미있는 것은 무엇이었니?
- (그림이 전시된 창문을 가리키며) 창문을 보니 어떤 느낌이 드니?

수업메모

- 비 오는 날 하는 것이 효과적이다.
- 빗방울을 찍은 코팅 필름은 잘 말린 후 코팅한다.
- 비 오는 날 창가에 떨어지는 빗방울을 윈도우 마카펜으로 따라 그려 보거나 비 오는 날의 풍경을 그려 보는 놀이를 연계하여 할 수 있다.
- 만 5세 유아를 대상으로 진행할 경우, 코팅한 것을 활용하여 빗방울 모빌을 만들 수 있다.

비슷한 주제를 다룬 책(주제: 비)

『비가 오는 날에』 이혜리 글, 정병규 꾸밈, 보림, 2001

『예쁘지 않은 꽃은 없다: 보리어린이노래마을 2, 섬진강 아이들이 쓰고 백창우가 만든 노래』 마암분교아이들 글, 백창우 곡, 김유대 그림, 보리, 2003

『노란 우산』 류재수 지음, 신동일 작곡, 보림, 2007

유아 책 4

『투둑 떨어진다』

심조원 글, 김시영 그림, 호박꽃, 2009

책 소개

나무에 감이 주렁주렁 달려 있고, 강아지들은 감이 언제 떨어질까 입을 벌리며 기다리고 있다. 책장을 넘길 때마다 감, 호두, 밤, 단풍잎이 '퍽', '딱', '투둑', '팔랑팔랑'거리며 나무에서 떨어진다. 자연물이 위에서 아래로 떨어지는 느낌을 살리기 위해 그림과 글이 세로로 구성되어 있고, 세밀화로 그려진 그림이 자연에 대한 정보뿐만 아니라 심미적 아름다움도 담고 있다. 장면마다 등장하는 강아지들의 동작이 유아들의 모습인 양 미소를 자아낸다.

읽기의 특징

- **낚싯줄 교구로 스토리텔링하기**

  신현득의 '가을 숲' 동시를 낚싯줄 교구로 들려 준다.
- **의성어를 강조하며 읽기**

  열매들이 떨어지는 부분의 의성어를 읽을 때 책표면을 손으로 두드리며 강조하며 읽는다.
- **동작 곁들여 읽기**
- **손가락으로 책장을 두드리며 읽기**

활동 1 투둑 떨어지네

◈ **활동 대상** 만 3세

◈ **활동 목표**

- 가을이 되어 열매와 나뭇잎이 떨어지는 변화를 안다.
  (자연탐구 〉 탐구하는 태도 기르기 〉 호기심을 유지하고 확장하기)
- 가을에 볼 수 있는 열매의 이름을 안다.
  (자연탐구 〉 과학적 탐구하기 〉 생명체와 자연환경 알아보기)

◈ **활동 자료**

그림책, 융판, 열매 교구(감, 밤, 호두, 사과 코팅 컷, 지름 5㎝ 스티로폼 공 ½), 유아용 사과나무 교구(나무 프린트물 코팅, 사과 열매 5개 코팅, 보들이, 까끌이, 갈색 접착 펠트)

◈ **활동 방법**

동시 스토리텔링 감상 ➡ 그림책 감상 ➡ '열매를 주워요' 놀이 ➡ 마무리

1. **낚싯줄 그림판으로 이야기를 감상한다. (신현득 동시 '가을 숲' 인용)**

- 둥글둥글 감이 엄마에게 물었어요. "엄마 내려가도 돼요?"
- "단단히 익었니?" *네네네.*
  "뛰어내릴 자신 있니?" *네네네.*
  "그럼, 떨어진다. 하나, 둘, 셋!"
- (첨가 발문의 예: 땡글땡글 호두가/ 뾰족뾰족 밤송이가/ 알록달록 단풍잎이/ 동글동글 사과가)

2. **그림책을 감상한다.**

- (앞표지의 제목을 가리키며) 투둑 떨어진다? 여기서 무엇이 떨어질 것 같니?
- 까치가 말랑말랑 홍시감을 콕 쪼아먹는데 그 옆에 있는 감이 떨어진다, 떨어진다. 어떻게 됐을까?(책장을 넘긴 후) **퍽! 떨어졌다.**
- (그림을 짚으며) 밤송이가 뾰족뾰족한 가시 같아. 앗! 따가워.

3. '열매를 주워요' 놀이를 한다.

- (융판에 스티로폼 공 열매들을 올려놓고) 선생님이 아까 떨어진 열매를 친구들에게 보여 주려고 가져왔어요. 그런데, 콰당! 아이고, 열매들이 또 떨어졌네. 어떡하지? 친구들이 열매 좀 주워 줄래요?
- 어떤 열매를 주웠어요? 그럼 여기(융판)에 다시 담아 주세요.

♬ 감은 어디 있나? *여기.* 주황색 감 바구니에 담아 주세요.

♬ 밤은 어디 있나? *여기.* 갈색 밤 바구니에 담아 주세요.

- 감은 감끼리, 밤은 밤끼리, 호두는 호두끼리…… 끼리끼리 담겨 있네.
- 열매가 몇 개인지 세어 볼까요?

4. 활동을 회상하고 평가한다.

- 가을에 먹을 수 있는 열매들은 무엇이 있었니?
- 떨어질 때 어떤 소리가 났었니?

확장 활동

⊙ 투둑 떨어져요

- 활동 자료: 사과나무
- 활동 방법

1. 사과나무에 열린 사과를 하나씩 떼어서 나무 아래 땅 부분에 붙여 본다.
   - 나무에 사과가 열렸네. 빨갛게 익은 사과가 아래로 떨어지고 싶은가 봐.
   - 우리 다 같이 물어볼까? 단단히 익었니? (네! 네! 네!)
   - 그럼, 떨어진다. 하나, 둘, 셋!
   - 사과가 몇 개 떨어졌는지 세어 볼까요?

교구공방

⊙ 낚싯줄 교구

- **준비물:** 하늘색 하드보드지 2장(4절 사이즈), 투명 접착비닐, 여러 가지 그림 컷(나무, 감, 밤, 호두, 사과, 나뭇잎,), 낚싯줄, 송곳, 접착테이프

① 나무 컷을 잘라 하드보드지 2장에 알맞게 나누어 붙인다.
② 투명한 접착비닐로 전체 앞면을 감싼다.
③ 나무마다 사물이 떨어지기 시작할 지점과 끝날 지점을 송곳으로 구멍을 살짝 낸다.
④ 두 구멍에 낚싯줄을 통과시켜 하드보드지 뒷면에 매듭을 묶는다.
⑤ 감, 밤, 호두, 사과, 나뭇잎 컷을 각 나무 낚싯줄 윗지점에 테이프로 붙인다.

수업메모

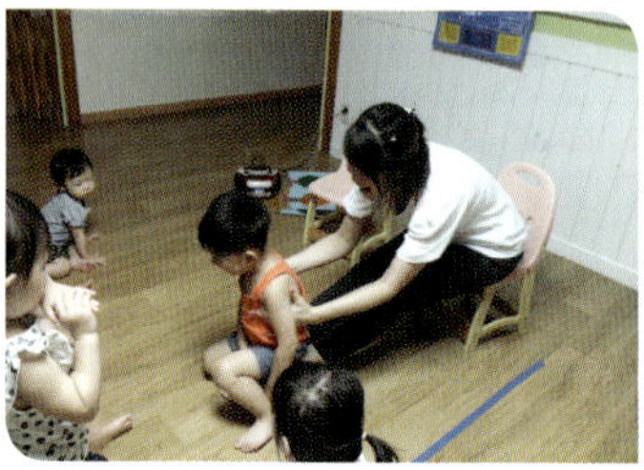

- 동요 '바람아 바람아 불어라'를 함께 활용할 수도 있다.
- 위에서 아래로 사물이 떨어지는 것을 보여 주기에는 낚싯줄 동화로 이야기를 들려 주는 것이 효과적이다. 떨어지는 사물은 하나에서 다섯까지 늘려가며 보여 줌으로써 수 세기에도 도움을 줄 수 있다.
- 영아 대상 수업에서는 교사가 의자에 앉아 다리를 뻗어 다리 미끄럼틀을 만들고 영아는 열매가 되어 미끄럼틀을 타며 떨어지는 놀이를 할 수 있다.

◈ 비슷한 주제를 다룬 책(주제: 가을, 나무)

『가을 숲 도토리 소리』 우종영 글, 하영 그림, 파란자전거, 2013
『낙엽이 속닥속닥』 한태희 글 · 그림, 예림당, 2013

유아 책 5

『콩이 쑥쑥』

유다정·윤아해·보린 글, 한태희 그림, 사파리, 2012

책 소개

아기 생쥐 두 마리가 농부 아저씨에게 "콩콩콩, 콩 주세요."하고 손을 내미는 장면으로 시작된다. 콩이 자라는 과정 각 페이지에 씨, 싹, 잎, 꽃 등의 그림이 그려진 인덱스가 있어 책을 펼쳐 보지 않아도 한눈에 볼 수 있도록 구성돼 있다. 마지막에 해님과 달님의 도움으로 통통하게 여문 콩을 얻은 생쥐들이 콩을 사이좋게 나눠 먹는 풍경도 정겹다.

읽기의 특징

- **대화체 첨가해서 읽기**
- **그림 가리키며 읽기**
- **언어적 반응 격려하며 읽기**

  (생쥐들이 얼마나 기다려야 하는지 궁금해하는 장면에서) "어떤 말을 해 주면 잘 자랄까?"
- **책 내용 율동으로 표현하며 다시 읽기**

활동 콩이 쑥쑥

◈ 활동 대상 만 3세

◈ 활동 목표

- 콩의 성장 과정에 관심을 갖는다.
  (자연탐구 〉 과학적 탐구하기 〉 생명체와 자연환경 알아보기)
- 콩의 성장 과정을 몸으로 표현해 본다.
  (예술경험 〉 예술적 표현하기 〉 움직임과 춤으로 표현하기)

◈ 활동 자료

그림책, 콩 인형, 삶은 완두콩, 작은 그릇, 수저

◈ 활동 방법

콩꼬투리 교구 탐색 ➡ 그림책 감상 ➡ 손유희 ➡ 콩 탐색 ➡ 성장 자 만들기

1. 콩 인형교구를 탐색한다.
 - (콩 인형이 들어 있는 콩꼬투리를 제시하며) 이 안에 무엇이 들어 있을까? 만져 볼까?
 - (콩 인형 꺼내며) 안녕, 난 콩이야. 날 본 적 있니?
 - 내가 어떻게 자라는지 알아?

2. 그림책을 감상한다.
 - (앞표지를 가림지로 위에서 아래로 천천히 내리며) 어, 여기 콩꼬투리에서 콩이 떨어지네. 누가 잡았을까? (제목 글자까지만 보여 주고 면지로 넘어간다.)
 - 생쥐가 잡았네. 그런데 콩이 하나밖에 없어. 어떡하지?
 - (농부 아저씨가 등장하는 장면을 펼치며) **생쥐 두 마리가 쪼르르 왔어요.**
 - 언제 크나? 어떤 말을 해 주면 잘 자랄까? *사랑해.*

3. 책에 소개된 콩의 성장 과정을 몸으로 표현해 본다.

- 콩을 어떻게 키우는지 농부 아저씨가 알려 주셨는데 우리가 동작으로 표현해 볼까?

양손의 검지를 차례로 아래로 누르며	양손의 검지를 차례로 위를 향해 살짝 찌르듯이	양손바닥을 펴서 차례로 위로 쭉쭉 뻗으며	얼굴 위에서 자연스럽게 원을 그리며 턱으로 내려와 양손바닥으로 턱을 받친다.
1. 꼭꼭꼭 씨를 뿌렸네	2. 뾰족뾰족 싹이 났어요.	3. 쑥쑥쑥 잎이 났어요.	4. 활짝활짝 꽃이 피었네

양손을 아래에서 위로 원을 그리며 올리고 머리를 토닥토닥 두드린다. (달님도 같은 동작)	손가락으로 하나, 둘, 셋을 센다.	양손 엄지 검지로 동그라미를 만들어 팔을 앞으로 뻗는다.	엄지 검지 동그라미를 세 번 보여 준 후, 손바닥을 앞으로 쭉 펴서 내밀어준다.
5. 해님이 토닥토닥, 달님이 토닥토닥	6. 하룻밤, 이틀 밤, 사흘 밤~	7. 콩! 콩이 열렸어요.	8. 콩콩콩, 콩 주세요.

4. 삶은 완두콩을 탐색하고 맛본다.

- 농부 아저씨와 생쥐가 콩을 선물로 보내 주었어요.
- 완두콩은 어떤 색일까? 무슨 모양이지? 먹어볼까? 맛은 어때요?

5. 활동을 회상하며 평가한다.

- 콩이 어떻게 자라는지 순서대로 말해 볼까?
- 콩이 잘 자라나려면 누구의 도움이 필요했니?
- 콩이 자라는 모습을 몸으로 표현해 보았는데, 어떤 동작이 가장 재미있었니?

확장 활동 1

⊙ '콩 성장 자'로 재 보아요

- 활동 자료: 콩 그림 컷, 손 코팅 필름, 양면테이프, 펠트, 접착 펠트, 접착 까끌이
- 활동 방법

1. '콩 성장 자'를 만들어 본다.
   - 이 콩처럼 친구들도 사랑을 먹으며 무럭무럭 자란대요. 콩처럼 쑥쑥~ 얼마만큼 컸나? 우리 친구들의 키를 재 보는 자를 만들어 볼 거예요.
2. '콩 성장 자'를 이용하여 유아 자신과 친구의 키를 재 보고 비교해 본다.
   - (유치원/어린이집 교실의 물건들의 길이를 재 볼 수 있다.)

수업메모

- 유아가 콩 성장 자 만들기를 할 때 순서대로 연결하는 과정을 색 찾기 놀이로 하면 좋다.
  - 주황색은 어디 있나? 여기!
  - 친구들, 종이를 떼서 주황색의 반만 빨간색 한쪽 끝에 붙여 볼까요?
  - (펠트를 모두 연결해 붙이고 그림 컷을 나눠 준 후) 콩은 어디 있나? 빨간색 위에 콩을 꼭꼭꼭 붙여 주세요.

확장 활동 2

⊙ '콩 주세요' 극놀이

- 활동 자료: 절연테이프
- 활동 방법

1. 내러티브 팬터마임 활동으로, 교사가 해설을 하면 유아들이 그에 따라 움직임으로 표현한다.
   - 모두 콩으로 변신해서 데굴데굴 굴러 커다란 밭으로 들어갈 거예요. (구를 수 있도록 격려한다.)

   ♬ 나는 콩. 나는 콩. 동글동글해서 떼구르르 구르다가 커다란 밭 (활동 전, 바닥에 테이프로 표시한 공간)으로 들어갔었지. 동글동글 토실토실 아주 좋은 콩들이군. 콩을 심어 볼까?

   ♬ 꼭꼭꼭 씨를 뿌렸네. (손으로 머리나 등을 가볍게 눌러 주며) 하룻밤이 지나고 땅을 뚫고 싹이 났네.

   ♬ 뾰족뾰족 싹이 났어요. (손을 부드럽게 잡아당기듯 쓸어 준다.) ……
   하룻밤, 이틀 밤, 사흘 밤~ 콩! 콩이 열렸어요. 콩콩콩, 콩 주세요

교구공방

⊙ 콩 성장자

- **준비물:** 펠트(빨강, 보라색- 5㎝×23㎝/노랑, 파랑- 5㎝×30㎝), 접착 펠트(주황, 초록, 남색- 5㎝×15㎝), 가위, 콩 성장 그림 컷, 양면테이프, 손코팅 필름, 까끌이와 보들이

① 빨강색 펠트 한쪽 끝에 주황색 접착 펠트의 반(7.5㎝)을 붙이고 주황색 나머지 접착 면에 노란색 펠트를 붙여 준다. 이어 무지개색 순서대로 펠트 위에 접착 펠트를 붙여 연결한다.

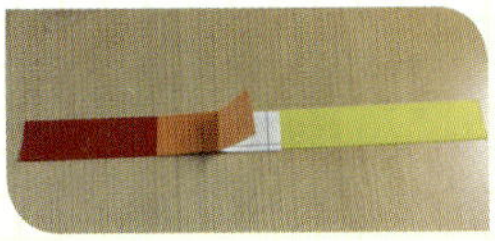

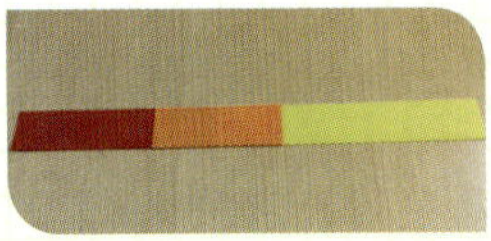

② 콩 성장 그림 컷(각각의 페이지에 씨, 싹, 잎, 꽃 등의 그림) 위에 손코팅 필름을 붙이고 뒷면에 양면테이프를 붙여 반달 형태의 인덱스 형태로 오린다.

③ 무지개색 펠트 위에 빨간색 위에 콩(씨) → 주황색 싹 → 노란색 잎 → 보라색 콩 꼬투리를 붙여 준다.

④ 빨간 펠트가 위에 보이도록 펠트와 접착 펠트 연결부 위를 꺾어 접고 펠트 링(길이 약 14㎝, 폭 1.5㎝ 펠트 양쪽 끝에 접착까끌이, 접착 보들이 붙여 만든 링)으로 감아 준다.

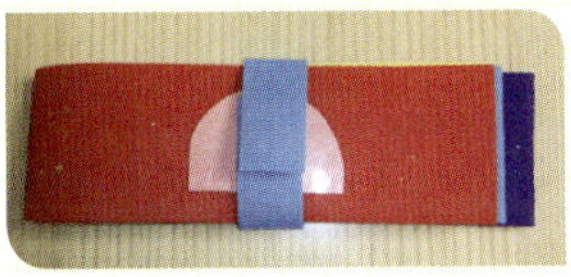

◈ 비슷한 주제를 다룬 책(주제: 콩)

『콩』 히라야마 카주코 글·그림, 엄기원 옮김, 홍은희 감수, 한림출판사, 2003

『콩콩콩』 앤디 컬런 글, 사이먼 리커티 그림, 엄혜숙 옮김, 내인생의책, 2009

『완두콩, 너 멜론 맛 알아?』 다카도노 호코 글, 오다 다이하치 그림, 고향옥 옮김, 비룡소, 2013

『다, 콩이야: 맛있는 콩 이야기』 도토리 기획, 정지윤 그림, 보리, 2005

유아 책 6

『모리의 커다란 성』

쥬느비에브 꼬떼 글·그림, 글맛 옮김, 키즈엠, 2013

책 소개

언덕 위에 사는 모리는 자신의 평범한 집이 마음에 들지 않아 초록색의 언덕을 잘라 커다란 성으로 만든다. 그러나 언덕이 없어져 슬퍼하는 친구들의 모습을 보고, 모리는 잘랐던 언덕 조각들을 친구들과 함께 다시 원래대로 돌려놓는다.

초록색 언덕과 언덕이 잘려나간 하얀 부분들이 대비를 보여 유아들로 하여금 다양한 도형에 관심과 흥미를 갖게 한다.

읽기의 특징

- **등장인물의 움직임 흉내 내며 읽기**
- **등장인물의 정서 반영하며 읽기**
  각 상황에 따라 모리와 친구들이 느끼는 다양한 감정(실망, 슬픔, 기대, 기쁨)을 반영하여 읽는다.
- **뒷이야기 예측하며 읽기**

활동 우리의 성을 꾸며요

활동 대상 만 3세

활동 목표

- 그림책에 등장하는 다양한 도형의 모양을 탐색한다.

(자연탐구 〉 수학적 탐구하기 〉 공간과 도형의 기초개념 알아보기)

- 다양한 모양의 도형을 가지고 성을 창의적으로 구성한다.
  (예술경험 〉 아름다움 찾아보기 〉 미술적 요소 탐색하기)

활동 자료

그림책, 교사용 자석교구(풀밭 퍼즐, 등장인물 막대인형), EVA 또는 펠트조각(그림책 속에 소개된 모양), 도일리 페이퍼

활동 방법

그림책 표지탐색 ➡ 그림책 감상 ➡ 성 구성하기

1. **그림책 표지를 탐색한다.**
- (동화 속 주인공 얼굴만 보여준 뒤) 그림책 속에 누가 있니? *고양이요.*
- 기분이 어떤 것 같니?
- (제목을 보여 준 후) 모리는 무엇으로 성을 만들었을까?

2. **그림책을 감상한다.**

❶ '싹둑싹둑 싹둑' 반복되는 단어를 유아들과 함께 소리 내어 읽는다.

❷ 그림 읽기를 한다.
- 고양이가 손에 무엇을 들고 있니?
- 창밖으로 무엇이 보이니?

❸ 노래를 부르며 그림책 속 다양한 도형을 찾는다.
- (외국동요 'Are you sleeping?' 가락에 맞춰 손동작도 함께하며)

♬ 싹둑싹둑 싹둑싹둑 언덕을 자르자, 언덕을 자르자,
싹둑싹둑 세모, 싹둑싹둑 네모, 재미있다. 재미있다.

♬ 세모는 여기, 네모는 여기, 작은 세모, 여기! 작은 네모, 여기!,
다리는 여기! 모두모두 제자리 갖다 놓자. 갖다 놓자.

❹ 그림책의 다음 내용을 예측한다.
- 친구들의 이야기를 듣고, 모리는 어떻게 했을까?

3. **막대 인형과 자석 교구를 이용하여 다양한 사물을 만들고 빈자리에 맞춰 놓아 본다.**

- 안녕? 나는 모리야, 싹둑싹둑 언덕을 잘라 재미있는 것을 만들어 볼 거야. 어떤 모양을 잘라 볼까?
- 이번에는 이 모양들을 원래대로 제자리에 갖다 놓아야 하는데, 도와주겠니?
- (교사가 노래를 부르면 유아들이 나와서 도형을 자석 판에 제자리에 찾아 끼운다.)

  ♬세모는 어디? 세모는 어디? 큰 네모 어디?
  작은 네모 어디? 둥근 모양 어디에?
  둥근 모양 어디에? 찾았다. 찾았다.

4. **초록 및 연두색의 다양한 조각으로 성을 구성해 본다.**
- 어떤 모양의 조각이 있니?
- 네모 모양을 찾아볼까? 세모 모양은 어디에 있니?
- 내가 살고 싶은 성을 만들어 볼까?

5. **성들을 전시하고 감상한다.**
- 성들이 모여 모리네 마을이 되었네.
- 성을 만들 때 가장 재미있는 모양은 무엇이었니?

수업메모

- 교사용 자석교구를 만들기가 용이하지 않을 때는 융판동화 형태로도 만들 수 있다.
- 그림책 속 등장인물들의 표정이 생동감 있게 잘 표현된 그림책이다. 스토리텔링 시 유아와 상황에 맞는 표정을 함께 지어 보며 상대방의 감정을 이해해 볼 수 있다.
- EVA로 유아들이 만든 성을 모두 모아 전시하여 '모리네 마을'을 구성해 볼 수 있다.
- EVA 모양 조각을 이용하여 유아들이 자유롭게 다양한 모양을 구성해 볼 수 있는 기회를 제공하도록 하고, 충분한 놀이 후 유아가 마음에 드는 모양을 완성하고 나면, 활동 전에 교사가 미리 붙여 둔 양면테이프를 떼어 도일리페이퍼 위에 붙여 볼 수 있도록 한다.

비슷한 주제를 다룬 책(주제: 모양)

『자꾸 자꾸 모양이 달라지네』 팻 허친즈 글 · 그림, 신형건 옮김, 보물창고, 2006
『모양나라 여왕의 생일잔치』 이송은 글, 이소현 그림, 국민서관, 2016

유아 책 7

『야옹이가 제일 좋아하는 색깔은?』

제인 커브레라 지음, 김향금 옮김, 보림, 1998

책 소개

귀여운 고양이 한 마리가 '내가 제일 좋아하는 색깔이 뭐게?'라며 묻는다. '초록색? 분홍색? 노란색?'이냐고 되묻자, 초록색 풀밭, 분홍색 꽃잎 등도 좋지만, 엄마의 색깔인 주황색을 가장 좋아한다고 대답한다.

어린이에게 대답을 이끌어 내는 질문을 통해 색깔에 대한 관심을 일깨워 준다. 어린이가 물감놀이를 한 것처럼 단순하게 표현된 그림이 사랑스럽다.

읽기의 특징

- **등장인물을 입체적으로 설정하고 상황을 살려 읽기**
- **대화체 추가하기**

  동물친구와 야옹이의 대화체로 그림책을 읽는다.
- **가림지로 가리기**

  주황색 장면의 문장은 가림종이로 가리고 유아들이 "주황색이야?" 하면 종이를 떼면서 "맞았다!" 하고 외친다.

활동 1 내가 제일 좋아하는 색깔은?

◈ **활동 대상** 만 3세

◈ **활동 목표**

- 여러 가지 색깔에 관심을 가진다.
  (예술경험 〉 아름다움 찾아보기 〉 미술적 요소 탐색하기)
- 내가 좋아하는 색깔을 말할 수 있다.
  (의사소통 〉 말하기 〉 느낌, 생각, 경험 말하기)

◈ **활동 자료**

그림책, 그림 카드 10장, 붓, 펠트 색깔 카드(빨강, 주황, 노랑, 초록, 파랑, 보라), 캐릭터 컷(또는 개별 영아 사진)

◈ **활동 방법**

옷 색깔 관찰 ➡ 그림책 감상 ➡ 상상의 붓 놀이 ➡ 옷 색깔 바꿔 주기

1. **오늘 입고 온 옷의 색깔을 말해 본다.**
- 친구들 안녕~ 우리 친구들 알록달록 예쁜 옷을 입고 왔구나.
- 선생님은 하얀 구름을 닮은 하얀색을 입고 왔어요.
  (자연물의 색깔을 먼저 말하고 옷 색깔을 말한다.)

2. **그림책을 감상한다.**

❶ 앞표지 그림을 탐색한다.
- "야옹~ 친구들 안녕! 내가 좋아하는 색깔이 뭐게?"

❷ 면지를 탐색한다.
- 친구들~ 동물들이 좋아하는 색깔이 있대요.
- 그럼 야옹이가 제일 좋아하는 색깔은?

❸ 동물친구와 야옹이의 대화체를 첨가해서 읽는다.

예 (젖소) 음매~ 음매~ 그건 초록색이야. 내가 살금살금 돌아다니기 좋아하는 풀밭 색깔이지. 야옹아! 그렇지?

(야옹이) 음~ 나도 풀밭을 살금살금 돌아다니기 좋아하지./ 하지만 초록색?

- 초록색 아니래. 야옹이가 어떤 색깔을 좋아할까?

❹ 뒤 면지를 보며 동물 친구들이 좋아하는 색깔을 넣어 노래로 불러 본다.

♬ 꽃게는 노란색을 좋아해~('우리 모두 다 같이 손뼉을' 가락에 맞춰 개사해서 부른다.)

3. 상상의 붓으로 그림 카드를 색칠한다.

- 여기 젖소가 있어요. 젖소가 좋아하는 색깔은 뭐였더라? 그런데 이 그림엔 젖소가 좋아하는 색깔이 없네. 우리 친구들이 마법의 붓으로 색깔이 나올 수 있게 쓱싹쓱싹 칠해 줄래요?

4. 캐릭터 본을 이용하여 옷 색깔 바꿔 주기 놀이를 한다.

❶ 펠트 색깔 카드를 탐색한다.

- 딸기처럼 빨간색 옷을 입은 친구를 찾아보자.

❷ 옷 갈아입히기 교구(뽀로로 도안)에 색깔 옷을 입혀 준다.

- "얘들아, 내가 빨리 나오느라 옷을 못 입고 나왔어. 너희들이 옷을 입혀 줄 수 있어? 무지개 색깔 중에서 너희들이 제일 좋아하는 색깔로 옷을 입혀 줘."

5. 활동을 회상하며 마무리한다.

- 오늘 어떤 색깔들을 만나봤지?
- 내가 좋아하는 색깔 카드를 보여 주며 말해 볼까?
- 집에 가서 색깔 카드랑 같은 물건을 찾아볼 수 있겠니?

교구공방

⊙ 그림 카드

- **준비물:** A4 용지(20장), A4 색지(10장－초록, 분홍, 검정, 빨강, 노랑, 보라, 갈색, 파랑, 하양, 주황 각 1장씩), A4 코팅 필름(30장), 셀로판테이프

① A4 용지에 그림 컷을 그린 다음 필요한 부분의 그림을 파내고 코팅한다.
② 색깔별로 준비한 색지를 코팅한다.
③ ①과 ②의 양옆과 아래를 셀로판테이프로 붙인다.
④ A4지가 ③ 속으로 들어갈 수 있도록 오른쪽을 0.5cm 가량 자르고 아래쪽은 물결 모양으로 잘라 준다.
⑤ ④를 코팅한 후, 양쪽을 조금씩 잘라 ③ 속으로 들어갈 수 있도록 한다.

⊙ 캐릭터 본

- **준비물:** 펠트(살구색, 빨강, 주황, 노랑, 초록, 파랑, 보라), 글루건, 캐릭터 컷 또는 아동사진, 코팅 필름, 고리

① 캐릭터 컷이나 아동 사진을 준비하여 옷 부분을 파낸 후 코팅을 한다.
② 살구색 펠트로 뒤판(가로 11cm, 세로 15cm)을 만들고 색깔 카드가 들어갈 수 있도록 펠트 주머니 뒷면에 가로 7.5cm, 세로 1cm 크기로 오려 내어 투입구를 만들어 준다.
③ 코팅 필름을 투명하게 코팅한 후 가로와 세로가 8cm인 네모로 잘라서 색깔 카드 넣는 입구 안쪽에 붙여 준다(펠트 색깔 카드가 쉽게 들어갈 수 있도록 함).
④ 펠트(빨강, 주황, 노랑, 초록, 파랑, 보라)로 가로 7cm, 세로 9cm인 네모 모양의 색깔 카드 6장을 만든다.

수업메모

- 마법의 붓으로 색칠을 할 때 "마법의 붓!" 하고 말하면 유아들이 다 함께 "쓱싹쓱싹" 외치면서 손 동작을 하도록 유도한다.

◈ 비슷한 주제를 다룬 책(주제: 색깔)

『색깔을 만드는 아기고양이』 마거릿 와이즈 브라운 글, 앨리스 프로벤슨·마틴 프로벤슨 그림, 양희진 옮김, 웅진주니어, 2002

유아 책 8

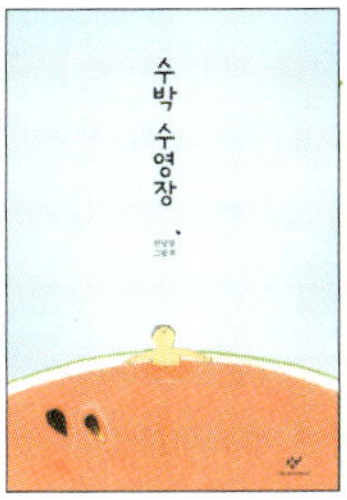

『수박 수영장』

안녕달 글·그림, 창비, 2015

책 소개

한 시골 마을에 여름이 되면 남녀노소 누구나 모두 모여드는 수박 수영장이 있다. 거대한 수박 속으로 다이빙을 하고, 씨를 파낸 자리에 고인 물로 찜질하고, 수박 속을 밟고 다니며 즐겁게 놀다 보면 어느새 수박 즙 풀장이 생긴다. 수박도 먹고 수영장에서 헤엄치며 뜨거운 여름을 즐겁고 시원하게 보내다가 낙엽 떨어지는 계절이 오면, 모두들 이듬해 다시 올 여름을 기다린다.

읽기의 특징

- **의성어 강조하며 읽기**
- **뒤의 장면 예측하며 읽기**

  (다이빙 장면에서 마지막 그림을 가린 채) 아 아아 아~, 이제 어떻게 될까?
- **그림 읽기**

  그림에서 색으로 수박의 변화 찾아보기

  구름장수가 구름 양산과 먹구름 샤워 파는 장면 보며 이야기 나누기
- **책을 교구로 활용하며 읽기**

  (첫 장면에서 큰 수박 그림 위에 손을 모아 갖다 대며) 통통!
- **그림 읽기: 표지 그림 관찰하며 읽기, 그림에서 사물 찾기**

활동 수박 수영장에서 놀아요

◈ **활동 대상** 만 4세

◈ **활동 목표**

- 오 감각으로 수박을 탐색한다.
  (자연탐구 〉 과학적 탐구하기 〉 생명체와 자연환경 알아보기)
- 그림책에 나오는 의성어에 관심을 갖는다.
  (의사소통 〉 듣기 〉 동요, 동시, 동화 듣고 이해하기)

◈ **활동 자료**

그림책, 수박 주스 만들기 재료(수박 1통, 빵 칼, 숟가락, 투명 플라스틱 컵, 지퍼백)

◈ **활동 방법**

수박 탐색 ➡ 수박 주스 만들기 ➡ 그림책 감상

1. **비밀상자에 든 것이 무엇인지 예측해 본다.**
- 이 속에는 무엇이 들어 있을까?
- 상자 안에 손을 넣어 만져 보고 느낌을 이야기해 볼까?

2. **수박의 모양, 색, 소리, 냄새 등을 다양한 방법으로 탐색한다.**
- (수박 겉 표면을 보며) 수박에는 어떤 무늬가 있니?
- 두드리면 어떤 소리가 날까?
- 수박을 자를 때 수박에서 어떤 소리가 나는지 잘 들어보자.
- 수박에서 어떤 냄새가 나니?

3. **수박 주스를 만든다.**
- (교사가 숟가락으로 수박을 떠 내는 시범을 보이며) 어떤 소리가 나니?
- 이번에는 친구들이 수박을 숟가락으로 떠서 지퍼 백에 담아 볼까?
- 수박을 숟가락으로 떴더니 수박 통 안에 무엇이 생겼니?
- 지퍼백 안의 수박을 주물러서 '수박 주스'를 만들어 보자. 수박을 주물럭주

물럭 했더니 어떻게 변했니?

- 친구들이 만든 수박 주스를 컵에 따라서 먹어 보자.

4. 활동을 정리한 후 그림책을 감상한다.

❶ 그림책 표지를 탐색한다.

- 우리가 먹었던 수박은(손으로 동작을 곁들이며) 이만 했었는데, 이 책에 있는 수박은 훨씬 큰가 봐요. 할아버지가 수박 안에 들어가 있어요.

❷ 뒤 장면을 예측해 본다.

- (아이가 다이빙하는 펼침면에서 마지막 그림부분을 가린 채) 아 아아 아~, 이제 어떻게 될까?

❸ 의성어를 강조하며 읽는다.

- 수박이 쩍! 갈라졌어요.
- (아아아) 쩍!

❹ 그림책 속 수박의 변화 과정을 관찰하며 상호작용한다.

- 아이들이 수박을 철퍽철퍽 밟으니까 수박이 어떻게 변하니?

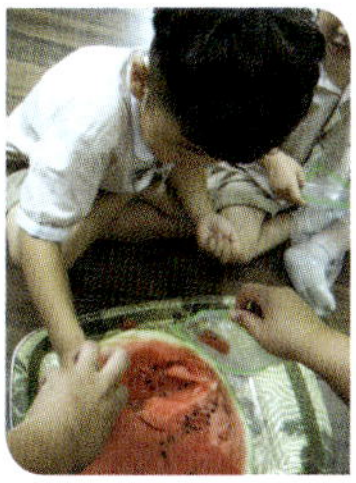
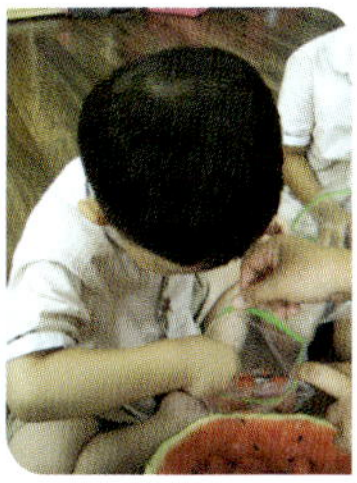

4. 활동을 회상하고 평가한다.

- 수박 소리도 들어보고, 만져 보고, 먹어 보고, 냄새도 맡아 봤는데, 어떤 활동이 제일 재미있었니?
- 그림책 볼 때 여러 가지 소리들이 나왔는데, 어떤 소리가 제일 재미있었니?

확장 활동

⊙ 서걱서걱 수박 수영장

- 활동 자료: 초록색 마스킹 테이프, 붉은색 보자기(80㎝×80㎝), 수박씨 모형(펠트지, 인원수만큼)
- 활동 방법

1. 수박 수영장을 만든다.
(교사가 미리 초록색 마스킹 테이프로 유아 10명 정도가 들어갈 크기의 원모양으로 바닥에 붙여 놓는다.)
- 우리가 함께 빨간 보자기로 수박 수영장을 만들어 보자.

2. '수박 수영장' 놀이를 한다.

① '수박 수영장' 놀이 약속 정하기 및 준비운동을 한다.
- (교사가 '수박 수영장' 주인 할아버지가 되어) '수박 수영장'에 들어갈 사람들은 줄을 서 보자. 다치지 않게 조심하자.
- 자! 수영장에 들어가기 전에 준비운동을 해야 돼. 먼저 목을 오른쪽, 왼쪽으로 돌려 주세요. (어깨, 허리, 손목, 발목 등)
- 갑자기 물에 들어가면 큰일 나요. 천천히 물을 묻히고 들어가야 해요.
- 수박씨가 있으면 수영하기 불편하니까 커다란 수박씨를 친구와 둘이서 밖으로 던져 볼까요? 시작!

② '수박 수영장' 신체 놀이를 한다.
- 발장구를 쳐 볼까? 발로 수박을 비비면 어떤 소리가 날까? 손으로도 저어 볼까?
- 수박을 온 몸에 묻혀 보자. 걸어 보자(서걱서걱) 첨벙 수영을 해 볼까요?
- (미리 표시해 놓은 다이빙 하는 곳을 가리키며) 우리도 멋지게 점프~ 다이빙해 보자.
- ㅇㅇ가 멋지게 점프를 했는데 그만 수박 속으로 쏙! 들어갔어. 우리가 도와줄까요?

③ '수박 수영장'놀이를 마무리한다.
- 수박이 점점 물로 변했어요. 우리가 주물럭주물럭해서 물로 만들어 볼까요? (천을 모두 정리한다.)

④ '수박씨 던지기' 놀이를 한다.
- 우리가 아까 밖으로 뺐던 수박씨예요. 수박씨를 모두 할아버지 모자에 던져 볼까? 잘 모아 두어야 내년에 또 '수박 수영장'을 열 수 있어요. 내년에 또 만나요.

수업메모

- 미리 수박을 절반이상 칼집을 내놓은 다음, 유아들과 탐색할 때는 빵칼로 잘라 마무리한다. 자를 때 '쩍' 하는 소리를 잘 들을 수 있도록 주의집중에 유의한다.
- 전체적인 인원수나 현장 상황을 고려하여 수박 주스 만들기와 그림책 감상하기 순서를 바꿀 수 있다.
- 수박 탐색과 수영장 놀이는 2세를 위한 모-자 수업으로 활용해도 재미있다.

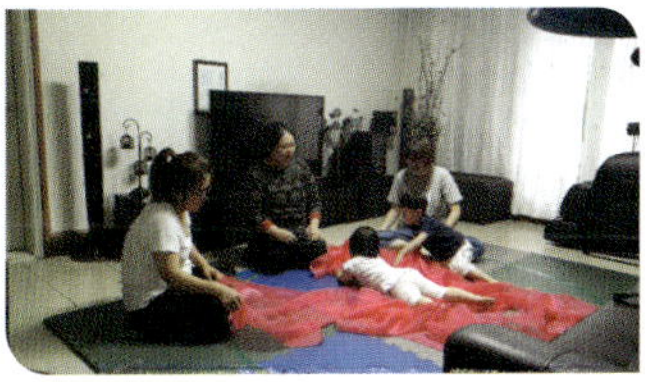

비슷한 주제를 다룬 책(주제: 여름)

「**수박씨를 삼켰어**」 그렉 피졸리 글·그림, 김경연 옮김, 토토북, 2014

「**한입에 덥석**」 키소 히데오 글·그림, 한수연 옮김, 시공주니어, 2002

유아 책 9

『또또와 사과나무』

나카에 요시오 글, 우에노 노리코 그림, 이재은 옮김, 세상모든책, 2003

책 소개

생쥐 또또는 사과가 먹고 싶지만 나무가 너무 높아서 사과를 딸 수 없다. 하지만 다른 동물들은 각자의 방법으로 사과를 따 간다. 또또는 그들을 흉내 내며 사과를 따려고 하나 번번이 실패한다. 사과가 두 개 남았을 때, 물개와 또또는 힘을 합쳐 마침내 사과를 따 낸다. 아주 작은 생쥐를 주인공으로, 혼자서는 힘들지만 협력하면 원하는 것을 얻을 수 있다는 지혜를 재미있게 담고 있다.

읽기의 특징

- **등장인물의 특징 반영하여 성격설정하기**

  성격설정의 예) 또또: 4세 정도의 투덜대는 남아
  물개: 굵고 낮고, 느린 톤의 남성
- **동작 곁들여 읽기**
- **의태어 강조하며 읽기**
- **반복되는 구절 함께 읽기**
- **다음 장면 예측하며 읽기**

활동 푸드득푸드득 폴짝폴짝

◈ 활동 대상 만 4세

◈ 활동 목표

- 그림책 속 동물들의 특징을 알아본다.
  (자연탐구 〉 과학적 탐구 〉 생명체와 자연환경 알아보기)
- 움직임 단어를 몸으로 표현해 본다.
  (신체운동·건강 〉 신체조절과 기본운동하기 〉 신체조절하기)
- 움직임에 어울리는 단어를 말해 본다.
  (의사소통 〉 말하기 〉 낱말과 문장으로 말하기)

◈ 활동 자료

그림책, 동요 '코스모스' 음원, 동물그림 카드

◈ 활동 방법

동요 부르기 ➡ 그림책 감상 ➡ 동작 보고 알아맞히기

1. 동요 '코스모스'를 부른다.

♬ 빨개졌대요, 빨개졌대요, 길가에 코스모스 얼굴

- 가을이 되면 빨개지는 게 또 무엇이 있을까? *사과, 감*
- 오늘은 사과를 아주 좋아하는 친구를 만나볼 거야.

2. 그림책을 감상한다.

❶ 표지를 탐색한다.

- 생쥐 또또가 사과나무를 쳐다보고 있네.
- 무슨 생각을 하는 것 같니? *아, 맛있겠다. 먹고 싶다.*
- 사과가 몇 개 있는지 세어 볼까?

❷ 문제 해결 방법을 알아본다.

- (속표지를 보며) 또또가 아직도 사과나무를 올려다보고 있네. 또또가 어떻게 하면 사과를 딸 수 있을까?

❸ 반복되는 구절은 함께 읽는다.
- (또또가 뒷짐 지고 고개를 끄덕이는 동작을 유아들과 함께하며) **"아하, 저렇게 하는구나."**

❹ 의성어와 의태어를 강조하며 읽고, 유아들과 함께 동작을 해 본다.
- (각 동물의 동작을 따라하며) 우리도 비둘기처럼 '푸드득푸드득' 해 볼까?
- (코끼리 코를 만들어) 쭈욱쭈욱

❺ 다음 장면을 예측해 본다.
- 이번엔 또또가 사과를 땄을까?

❻ 그림을 보고 등장인물의 기분에 대해 이야기 나눈다.
- 어, 이제 사과가 두 개밖에 안 남았네. 또또 기분이 어떨까?
- (얼굴에 상처가 난 또또를 가리키며)또또의 기분이 어떤 거 같니? *속상해요.*

❼ 움직임 말을 강조하며 그림책을 다시 한번 읽는다.
- 동물 친구들이 어떻게 사과를 땄는지 다시 한번 볼까?
- 비둘기는 푸드득푸드득!

3. 움직임을 보고 그림책 속 등장인물을 알아맞혀 본다.

- 한 친구가 그림책 속의 동물을 표현하면, 다른 친구들이 알아맞히는 거야. 문제를 내는 친구는 말은 하지 않고, 몸으로만 보여 줄 수 있어.

- 다 같이 외쳐 볼까? 보여 주세요!
- (문제를 내는 유아가 그림 카드를 보고 동작을 하면) *비둘기*
- 비둘기인 줄 어떻게 알았니? *푸드득푸드득 했어요.*
- 푸드득푸드득 나는 걸 보고 비둘기인 줄 알았구나.
- 원숭이인줄 어떻게 알았니? *끽끽했어요.*

4. 활동을 회상하고 평가한다.

- 오늘 했던 동작 중에서 어떤 것이 재미있었니?

- 오늘 어떤 움직임 말들이 나왔는지 볼까? (융판에 동물그림을 붙인 후 단어 카드를 차례로 제시하며) 비둘기가(∨) *푸드득푸드득.*

확장 활동

◉ 사과 책을 만들어요!

- 활동 자료: 사과 모양 바탕지, 동물 컷(새, 원숭이, 코끼리, 기린, 캥거루, 하마), 움직임 단어카드, 풀

수업메모

- '몸으로 표현하고 알아맞히기'를 할 때는 동작과 정지 신호를 미리 정한다.
  (예: 보여– 주세요! / 레디 액션 / 얼음!)
- 책이 익숙해지면, 생쥐 또또의 동작만으로 이야기 꾸미기를 할 수도 있다.
- 사과책 만들기를 할 때, 사과 바탕지에 그림과 글자를 함께 붙인다. 또, 유아 수준을 고려하며 책의 장수를 늘리도록 한다.

◈ 비슷한 주제를 다룬 책(주제: 사과, 동물)

『빨간 사과』 나카노 히로다카 글·그림, 이영준 옮김, 한림출판사, 2002

『욕심꾸러기 생쥐와 빨간 사과』 A. H. 벤자민 글, 귀네스 윌리엄스 그림, 이경희 옮김, 웅진주니어, 1999

『내 사과, 누가 먹었지?』 이재민 글, 김현 그림, 노란돼지, 2010

유아 책 10

『나팔불어요』, 〈잠자리〉

윤석중 외 작사, 홍난파 작곡, 최미숙 그림,
길벗어린이, 2001

책 소개

'봄맞이 가자', '민들레', '나비 노래', '잠자리' 등 총 15곡의 동요가 CD와 함께 실려 있다. 동요 내용의 이해를 돕는 수채화 그림이 우리의 산과 들을 잘 보여주고 있다. 부록 CD에는 오디오와 노래와 움직임 동영상이 함께 실려 있다.

읽기의 특징

- 원문대로 읽기
- 노래와 함께하며 읽기
- 그림 설명하며 읽기

활동 잠자리

활동 대상 만 3세

활동 목표

- 잠자리 동요를 다양한 방법으로 듣고 즐긴다.
  (의사소통 〉 듣기 〉 동요, 동시, 동화 듣고 이해하기)

- 공간을 활용해 힘과 속도를 달리하여 움직여 본다.
  (신체운동·건강 〉 신체조절과 기본운동하기 〉 신체조절하기)

활동 자료

그림책, 부록 CD, 동요 '가을은' 음원, 잠자리 펠트 컷, 은행잎·단풍잎 사진자료, 동요판 자료(바둑이·잠자리 컷, 은행잎·단풍잎·코스모스·장다리꽃 컷)

활동 방법

동요 듣고 부르기 ➡ 동요 감상 ➡ 움직임 놀이 ➡ 동요그림책 감상

1. 은행잎, 단풍잎과 함께 동요 '가을은'을 부른다.

❶ 은행잎, 단풍잎 컷으로 가을 느낌의 동요판 배경을 꾸민다.

- (초록나뭇잎이 붙은 동요판을 제시하며) 가을이 되면 초록색이던 은행잎이 노란색으로 변해요. 가을 나뭇잎 붙여 줄까요?

❷ 동요 '가을은'을 부른다.

♬ 가을은 가을은 노란색, (은행잎 컷을 가리키며) 은행잎을 보세요.

2. 동요 '잠자리'를 감상한다.

❶ 동요판에서 빨간 고추잠자리를 찾아본다.

- (잠자리 컷을 가리키며) 빨간 단풍잎 위에 누구지? *잠자리요.*
- 오늘은 이 빨간 잠자리랑 놀아 보아요.

❷ 동요 '잠자리'를 동요판 교구로 감상한다.

가. '잠자리(박양란 작사, 손대업 작곡)' 동요 내용을 스토리텔링으로 들려준다.

- (동요그림판에서 잠자리 컷을 자석으로 움직이며) 잠자리가 빙~빙~ 날아갑니다. 멍멍멍 강아지가 잠자리를 보았어요. …(중략)… 잠자리가 휙 날아가 버렸어요.

나. 동요 '잠자리'를 감상하고 불러 본다.

- 노래 가사에 맞는 동작을 하면서 노래를 불러 보자.
- 잠자리는 어떻게 표현하면 좋을까?

3. 잠자리가 되어 움직여 본다.

❶ (펠트로 된 잠자리 컷을 손가락에 끼우고) 잠자리가 되어 자유롭게 교실 내에서 움직인다.

❷ 교사의 지시에 따라 움직여 본다.
- (교실에 미리 붙여 둔 은행잎 사진 자료를 보며) 얘들아, 은행잎이 어디 있니?

♬ 잠자리 날아다니다 은행잎에(단풍잎에) 앉았다.

♬ 잠자리 날아다니다 머리 위(아래, 안, 밖, 밑)에 앉았다.

❸ 동시 내용처럼 잡기 놀이를 한다.
- (교사가 강아지 머리띠를 하고) 멍멍 저기 잠자리가 있네. 잡아 볼까?

4. 그림책으로 동요를 다시 감상한다.

- 이번엔 '잠자리' 동요를 그림책으로 만나 볼까요?
- (잠자리 동요 펼침면을 보며) 강아지가 잠자리를 보고 있네요.

5. 활동을 회상하고 동요를 부르며 마무리한다.

- 잠자리 놀이 했던 것 중에서 어떤 것이 재밌었나요?
- 잠자리 노래를 다시 불러 볼까?

확장 활동

⦿ 잠자리 시화집 만들기

- 활동 자료: A4 색지, 동요 가사 프린트, 잠자리 · 강아지 스티커
- 활동 방법

1. '잠자리' 노랫말을 A4 색지에 풀칠하여 붙인다.
2. 잠자리, 강아지 스티커를 붙인다.

◈ 비슷한 주제를 다룬 책(주제: 동요그림책)

『노래 노래 부르며』 이원수 외 작사, 홍난파 외 작곡, 장홍을 그림, 길벗어린이, 1997

유아 책 11

『가을아 어디 있니?』

변우만 글, 양윤미 그림, 대교북스주니어, 2011

책 소개

엄마는 민서에게 긴 소매 옷을 입혀 주며 가을이 왔다고 이야기한다. "가을아 어디 있니?"라고 아무리 불러도 대답이 없자 민서는 가을을 찾아 나선다. 귀뚜라미 소리, 노란 고구마와 밤의 맛, 코를 찌르는 은행나무의 냄새……, 그중에서 민서는 단풍잎, 은행잎, 코스모스, 감을 스케치북에 그려 가을을 집으로 데려온다.

읽기의 특징

- **의성어 첨가하며 읽기**

  (그림책 속 귀뚜라미 그림부분을 유아가 짚으면) "귀뚤귀뚤"
- **노래 곁들여 읽기**

  (은행잎을 짚으며) ♬ 가을은 가을은 노란색 은행잎을 보세요.

활동 가을을 찾아보아요

활동 대상 만 4세

활동 목표

- 가을풍경의 아름다움을 느끼고 즐긴다.

  (자연탐구 〉 과학적 탐구하기 〉 생명체와 자연현상 알아보기)

- 간단한 패턴의 규칙성을 찾아보고 만들어 본다.
  (자연탐구 〉 수학적 탐구하기 〉 규칙성 이해하기)

활동 자료

그림책, 동요 '가을은(김성균 곡)' 음원, 가을 풍경 찾기 그림 자료(OHP 필름+A4크기 검정 색지), 종이 돋보기(유아 수만큼), 패턴 카드, 찍기용 도장, 물감(노랑, 빨강, 분홍, 주황), 흰색 도화지(10㎝×9.5㎝, 4장), 접시 4개(팔레트용), 펠트 4조각(접시보다 작은 크기)

활동 방법

노래 부르기 ➡ 그림책 감상 ➡ 가을 찾기 ➡ 가을 패턴 도장 찍기 ➡ 작품감상

1. '가을은'동요를 부른다.
- 가을이 온 것을 어떻게 알 수 있을까?
- 노래로 가을을 만나 보자.

♬ 가을은 가을은 노랑색 은행잎을 보세요~

2. 그림책을 감상한다.

❶ 표지를 탐색한다.
- (표지를 보여 주며) 이 친구가 무엇을 하고 있는 것 같니? *누굴 부르고 있어요.*
  "가을아 어디 있니?" (책 제목)

❷ 의성어를 첨가하며 읽는다.
- (귀뚜라미 그림부분을 유아가 짚으면) 귀뚤귀뚤~

❸ 노래를 곁들여 읽는다.
- 가을은 어떤 색깔일까? (은행잎 그림부분을 짚으며)
  ♬ 가을은 가을은 노란색 은행잎을 보세요.

3. OHP 필름에 그린 가을 풍경 그림 자료에서 가을을 찾아 본다.
- 여기 비밀 그림이 있어요. 종이 돋보기를 이용해서 가을을 찾아보세요.

4. 은행잎, 단풍잎, 코스모스, 감 모양이 붙은 도장으로 패턴놀이를 해 본다.

- (간단한 순서의 패턴 카드를 보여 주며) 이 카드에는 어떤 순서가 있어. 어떤 순서로 놓여 있니? 그 순서대로 도장을 찍어 보자.
- 이번에는 도장으로 나만의 패턴카드를 만들어 볼까?

5. 활동을 평가한다.

- 가을이 되어야 볼 수 있는 것들은 어떤 것들이 있었니?
- 종이 돋보기로 '가을' 찾기 놀이를 할 때 그 그림에 더 숨겨 놓고 싶은 것이 있니? 무엇이니?
- 패턴 놀이할 때 어떤 패턴 찍기가 가장 어려웠니?

교구공방

⊙ 찍기도장

- **준비물:** 두께 2mm EVA(빨강, 노랑, 분홍, 주황), 백업(지름 3cm, 길이 6cm), 양면테이프

① EVA에 3cm보다 작은 크기의 단풍잎, 은행잎, 코스모스, 감 도안을 그려서 칼이나 가위로 오린다.

② 지름 3cm 공작용 백업을 길이 6cm 정도로 잘라 준비해 둔다.

③ 백업에 양면테이프를 붙이고 잘라 놓은 EVA도안을 붙인다.

수업메모

- 간단한 '가나'패턴 형태의 카드가 익숙해지면 '가나다', '가가나', '가나나' 등의 패턴으로 확장한다. 또는 예시한 패턴 탐색을 통해 패턴의 규칙을 이해하고 그것이 익숙해지면 유아가 활동지에 패턴을 만들어 본 다음, 활동지의 빈칸에 다른 유아가 순서대로 도장을 찍어 본다.
- 도장 찍기로 작은 책을 만들거나 벽면에 전시할 수 있다.

◈ 비슷한 주제를 다룬 책(주제: 가을)

『숲속의 숨바꼭질』 수에요시 아키코 글, 하야시 아키코 그림, 고광미 옮김, 한림출판사, 2000

『알록달록 가을』 이영미 글, 전선영 그림, 국민서관, 2016

『하나와 두리』 이소현 글, 최서경 그림, 국민서관, 2016

유아 책 12

『잠자리 꽁꽁, 내 손 끝에 앉아라!』

우메다 요시코 글, 우메다 슌사쿠 그림, 엄혜숙 옮김
우리교육, 2008

책 소개

장수잠자리를 발견한 소년은 모자도 던져 보고, 지치도록 달려 보지만 잠자리는 쉽게 잡히지 않는다. 그러다 그만 물웅덩이에 빠지고 만다. 소년은 스스로 풀이 되어 잠자리가 손끝에 앉기를 기다린다. 기다리다 지쳐 눈을 감으니 꿈인 듯 상상의 나라로 날아갔다가 현실로 돌아온다. 부부 작가가 함께 만든 작품으로 생태와 판타지가 만난 자연 그림책의 묘미를 잘 살린 그림책이다.

읽기의 특징

- **문제 해결 방법에 대해 묻고 답하며 읽기**
  잠자리를 잡는 방법에 대해 상호작용한다.
- **주인공의 정서를 추측해 보며 읽기**
  그림에 나타난 상황과 그에 따른 기분에 대해 이야기 나눈다.
- **동작과 함께 운율을 살려 읽기**
  손가락으로 잠자리를 잡는 모양을 흉내 내며 전래 동요 느낌으로 읽는다.

활동 잠자리 꽁꽁!

활동 대상 만 5세

활동 목표

- 잠자리의 움직임을 몸으로 표현해 본다.
  (예술경험 〉 예술적 표현하기 〉 움직임과 춤으로 표현하기)
- 잠자리 놀잇감을 이용한 균형 잡기 놀이를 통해 평형 감각을 기른다.
  (신체운동·건강 〉 신체조절과 기본운동하기 〉 신체조절하기)

활동 자료

그림책, 동요 '잠자리 꽁꽁' 음원, 균형 잡는 잠자리(잠자리 본, 두꺼운 도화지, 사인펜, 색연필, 클립), 풀

활동 방법

동요 '잠자리' 부르기 ➡ 그림책 감상 ➡ 잠자리의 움직임을 몸으로 표현하기 ➡ 균형 잡는 잠자리 만들기

1. **전래 동요 '잠자리 꽁꽁'을 감상한다.**
- 옛날부터 아이들이 부르던 '잠자리 꽁꽁' 이라는 노래가 있어.
  ♬ 잠자리 꽁꽁 꼼자리 꽁꽁 이리와라 꽁꽁 저리가라 꽁꽁
- 이 노래는 왜 부르게 되었을까?

2. **그림책을 감상한다.**

❶ 표지를 탐색한다.
- 이 남자 아이의 모습이 어떠니?
- 무엇을 하고 있는 것 같니? 왜 이런 모습으로 있을까?

❷ 그림 읽기를 하며 유아에게 질문을 한다.
- (속표지의 그림을 보며) 남자 아이가 그림을 그리고 있는데, 윙~ 뭔가가 날아갔어. 누굴까?
- (하늘을 나는 장면에서)이 친구는 어떤 기분일까? 하늘에서 무엇을 보았을까?

❸ 문제 해결 방법에 대해 알아보며 읽는다.
- 어떻게 하면 잠자리를 잡을 수 있을까?

❹ 주인공의 정서를 헤아려 보며 읽는다.
- 야, 너! 날 놀렸어 가만두지 않을 거야. 물에 빠진 이 친구는 기분이 어땠을까?

❺ 동작을 곁들여 리듬감 있게 읽는다.
- 검지를 뱅뱅 돌리며 잠자리를 잡아 볼까? *잠자리 꽁꽁, 눈알 뱅뱅*

- (아이가 풀이 되는 장면에서) 잠자리가 정말 손가락 위에 앉을까? 같이 해 볼까? *잠자리 꽁꽁, 내 손 끝에 앉아라.*

3. 잠자리의 움직임을 몸으로 표현해 본다.

- 잠자리처럼 움직여 볼까?
  (양팔 벌리기 → 양팔 벌리고 천천히 걷기 → 양팔 벌리고 달리기 → 양팔 벌리고 돌기 → 양팔 벌리고 멈추기)
- 노래를 부르며 잠자리처럼 움직여 보자.
  ♬ 잠자리 꽁꽁~ 날개를 펼쳐라 잠자리 꽁꽁~ 천천히 날아라
  잠자리 꽁꽁~ 빨리빨리 날아라 잠자리 꽁꽁~ 윙 윙 돌아라

4. '균형 잡는 잠자리'를 만들어 본다.

❶ 잠자리 도안을 꾸미고, 클립을 이용하여 '균형 잡는 잠자리'를 만들어 본다.

❷ '균형 잡는 잠자리'를 손끝에 올리고 위치의 변화를 주며 조작해 본다.
♬ 잠자리 꽁꽁~ 내 손 끝(책상 위, 어깨, 바닥 등)에 앉아라.

5. 활동을 회상하며 평가한다.

- 잠자리처럼 움직여 보니 어땠니?
- 중심잡기가 어렵지 않았니?

수업메모

- 잠자리 움직임을 표현할 때 사진자료나 동영상을 활용할 수 있으나, 가능하다면 야외에 나가 실제 잠자리의 움직임을 관찰해 보도록 한다.

비슷한 주제를 다룬 책(주제: 잠자리)

『세밀화로 보는 왕잠자리 한살이』 권혁도 글·그림, 길벗어린이, 2013
『멋진 사냥꾼 잠자리』 안은영 글·그림, 길벗어린이, 2005

유아 책 13

『털보 아저씨의 행복 우산』

이송은 글, 배욱찬 그림, 국민서관, 2016

책 소개

털보 아저씨네 죽집에 준비된 우산들은 비 오는 날 아무런 대가 없이 빌려주는 행복 우산이다. 작은 우산 하나로 이웃을 도와주는 따뜻한 정과 나눔의 기쁨을 느낄 수 있는 그림책이다. 그림책 속 포물선 찾기를 통해 이야기의 배경이 되는 동네의 풍경을 자연스럽게 살펴볼 수 있다.

읽기의 특징

- 면지를 이용하여 스토리텔링하기
- 뒷이야기 추측해 보기
- 노래 곁들여 읽기

활동 1 둥근 선으로 우리 동네를 꾸며요

◈ 활동 대상 만 4세

◈ 활동 목표

- 포물선을 이용하여 다양한 형태를 만들어 본다.
  (예술경험 〉 예술적 표현하기 〉 미술활동으로 표현하기)
- 친구들과 협력하여 OHP 필름 조형 놀이에 즐겁게 참여한다.
  (사회관계 〉 다른 사람과 더불어 생활하기 〉 친구와 사이좋게 지내기)
- 우리 동네 건물과 조형물의 모양과 형태에 관심을 갖는다.
  (사회관계 〉 사회에 관심 갖기 〉 지역사회에 관심 갖고 이해하기)

◈ 활동 자료

그림책, 빨간 포물선이 그려진 OHP 필름조각(1인당 2장), 동네 건물(조형물) 사진, 융판

◈ 활동 방법

포물선 만나기 ➡ 그림책 감상 ➡ 포물선 찾아보기(교실 · 우리 동네 사진) ➡ 포물선으로 놀이터 꾸미기

1. 둥근 포물선을 탐색한다.
- 점과 점을 이으면 무엇이 될까?
- (포물선을 그려 보이며) 그런데 똑바로 직선으로 긋지 않고 이렇게 우산처럼 둥글게 긋는 선도 있어.

2. 그림책을 감상한다.

❶ 앞표지를 탐색한다.
- 이 친구의 기분은 지금 어떤 것 같니?
- '털보 아저씨의 행복 우산'은 어떤 것일까?

❷ 그림책을 음향교구로 활용하며 읽는다.
- (비 내리는 장면에서 표지 뒤를 손끝으로 두드리며) 거참 이상하네.

❸ 책 속의 사건에 대한 이유에 대해 이야기 나눈다.
- ("아저씨, 왜 우산이 하나도 없어요?"까지 읽은 후, 빈 통을 가리키며) 얘들아, 왜 우산이 하나도 없을까?

❹ 뒷이야기를 예측해 본다.
- 지금 우산 통이 비어 있는데 그 다음에 어떤 일이 일어날까?

❺ 포물선을 찾아보며 그림책을 한 번 더 감상한다.
- 그림 장면마다 포물선이 있어요. 찾아볼까요?

3. **교실에서 포물선을 찾아본다.**
- 우리 교실에도 둥근 선 모양이 있어요. 찾아볼까요?(연필꽂이, 화분, 컵, 나뭇잎 등)

4. **포물선이 그려진 OHP 필름을 이용하여 동네 건물 및 조형물 사진 속에서 숨은 선을 찾아보고 이야기 나눈다.**
- (사진을 제시하며) 우리 동네 사진이에요. 우리 동네에도 이렇게 둥근 선이 있어요.
- 이곳은 어디인가요? 무엇을 하는 곳일까요?

5. **포물선이 그려진 OHP 필름을 이용해 조형 놀이를 한다.**
- (소그룹으로 모여) 여기는 텅빈 놀이터인데 놀이 시설이 아직 없대. 우리가 마법의 선으로 재미있는 놀이터를 만들어 볼까?

6. **활동을 회상하며 평가한다.**
- 우리가 둥근 선으로 무엇을 만들었는지 볼까?
- 둥근 선으로 표현한 것 중에서 가장 기억에 남는 모양은 무엇이니?
- 우리 동네의 사진을 살펴보면서 새롭게 알게 된 곳이 있니?

확장 활동

⊙ 둥근 선으로 놀아요

- 활동 자료: 포물선 그려진 OHP 필름조각 여러 개, 연한 색 바탕종이
- 활동 방법

1. OHP 필름조각 2개로 자유롭게 조형을 해 본다.
   - 두 개의 둥근 선으로 무엇을 만들 수 있을까?
2. 인원수를 늘려가며 협동조형을 한다.
   - 친구랑 둘이서 네 개의 둥근 선으로 만들어 볼까?
   - 모둠끼리 여러 개의 선으로 만들어 보자.
3. 개별 및 협동조형 사진을 보며 감상하고 평가한다.
   - 두 개의 둥근 선이 무엇이 되었는지 볼까?
   - 똑같은 선으로 친구들이 여러 가지 모양을 만든 것을 보니 어떤 생각이 드니?
   - 친구들이 함께 만들었을 때 가장 기억에 남는 작품은 무엇이니?

수업메모

- 동네 배경 사진을 준비할 때, 포물선 크기에 맞춰 사진을 프린트한다.
- 비슷한 조형이 나왔을 때에도 부연, 확장하는 상호작용을 통해 유아의 표현을 격려한다.
- 이 동화는 인성교육의 주요 요소인 '나눔'과 연결지어 다룰 수 있다.

◈ 비슷한 주제를 다룬 책(주제: 우리 동네)

『무지개 아줌마』 닐 그리피스 글, 주디스 블레이크 그림, 김진선 옮김, 이숲, 2013

『뜨레풀 책놀이 6』, 「나들이 가요」 이송은 글, 문정희 그림, 동심, 2009

유아 책 14

『파도야 놀자』

이수지 글 · 그림, 비룡소, 2009

책 소개

한 장, 한 장, 주인공을 따라가다 보면 이야기 속으로 빠져들게 되는 글 없는 그림책이다. 펼침면 사이에 생긴 경계선을 활용하여 작가는 이야기를 전개하고 있다. 그림책에 사용된 색은 검정과 파랑뿐이지만 파도의 진한 칼라감이 느껴질 정도로 생동감이 있다.

읽기의 특징

- 책날개부터 앞표지, 뒤표지까지 읽기
- 앞 · 뒤 면지 비교하며 읽기
- 주인공 대사 만들며 읽기
- 그림을 읽으며 상호작용하며 읽기

활동 파도야 놀자!

활동 대상 만 4세

활동 목표

- 그림을 보며 이야기를 만들어 본다.
  (의사소통 〉 말하기 〉 느낌, 생각, 경험 말하기)

- 음악을 들으며 파도를 움직임으로 표현한다.
  (예술경험 〉 예술적 표현하기 〉 움직임과 춤으로 표현하기)
- 조개껍질로 여러 가지 모양을 만들어 본다.
  (예술경험 〉 예술적 표현하기 〉 미술활동으로 표현하기)

활동 자료

그림책, 소리 상자, '은파(와이먼 곡)' 음원, '베이포트 스케치(J. 스피어스 곡)' 음원, 파란 보자기, 조개껍질

활동 방법

소리탐색 ➡ 그림책 감상 ➡ 파도 관련 음악 감상 ➡ 파도 표현하기 ➡ 조개껍질 조형 놀이

1. **소리상자를 이용해 파도 소리를 들어 본다.**
- (상자를 좌우로 천천히 기울이며) 무슨 소리일까?

2. **그림책을 감상한다.**

❶ 책 표지를 탐색한다.
- (책 표지를 보여 주며) 여기는 어디일까?
- 여기서 소리가 난다면 어떤 소리가 날까?

❷ 앞면지를 살펴본다.
- 이게 뭘까? 무엇 같아 보이니?

❸ 여자아이의 대사를 만들며 읽는다.
- 여자아이가 달려가며 뭐라고 말할까?

❹ 그림을 잘 살펴보도록 상호작용을 하며 읽는다.
- 지금 이 여자아이의 기분이 어떨까?
- 엄마는 어디 계시니?

❺ 뒤 면지와 뒤표지까지 그림 읽기를 한다.

3. **파도를 연상시키는 음악을 들으며 그림책에서 그 음악에 어울리는 장면을 찾아본다.**
- ('은파'를 들려주며) 이 음악에 어울리는 파도는 어떤 그림일까?

- ('베이포트 스케치'를 들려주며) 음악이 힘차구나. 이 음악에 어울리는 장면은 어느 장면일까?

4. **파란 보자기로 파도놀이를 한다.**

❶ 보자기로 파도놀이를 한다.
- (보자기 약하게 흔들며) 조그마한 파도가 살랑살랑 쳐요.

- (보자기 세차게 흔들며) 큰 파도가 거세게 쳐요.

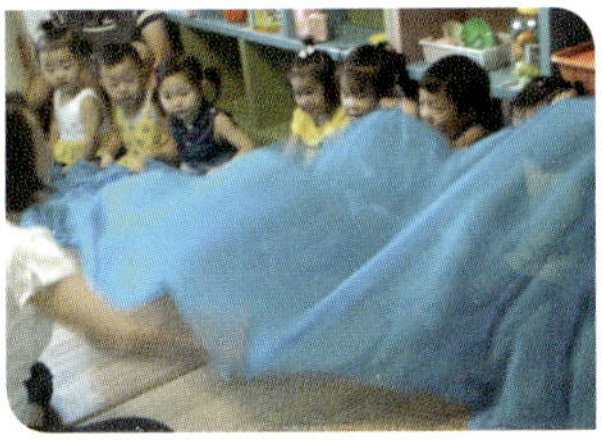

❷ 음악에 맞추어 보자기로 파도놀이를 한다.
- ('은파'를 들려주고) 파도가 약하게 치네요.
- ('베이포트 스케치'를 들려주며) 파도가 세게 쳐요.

5. **조개껍질을 이용해 조형놀이를 한다.**

❶ 조개껍질을 탐색한다.
- 파도가 우리에게 선물을 주고 갔어. 짠! 조개껍질이지.
- (조개를 한 개씩 나눠 주고) 만져 볼까? 어떤 느낌이니?

❷ 조개껍질 생김새를 살펴본다.
- 구멍이 있는 조개를 찾아볼까?
- 뾰족한 모양의 조개껍질도 있니?

❸ 조개껍질로 조형놀이를 한다.
- 큰 조개에 작은 조개를 담아 볼까?
- 조개껍질로 사람을 만들 수 있대.

- 엄마조개가 아기조개를 업어주네.

6. **활동을 회상하고 평가한다.**

- 책에 쓰여 있는 글을 읽을 때(들을 때와)와 그림을 보고 내가 이야기를 만들어 갈 때는 어떻게 달랐니?
- 두 가지 음악을 들으며 파도를 표현해 본 기분이 어땠니?
- 조개껍질로 무엇을 만든 게 재미있었니?

교구공방

⊙ 파도소리 상자

- **준비물:** 와이셔츠 포장상자, 쌀알, 그림책표지 그림, 풀

① 상자 윗면에 그림책표지를 붙인다.

② 쌀알을 넣는다.

③ 뚜껑을 덮고 천천히 좌우로 기울이면 소리가 난다.

수업메모

- 조개껍질 조형 놀이 시 날카로운 조개는 피하고 안전에 유의한다.

◈ **비슷한 주제를 다룬 책(주제: 바다, 파도)**

『갯벌이 좋아요』 유애로 글 · 그림, 보림, 1995

유아 책 15

『꿈에서 맛본 똥파리』

백희나 글·그림, 책읽는곰, 2014

책 소개

어느 연못가에 올챙이 동생들을 보살펴 주는 큰오빠 개구리가 있었다. 큰오빠 개구리는 여기저기서 파리를 잡아 달라고 보채는 동생들의 부탁을 들어 주느라 하루 종일 굶은 채 잠이 든다. 그런데 꿈속에서 세상에서 가장 맛있는 오묘한 맛의 똥파리를 맛보게 된다.

새로운 재료와 기법으로 독자의 상상력을 자극하는 백희나 작가의 그림책으로, 빛을 이용한 입체감과 밝고 은은한 색감의 일러스트가 큰오빠 개구리의 따뜻함을 더해 준다.

읽기의 특징

- 뒤표지 그림으로 시작해서 앞표지로 연계하기
- 바탕글을 여동생으로 설정하여 읽기
- 그림책 속 등장인물의 모습을 흉내 내며 읽기

활동 1 파리를 날름!

◈ 활동 대상 만 5세

◈ 활동 목표

- 놀이를 통해 나눔의 기쁨을 경험한다.
  (사회관계 〉 다른 사람과 더불어 생활하기 〉 공동체에서 화목하게 지내기)
- 호흡을 유지하며 눈과 손을 협응하여 움직임을 조절한다.
  (신체운동 · 건강 〉 신체조절과 기본운동하기 〉 신체조절하기)

◈ 활동 자료

그림책, 동요 '올챙이송' 음원, 개구리 모자(교구공방 참조), 융판, 큰오빠 개구리 컷, 다양한 먹이그림 자료(파리, 모기, 거미, 쥐, 뱀 등), 코끼리 나팔(블로우 아웃), 빨간 접착 융

◈ 활동 방법

동요 ➡ 그림책 감상 ➡ 개구리 먹이 잡기 놀이 ➡ 큰오빠 개구리 먹이 주기

1. '올챙이송'을 부르며 율동을 한다.

♬ 개울가에 올챙이 한 마리~

2. 그림책을 감상한다.

❶ 뒤표지 개구리 그림을 앞표지로 연계해서 읽는다.
- 여기 개구리가 연잎 위에서 뭐 하고 있는 걸까?
- (개구리의 긴 혓바닥을 가리키며) 이게 뭘까? 우리 함께 따라가 볼까?
- (그림책 앞표지의 똥파리 그림과 제목 중 '똥파리' 글자를 가린 후) 개구리 혓바닥이 어디로 가고 있니? 접시에 뭐가 있을까?

❷ 면지를 탐색한다.
- 동글동글 이게 뭘까? 여기 모양이 다른 하나가 있네.

❸ 속표지에 있는 올챙이로 이야기를 시작한다.
- 알에서 먼저 깬 올챙이야. 내가 개구리가 될 수 있도록 노래를 불러 줄래?

♬ 개울가에 올챙이 한 마리~

❹ 주인공 모습을 흉내 내며 대사를 첨가하여 읽는다.

예 (두 번째 펼침면, 개구리 눈동자의 시선이 파리를 향하며)윙~~ 윙~~ (여섯 번째 펼침면, 파리를 잡는 개구리 혀의 움직임을 손을 뻗어 표현하며)휘 – 익

3. '파리를 날름! 1' 놀이를 한다.

❶ 개구리 모자를 쓴다.

❷ 개구리 먹이를 각자 나눠 받는다.

❸ 코끼리 나팔을 불어 먹이를 잡은 후, 친구 개구리 입에 붙여 준다.
- 큰오빠 개구리처럼 먹이를 잡아 볼까? 휘! 척!
- 잡은 먹이를 친구한테 나눠 주자.

4. '파리를 날름! 2' 놀이를 한다.

❶ 다양한 먹이그림 자료(파리, 모기, 거미, 쥐, 뱀 등)를 탐색한다.
- 수고한 큰오빠 개구리한테도 먹이를 주자. 여기 많은 먹이들이 있어.

❷ 코끼리 나팔을 불어 큰오빠 개구리가 먹을 수 있는 먹이를 잡는다.

❸ 잡은 먹이를 큰오빠 개구리 컷에 붙여 준다.
- 오빠, 맛있게 먹어. 동생 돌보느라 수고했어.

5. 활동을 회상하고 마무리한다.
- 잡은 먹이를 친구에게 줄 때 기분이 어땠니?
- ○○는 큰오빠 개구리한테 어떤 먹이를 주었니?

확장 활동

⊙ 개구리 성장 과정 게임

• 활동 자료: 개구리 모자

• 활동 방법

1. 개구리의 성장 과정을 몸으로 표현해 본다.
   - 우리 모두 개구리 알이 되어 볼까?
2. '개구리 성장 과정 게임'을 한다.
   ① 유아끼리 가위바위보를 해서 이긴 사람은 알에서 다음단계 올챙이로 변신을 하고, 지면 다음 가위바위보를 기다린다.
   ② 개구리로 변신할 때까지 가위바위보를 진행한다.
3. 각 단계를 거쳐 유아가 개구리로 변신하면 개구리 모자를 쓴다.

교구공방

⊙ 개구리 모자

• **준비물:** 초록 색지(4절), 흰 고무밴드, 흰 동그라미(지름 7㎝), 빨간 접착 융, 검정매직

① 초록 색지를 반으로 접은 다음 45㎝×18㎝ 크기의 반 타원을 그린 후 오린다.
② 오린 색지의 양쪽 끝을 사선으로 접어 풀로 붙여 준다.
③ 색지를 뒤로 돌린다.
④ 색지의 둥근 아랫부분을 접어 올린다.
⑤ 입(빨간 융)과 눈을 붙이고, 양쪽 모서리 부분에 고무밴드로 고정시킨다.

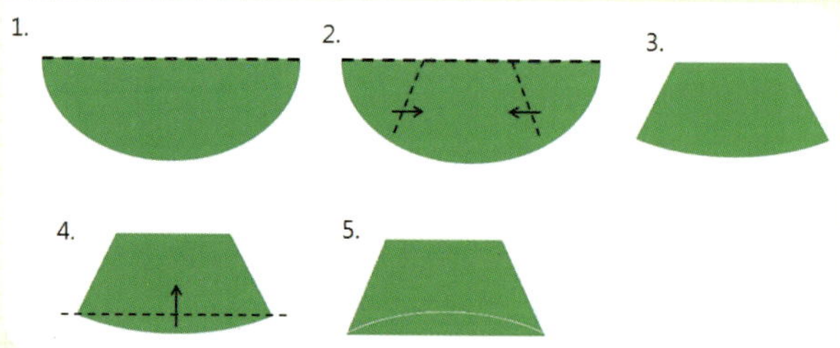

⊙ 개구리 혀

• **준비물:** 코끼리 나팔(블로우 아웃), 빨간 접착 융

① 코끼리 나팔을 펼쳐서 끝부분(말리는 방향의 반대쪽)에 접착 융 조각을 붙인다.

⊙ 다양한 먹이그림 자료

• **준비물:** 파리, 모기, 거미, 쥐, 뱀 등 칼라 그림

① 준비된 먹이그림 자료를 코팅 후 자른 다음 앞뒤에 까끌이를 붙인다.

수업메모

• 바탕글을 여동생 어투로 읽으면 더욱 실감난다.

• 개구리 모자 접기를 사전활동으로 만들어 보거나, 모－자수업에서는 함께 만들어 볼 수 있다.

• 코끼리나팔에 잘 붙지 않을 경우, 나팔을 불어 끝부분을 손으로 살짝 눌러서 잡는다.

비슷한 주제를 다룬 책(주제: 개구리, 형제)

『입이 큰 개구리』 키스 포크너 글, 조나단 램버트 그림, 정채민 옮김, 미세기, 2001

『터널』 앤서니 브라운 글·그림, 장미란 옮김, 논장, 2002

『내 동생 싸게 팔아요』 임정자 글, 김영수 그림, 아이세움, 2006

유아 책 16

『악어가 쿵, 작은 새가 포르르』

이은경 글·그림, 대교북스주니어. 2013

책 소개

커다란 악어가 졸음에 겨워 '스르르' 잠드는 사이에 배고픈 작은 새가 악어 입속으로 날아든다. 악어 입이 닫히자 작은 새의 생사 여부를 알 수 없어 모두들 숨을 죽이는데, 잠시 후 악어 입이 열리고 배가 볼록해진 작은 새가 나온다. 서로 도움을 주고받는 악어와 악어새의 공생관계가 따뜻하게 표현되어 있다. 맑고 투명하게 번지는 수채화의 질감이 편안하고 서정적인 느낌을 준다.

읽기의 특징

- 등장인물의 정서 반영하여 읽기
- 책을 교구로 사용하며 읽기
- 장면 속 그림 비교하며 읽기

활동 악어와 악어새 놀이

활동 대상 만 5세

활동 목표

- 악어와 악어새의 관계를 안다.
  (자연탐구 〉 탐구하는 태도 기르기 〉 호기심을 유지하고 확장하기)

- 친구와 협동하며 게임에 즐겁게 참여한다.
  (사회관계〉 다른 사람과 더불어 생활하기〉 친구와 사이좋게 지내기)

활동 자료

그림책, 색종이, 종이테이프

활동 방법

동물 수수께끼 ➡ 그림책 감상 ➡ 악어와 악어새 매스게임

1. **그림책의 등장인물을 수수께끼와 동요로 만나 본다.**

- 난 다리가 아주 짧아요.
- 커다란 입을 가지고 있지.
- 뾰족한 이빨도 가지고 있어.
- 온몸이 초록색이야.
- 강이나 늪지대에 살고 있지. 나는 누구일까요? *악어*

♬ 정글 숲을 지나서 가자~

2. **그림책을 감상한다.**

❶ 앞표지와 속표지를 가리고 탐색한다.
- (제목의 글씨를 가린 채 그림만 보여 주며) 무엇이 보이니? *악어, 새, 꽃*
- 악어 기분이 어떤 것 같니?

❷ 리듬감을 살려 읽는다.
예 햇살이 따끈따끈(↗) / 악어가 좋아요(↘) / 스르르(↗) 스르르(↘)

❸ 뒷이야기를 예측해 본다.
- (악어 입 안에 작은 새가 앉은 장면에서) 작은 새가 어떻게 되었을까?

❹ 책을 교구처럼 활용하며 읽는다.
- (손으로 페이지를 흔들며) 살랑살랑 불던 바람이~
- (책 뒤로 교사의 얼굴을 감추며) 해님이 구름 속으로 쏘옥
- (손끝으로 책을 두드리며) 똑똑.

❺ 앞과 뒤의 장면을 비교하며 그림 읽기를 통해 내용을 이해한다.

- 작은 새 배가 뽈록. 어떻게 된 걸까?

❻ 마지막 장면까지 읽은 후 표지의 제목을 확인한다.
- (마지막 장면) 악어도 작은 새도 좋아요. 스르르스르르 작은 새가 자는 모습이 어떤 것 같니? *행복해요.*
- (앞표지의 종이를 떼어내며) 오늘 우리가 읽은 책 제목은 『악어가 쿵, 작은 새가 포르르』였어.

3. 매스게임 형태로 '악어와 악어새' 놀이를 한다.

❶ 외국동요 'Are you sleeping' 가락에 책 내용을 개사해 동작과 함께 부른다.

♬ 악어가 쩌－억, 악어가 쩌－억, 새가 포르르 새가 포르르
악어가 좋아요. 악어가 좋아요. 스르르르, 스르르르.
악어가 쿵! 악어새가 콕

❷ 빨강·파랑·노랑 테이프로 아이들의 놀이 위치를 지정해 준다.

❸ 양쪽으로 마주 보고 서서 옆 친구끼리 손을 잡는다.
- 너희들은 지금부터 빨간 선에 서서 악어의 입이 될 거야. 선생님은 (노란 선에 서서) 악어새가 되어 볼게.

❹ 아이들 몸에 색종이 조각(악어 이빨에 낀 찌꺼기)을 붙인다.
- 악어의 입속에 찌꺼기가 잔뜩 끼었어. 그런데 악어는 팔이 짧아서 스스로 이를 닦을 수 없단다. 악어의 이가 썩으면 몽땅 뽑아야 한대. 그래서 작은 새가 포르르 날아가 찌꺼기를 청소해 줄 거야.

❺ 노래 '악어가 쩌억'에 맞춰 뒷걸음치며 파란 선까지 물러나 간격을 벌리면, 그 사이로 악어새가 '새가 포르르' 하고 노래를 부르며 들어간다.

❻ '악어가 쿵' 가사에 맞춰 악어들은 악어 입이 닫히듯 악어새를 가둔다.

❼ '악어새가 콕' 가사에 맞춰 악어새가 한 아이의 몸에 붙은 색종이를 떼어낸다.

❽ 전래 동요 '여우야, 여우야 뭐 하니'를 개사한 노래를 주고받는다.

♬ 악어새야 악어새야 뭐 하니? – 밥 먹는다./
무슨 반찬? – 찌꺼기 반찬/
아이고 시원해 정말 고마워 – 아이고 배불러 나도 고마워.

❾ '하나, 둘, 셋' 구령에 맞춰 악어 입을 벌려 빨간 선에 선다.

❿ 찌꺼기를 떼인 아이가 다시 악어새가 되어 놀이가 반복된다.

⓫ 모든 아이들의 몸에서 컷이 떼어지면 놀이가 끝난다.

5. **활동을 회상하며 이야기 나눈다.**

- 악어새는 악어 입에서 어떤 일을 했니?
- 악어와 악어새 놀이할 때 무엇이 재미있었니?

수업메모

- 수업 시작하기 전에 미리 교실 바닥에 종이테이프로 길게 출발선을 표시해 둔다.
- 시간에 따라 악어새 역할을 두 명씩하고 모두가 극놀이에 참여하도록 한다.

비슷한 주제를 다룬 책(주제: 믿음, 친구)

『우리는 친구』 앤서니 브라운 지음, 장미란 옮김, 웅진주니어, 2008

『악어오리 구지구지』 천즈위엔 지음, 박지민 옮김, 예림당, 2003

유아 책 17

『집 나가자 꿀꿀꿀』

야규 마치코 글·그림, 고향옥 옮김, 웅진주니어, 1999

책 소개

아기 돼지 뿌와 톤과 양은 집에서 말썽만 피우고 당근 먹기를 거부하다가 엄마에게 혼이 난다. 세 마리 아기 돼지는 집을 나와 토끼네 집, 악어네 집, 까마귀네 집을 찾아가지만 그때마다 마음에 들지 않는다. 마지막에는 자기들끼리 집을 지어 보기도 하지만 결국, 엄마가 있는 집이 그리워진다. 집으로 돌아간 돼지들은 이렇게 외친다. '역시 우리 집이 최고야!'

읽기의 특징

- **바탕글의 상황을 등장인물 대사로 만들어 첨가하기**
- **등장인물 변별하여 읽기**

  비슷한 연령대의 등장인물일 경우, 높이, 속도, 굵기를 달리하여 설정한다.

  성격설정의 예) 뿌: 굵고, 낮고 느린 톤의 소년
  톤: 중간 높이와 굵기의 단조로운 소년
  양: 가늘고 높고, 빠른 소녀
- **노래 곁들여 읽기**

  그림책의 원문을 친숙한 동요의 곡조를 이용해 노래로 부른다.

활동 좋은 집을 찾아가요

◈ 활동 대상 만 4세

◈ 활동 목표
- 가족의 소중함을 안다.
  (사회관계 〉 가족을 소중히 여기기 〉 가족과 화목하게 지내기)
- 또래와 함께 동극에 즐겁게 참여한다.
  (예술경험 〉 예술적 표현하기 〉 극놀이로 표현하기)

◈ 활동 자료

그림책, 동극용 교구(머리띠, 문), 대형 수건

◈ 활동 방법

수수께끼 ➡ 그림책 감상 ➡ 이야기 나누기 ➡ 동극

1. '집'에 대해 수수께끼를 풀어 본다.

- 옛날부터 사람들은 이걸 만들었어. 하루의 일을 마치면 사람들은 모두 이곳으로 돌아가지. 여기서는 밥도 먹고 잠도 자고 놀기도 해. 이곳은 어디일까?

2. 그림책을 감상한다.

❶ 앞표지를 탐색한다.
- 돼지들의 기분이 어때 보이니?
- 무얼 하는 것 같니?

❷ 바탕글의 내용을 등장인물의 대사로 바꾸어 첨가해 읽는다.
(원문: 아기 돼지 뿌와 톤과 양이 수건을 가지고 싸우다가 엄마한테 혼났습니다.)
- 내 거야!(굵고 느리게)
- 내 거라고(높고 빠르게)
- 이거 내놔(가늘고 느리게)

❸ 반복되는 구절을 말하기 좋게 개작하여 강조하며 읽는다.

- 우리가 이 집 아이가 돼도 될까요? (원문: 우리, 이 집 아이가 되어도 돼요?)

❹ 노래를 곁들여 읽는다.
- (동요 '동무들아 오너라' 가락에 맞추어)
  ♬ 집나가자 꿀꿀꿀 꿀꿀꿀 꿀꿀꿀, 좋은 집을 찾아서 꿀꿀꿀 꾸-울

3. **그림책 내용을 회상하며 이야기를 나눈다.**
- 엄마한테 야단맞아 본 적 있니?
- 책 속의 돼지들처럼 집을 나가고 싶다는 생각이 든 적 있니?
- 돼지들은 왜 다시 집으로 돌아왔을까?

4. **동극을 한다.**

❶ 동화 속에 등장한 인물(뿌, 톤, 양, 엄마, 토끼, 악어, 까마귀)을 다시 살펴본다.

❷ 반복되는 구절과 노래를 함께 부른다.

❸ 반복되는 구절과 노래를 통해 각 역할의 대사를 말해 본다.

❹ 교사가 해설을 맡고 동극을 시작한다.
(토끼아주머니, 악어아저씨, 까마귀 아주머니 역할을 맡은 유아는 정해진 위치에 있고, 교사는 해설을 하며 나머지 유아와 함께 움직인다.)

5. **활동을 회상하고 평가한다.**
- 우리 가족과 우리 집이 정말 소중하다고 생각한 적은 언제니?
- 좋은 집을 찾아가는 동극 놀이를 했는데 너희 생각에는 어떤 집이 좋은 집일 것 같니?
- 동극놀이를 하면서 가장 기억에 남는 건 무엇이니?

동극대본*

각색: 이송은

해 설　(이끔이–교사) 어느 마을에 아기 돼지 세 마리가 살고 있었어요. 아기 돼지들은 늘 엄마에게 혼이 났지요. 그날도 아침부터 수건 때문에 싸움이 벌어졌어요.[1)]

돼지들　(모두 대형 수건 모서리를 잡고 당기며) 내 수건이야. 내 수건이라구!

엄 마　얘들아, 같이 쓰면 되잖아!

돼지들　(모두 대형 수건 모서리를 잡고 당기며) 내 수건이야. 내 수건이라구.

해 설　돼지들이 말을 전혀 듣지 않자 엄마는 너무 속이 상해 이렇게 외쳤어요.

엄 마　너희들! 이렇게 말 안 들으면 우리 집 아이 아니야. 당장 나가!

돼지1　우리 집 아이 아니래.

돼지2　좋아, 다른 집을 찾아보자.

돼지들　♬ 집 나가자 꿀꿀꿀 꿀꿀꿀 꿀꿀꿀,
　좋은 집을 찾아서 꿀꿀꿀꾸~울

해 설　돼지들이 제일 먼저 찾아간 집은 토끼네 집이었어요.

돼지들　안녕하세요? 우리가 이 집 아이가 돼도 될까요?

토 끼　좋지. 그런데 우린 매일 당근을 먹는데 괜찮겠니?

돼지들　당근? 그건 안 되겠다. 이 집도 아니야.
♬ 집나가자 꿀꿀꿀 꿀꿀꿀 꿀꿀꿀,
　좋은 집을 찾아서 꿀꿀꿀꾸~울

해 설　다음으로 찾아간 집은 악어네 집이었지요.

돼지들　안녕하세요? 우리가 이 집 아이가 돼도 될까요?

악 어　좋지. 그런데 난 어린 아기가 좋아. 우유병으로 먹고 낮잠도 자야 해.

돼지들　네? 우린 아기 아닌데. 이 집도 아니야.
♬ 집나가자 꿀꿀꿀 꿀꿀꿀 꿀꿀꿀,
　좋은 집을 찾아서 꿀꿀꿀꾸~울

해 설　다음으로 찾아간 집은 까마귀네 집이었지요.

돼지들　안녕하세요? 우리가 이 집 아이가 돼도 될까요?

까마귀　좋지. 그런데 우리 아기 기저귀 갈고 청소하고 빨래할 수 있겠니?

돼지들　네? 그건 너무 힘들겠다. 이 집도 아니야.

---

* 위 동극 대본은 2005년에 발간된『유아문학교육의 이론과 실제』(이송은 저, 창지사)의 192-193쪽에 수록된 내용을 옮긴 것임

♬ 집나가자 꿀꿀꿀 꿀꿀꿀 꿀꿀꿀,
좋은 집을 찾아서 꿀꿀꿀꾸~울

해 설 마침내 돼지들은 가지고 온 수건과 물건들로 집을 만들어 보기로 했어요. 처음엔 아무도 간섭하지 않고 놀 수 있어서 신이 났어요.

돼지들 와, 신난다. 재미있다.

해 설 하지만 금방 싫증이 나고 배도 고파졌어요.

돼지들 배고프다. 엄마 보고 싶어.

해 설 그때 멀리서 엄마가 부르는 소리가 들려왔어요.

엄 마 얘들아~ 밥 먹자.

해 설 돼지들은 모두들 뛰어갔어요. 산을 넘고 강을 건너 … 마침내 집에 도착했어요. 돼지들은 모두들 이렇게 외쳤어요.

돼지들 역시 우리 집이 최고야!
♬ 집나가자 꿀꿀꿀 꿀꿀꿀 꿀꿀꿀,
좋은 집은 여기야, 바로 우리 집

교구공방

⊙ 동극용품 문 교구 사진

- **준비물:** 우드락(가로 22.5㎝×세로 30㎝×두께 0.5㎝ −2절 전지의 ⅛), 접착 펠트, 뽕뽕이(지름 3.5㎝), 등장동물 컷

① 우드락 가운데부분을 'ㅁ' 자로 도려낸다.
② 도려낸 'ㅁ' 부위를 다시 끼우고 그 위에 접착 펠트를 붙인 다음, 'ㄷ' 자로 잘라 문처럼 열리게 한다.
③ 뽕뽕이(손잡이)와 동물 컷을 붙여 완성한다.

◈ 비슷한 주제를 다룬 책(주제: 가족)

『언제까지나 너를 사랑해』 로버트 먼치 글, 안토니 루이스 그림, 김숙 옮김, 북뱅크, 2000

『뜨레풀 책놀이 1』, 「뚱땅 목수 아저씨」 동화가 있는집 글, 이혜영 그림, 동심, 2008

유아 책 18

『코끼리 아저씨와 100개의 물방울』

노인경 글·그림, 문학동네, 2012

책 소개

아빠 코끼리가 양동이 가득 물을 담고 집으로 가는 험난한 여정을 픽셀아트로 표현한 그림책이다. 양동이에 담긴 100개의 물방울은 뜨겁게 내리쬐는 뙤약볕, 덜컹덜컹 흔들리는 자전거에, 절벽에서 떨어지는 사고 등으로 점점 줄어든다. 집에 도착하기도 전에 100개의 물방울은 모두 사라지고, 속상한 아빠 코끼리는 눈물을 흘린다. 하늘에서 비가 내리고 다시 100개의 물방울을 채운 아빠 코끼리는 아기 코끼리들에게 달려간다. 어리숙하고 둔한 아빠 코끼리의 모습이 웃음을 자아내는 한편, 아이들은 알지 못하는 아빠의 수고와 사랑을 감동적으로 그려냈다.

읽기의 특징

- 그림 관찰하며 읽기
- 등장인물의 정서 반영하며 읽기
- 동요 부르며 읽기
- 책을 교구로 활용하며 읽기

활동 코끼리 아저씨를 도와요

◈ **활동 대상** 만 5세

◈ **활동 목표**

- 아빠의 사랑과 수고에 감사하는 마음을 갖는다.
  (사회관계 〉 가족을 소중히 여기기 〉 가족과 화목하게 지내기)
- 규칙을 지키며 게임에 즐겁게 참여한다.
  (사회관계 〉 다른 사람과 더불어 생활하기 〉 사회적 가치를 알고 지키기)
- 게임을 통해 신체조절 능력과 균형 감각을 기른다.
  (신체운동·건강 〉 신체조절과 기본운동하기 〉 신체조절하기)

◈ **활동 자료**

그림책, 물방울 10개(파란 볼풀 공), 양동이(소-2개, 대-2개), 신호악기, 유니바

◈ **활동 방법**

그림책 감상 ➡ 이야기 나누기 ➡ 물방울 나르기 게임 ➡ 평가

1. **그림책을 감상한다.**

❶ 앞표지의 그림을 자세히 관찰한다.
- (앞표지 그림을 가리키며) 코끼리 아저씨 머리 위에 있는 것은 무엇일까?
- 코끼리 아저씨는 이 물을 어디에서 떠왔을까?

❷ 면지를 탐색한다.
- 코끼리 아저씨는 어디 있을까?
- 무엇을 하고 있니?

❸ 등장인물의 정서를 반영하며 읽는다.
- (동굴 속 장면에서) 덜덜, 무서우니까 빨리 지나가야지.

❹ 동요 '자전거'를 장면 상황에 맞게, 빠르기를 달리하여 부른다.
- 코끼리 아저씨는 자전거를 타고 아이들이 기다리는 집으로 돌아가요.
- (햇볕이 뜨겁게 내리쬐는 장면에서는 더위에 지친 듯 천천히) 따- 르-

릉, 따— 르— 릉, 비켜 나세요—.

❺ 책을 교구로 활용하며 읽는다.

- (빗방울이 떨어지는 장면에서)앗! 빗방울이다! (그림책을 양동이처럼 '∨' 모양으로 펴서 머리에 이며) 많이 받아가야지.

2. 아빠 코끼리의 물 구해오기 과정과 마음에 대해 이야기 나눈다.

- 코끼리 아저씨가 누구를 위해 오아시스에 물을 길러 갔을까?
- 코끼리 아저씨는 집으로 가는 길에 어떤 어려움들이 있었니?
- 양동이 속에 물방울이 점점 줄어들 때 코끼리 아저씨의 기분은 어땠을까?
- (아기 코끼리들에게 물방울이 가득한 양동이를 건네주는 장면에서) 이때 코끼리 아저씨의 기분은 어땠을까?

3. 물방울 나르기 게임 방법을 알아본다.

- (뒤 면지를 보여 주며) 우리 아기코끼리들이 아빠를 도와 양동이에 물방울을 가득 담아왔구나. 우리도 물이 필요한 아빠 코끼리를 도와줄까?

⊙ 게임방법

① 게임 자료를 소개한다.
② 물방울 5개가 들어 있는 미니 양동이를 머리에 이고 출발선에 선다.
③ 출발신호를 듣고 장애물(유니바)을 뛰어 넘으며 달린다.
(바닥에 떨어진 물방울 공은 다시 주워 넣을 수 없다.)
④ 반환점을 돌아 출발점에 도착하면 미니 양동이에 담긴 물방울을 큰 양동이에 붓는다.
⑤ 게임이 끝나면 각 팀의 물방울 수를 세어보고 물방울의 개수가 많은 팀이 이긴다.(동점일 경우는 먼저 도착한 팀이 이긴다.)
⑥ 게임이 익숙해지면 팀별 릴레이로 진행할 수 있다.

4. 게임 규칙을 정한다.

- 물방울 나르기 게임을 할 때 어떤 약속이 필요할까?
- 물방울이 떨어지지 않으려면 어떻게 해야 할까?

5. 물방울 나르기 게임을 한다.

6. 활동을 정리하며 평가한다.

- 너희가 아기 코끼리라면 코끼리 아빠에게 어떤 말을 해주고 싶니?
- 물방울을 이고 유니바를 넘을 때 어려운 점은 무엇이었니?

확장 활동

◉ 기억에 남는 장면 그리기

"아저씨가 힘들어 눈물 흘릴 때 노란 손수건으로 닦아 줄래요"
(만3세)

"벌한테 엉덩이 쏘여 물방울이 떨어져요"
(만4세)

수업메모

- 나무나 플라스틱으로 된 유니바가 없을 경우 굵은 백업으로 만든 유니바를 대신 한다.

비슷한 주제를 다룬 책(주제: 아빠의 사랑)

『**아빠 해마 이야기**』 에릭 칼 글·그림, 김세실 옮김, 더큰, 2007

『**고 녀석 맛있겠다**』 미야니시 타츠야 글·그림, 백승인 옮김, 달리, 2004

유아 책 19

『내가 잡은 예쁜 물고기』

야엘 방 데 호브 글·그림, 김미라 옮김, 봄봄, 2004

책 소개

한 아이가 물고기를 잡으러 간다. 장화, 양동이, 밧줄, 모자, 우산을 챙겨 가지만 모두 잃어버리고 바닷가에 도착했을 때는 벌레만 남아 있다. 물고기가 벌레를 물고 물개, 뱀, 곰, 악어, 하마, 코끼리, 고래 등이 차례로 꼬리에 꼬리를 물 듯 낚싯줄에 걸린다. 유아의 무한한 상상력의 세계를 유쾌하게 보여 준다. 디자인 면에서 하나의 펼침면 사이에 작은 절반 크기의 페이지를 삽입함으로써 이어지는 전후의 이야기를 예측해 보도록 한 것이 독특하다.

읽기의 특징

- **이어질 내용 예측하며 읽기**

  (반쪽 페이지를 넘기며) 얘들아, 물고기가 어떻게 했을까?
- **그림 묘사하며 읽기**
- **그림책을 교구로 사용하기**

활동 수족관 릴레이

활동 대상 만 4세

활동 목표

- 물속에 사는 것과 그렇지 않은 것을 구별해 본다.
  (자연탐구 〉 과학적 탐구하기 〉 생명체와 자연환경 알아보기)
- 눈과 손을 협응하여 소근육을 조절해 본다.
  (신체운동·건강 〉 신체조절과 기본운동하기 〉 신체조절하기)
- 규칙을 지켜 게임에 참여할 수 있다.
  (사회관계 〉 다른 사람과 더불어 생활하기 〉 친구와 사이좋게 지내기)

활동 자료

그림책, 동요 '고기잡이' 음원, 융판 2개, 낚시놀이 교구(낚시터 연못, 백업 낚싯대 2개), 수족관 바탕 판 2개, 펠트 바탕 판 2개, 낚싯감 상자, 낚싯감 자료(바다 생물 컷, 생활주변 사물 컷), 마스킹 테이프

활동 방법

동요부르기 ➡ 그림책 감상 ➡ 수족관 릴레이 ➡ 활동 회상

1. '고기잡이' 동요를 부른다.

- 자~ 오늘은 물고기를 잡으러 갈 거야. 우리 친구들은 물고기 잡아본 적 있니?

2. 그림책을 감상한다.

❶ 그림책 표지를 탐색한다.

- 와! 여기 친구가 손에 뭔가를 들고 있어. 뭘까? (긴 막대기, 잠자리채, 낚싯대)

❷ 각 펼침면마다 삽입되어 있는 반쪽짜리 페이지를 이용하여 뒤에 이어질 이야기를 예측하며 읽는다.

- 벌레가 물었어요. "너, 나랑 같이 놀러가지 않을래?" 얘들아, 물고기가 어떻게 했을까? (반쪽짜리 삽입 면을 넘긴다.) *와! 물고기가 낚싯줄을 물었어요.*

❸ 그림을 묘사하며 읽는다.

- 어, 물고기가 낚싯줄에 매달려 춤을 추고 있네.
- 여전히 마틴은 뒤에서 무슨 일이 일어났는지 아직 몰라요.

❹ 그림책을 교구로 사용하며 읽는다.

- (마틴이 돌고래랑 문 앞에 서 있는 장면에서, 문 그림에 노크를 하며 엄마를 부른다.)

3. 자석 낚시 릴레이 게임을 하며 물속에 사는 것과 살지 않는 것을 구분해 본다.

❶ '수족관 릴레이' 게임방법을 알아본다.

- 마틴이 잡아 온 고래는 당분간 수족관에서 키워야 한대. 고래가 사는 수족관에 어울리는 것을 낚시게임으로 구해 올 거야. 게임방법을 알아보자.

⊙ 게임방법

1. 〈대롱대롱 낚시〉
 ① 두 팀으로 나눈다.
 ② 신호가 울리면 팀당 한 명씩 낚시터 연못으로 달려가, 자석 낚싯대로 작은 상자 하나를 낚아서 낚싯대를 들고 돌아온다.
 ③ 낚시해 온 상자를 바구니에 넣고, 다음 차례의 유아가 낚싯대를 이어받아 출발한다.
 ④ 모든 유아가 낚시를 마치면 낚시 연못 교구를 치운다.

2. 〈수족관을 채워요〉
 ① 출발선 맞은편에 수족관 바탕 판 두 개를 붙인다.
 ② 신호가 울리면 팀별로 차례로 낚시해 온 상자를 들고 수족관 바탕 판으로 달려간다.
 ③ 상자를 열어 확인한 후, 물속에 사는 것과 그렇지 않은 것을 분류해 붙인다.
 ④ 분류가 바르게 되었는지, 어느 팀이 많이 모았는지 확인한다.
 (수족관에 들어간 개체 수가 많은 팀이 승리하며, 동일할 경우 먼저 끝난 팀이 이긴다.)

❷ 게임을 할 때 유의해야 할 점과 규칙을 알아본다.

- 릴레이 낚시게임을 재미있게 하려면 어떤 규칙이 필요할까?
 예 '앞 친구가 들어오기 전에 다음 친구가 출발하지 않기', '낚시할 때 손으로 상자를 집지 않기' 등

4. 게임 활동에 대해 평가한다.

- 친구들이 낚시해 온 것들이 수족관과 바구니로 제대로 갔는지 볼까?
- 낚싯대로 상자를 낚을 때 어려운 점은 없었니? 어떻게 하면 더 잘할 수 있을까?
- 낚시게임을 할 때 힘든 점이 있었니? 무엇이니?

확장 활동

⊙ 나만의 수족관 꾸미기

- 활동 자료: 8절 양면 색지(파랑색), 물고기 도안 자료, 가위, 딱풀
- 활동 방법

1. 8절 양면 색지를 접어서 팝업북을 만들어 본다.
2. 팝업북에 자유롭게 물고기 도안을 붙이며 어항을 꾸며 본다.
3. 완성된 수족관에 이름을 붙여 준다.

교구공방

⊙ 낚싯감 상자 만들기

- **준비물:** 양면 색지(사방 26㎝ 1장, 사방 25㎝ 1장), 딱풀

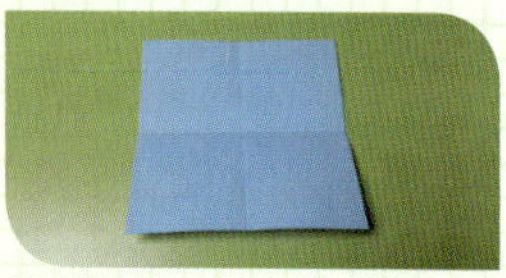

① 양면 색지 한 장을 양쪽 사각 접기를 한 후 펼쳐준다.

② 중심점에 모이도록 접는다.

③ 중앙에 맞춰 대문접기로 사면 모두 접는다.

④ 완전히 펼친 후 양쪽의 접힌 선대로 상자 모양이 되도록 접는다.

⑤ 상자바닥 부분은 풀칠을 해서 고정한다.

⊙ 낚싯대 만들기

- **준비물**: 백업(빨강, 파랑, 지름 2㎝, 길이 40㎝ 각 1개), 마스킹 테이프(빨강, 파랑), 낚싯줄, 강력자석(지름 2㎝ 2개), 자석에 붙일 접착 펠트(빨강, 파랑)

① 백업에 같은 색의 마스킹 테이프를 감아 준다.
② 낚싯줄을 백업 끝에 감아서 고정시킨다.
③ 접착 펠트로 감싼 자석을 낚싯줄 끝에 달아 준다.

수업메모

- 분류하기 활동은 일반적으로 만 5세에서 주로 다루어지나, 낚시하기 놀이를 어린 유아들이 즐기는데다, 물에 사는 것과 그렇지 않은 것을 구분하는 것이 그다지 난이도가 높지 않아서 만 4세도 무난히 할 수 있다.
- 낚시 릴레이 활동을 할 때 동요 '고기잡이'를 배경음악으로 틀어 준다.
- '앞 주자가 들어오기 전에 다음 주자가 출발하지 않기', '낚시할 때 손으로 상자를 집지 않기' 등의 규칙을 잘 지키는지 유의한다.

◈ 비슷한 주제를 다룬 책(주제: 물고기)

『물고기가 좋아』 마거릿 와이즈 브라운 원작, 인강 지음, 보림, 2007
『해마야, 어디 있니?』 애플비 편집부, 애플비, 2010
『마술피리 그림책』, 「원숭이의 낚시」 하세가와 세쓰코 글, 오시마 에이타로 그림, 유문조 옮김, 웅진닷컴, 2001

유아 책 20

『빨강부채 파랑부채』

동화가 있는 집 글, 민경숙 그림, 국민서관, 2016

책 소개

옛날 한 나무꾼이 산에서 신기한 요술부채를 줍는다. 빨강부채를 부치면 코가 길어지고, 파랑부채를 부치면 코가 짧아진다. 나무꾼은 동네 부잣집을 찾아가 요술부채를 이용하여 큰 부자가 된다. 어느 날, 나무꾼은 빨강부채를 자기 코에 부쳐 본다. 쭉쭉 늘어난 코는 하늘나라, 구름연못까지 다다라 옥황상제의 불호령이 떨어진다. 급기야 나무꾼의 코는 기둥에 묶이고, 이어서 코가 풀리면서 끝없이 추락하고 만다. 잘 알려져 있는 '빨강부채 파랑부채' 이야기를 노래와 함께 불러 볼 수 있게 다시 고쳐 쓴 동화이다.

읽기의 특징

- **등장인물의 성격을 적합하게 설정하고, 상황을 반영하여 입체적으로 읽기**

  나무꾼: 젊은 남성

  나무꾼 아내: 젊은 여성

  김부자: 굵고 심술궂은 중년 남성

  옥황상제: 위엄 있는 할아버지

  동네 주민 1, 2: 서로 구분되게(수다스러운 아주머니와 할아버지)
- **노래와 동작 곁들여 읽기**
- **가림종이 이용하여 읽기**
- **등장인물 성격에 대해 부연 설명해 주기**

활동 죽죽죽 쑥쑥쑥

◈ 활동 대상 만 5세

◈ 활동 목표

- 반복되는 구절을 여럿이 함께 읽으며 읽기에 관심을 갖는다.
  (의사소통 〉 읽기 〉 읽기에 흥미가지기)
- 몸을 움츠리고 뻗는 움직임에서 신체균형을 유지한다.
  (신체운동·건강 〉 신체조절과 기본운동하기 〉 신체조절하기)
- 질서와 규칙을 지키며 게임에 참여한다.
  (사회관계 〉 다른 사람과 더불어 생활하기 〉 친구와 사이좋게 지내기)

◈ 활동 자료

그림책, 부채, 부채 주머니, 가림종이, 신호 악기(소고 또는 호루라기), 점수판, 마스킹 테이프

◈ 활동 방법

수수께끼 ➡ 그림책 감상 ➡ 움직임 놀이

1. **부채에 대한 수수께끼를 맞혀 본다.**
- 옛날에도 있었고, 지금도 있어.
- 우리나라에도 있고, 다른 나라에도 있단다.
- 여름에 날씨가 더울 때 시원하게 하는 데 도움을 주지.
- 이것은 누구든 쉽게 가지고 다닐 수 있어. *부채*
- (주머니에서 부채를 꺼내며) 오늘은 재미있는 부채가 나오는 동화를 볼 거예요.

2. **그림책을 감상한다.**

❶ 표지를 탐색하며 내용을 예측해 본다.
- 왜 제목이 빨강부채 파랑부채일까?
- (제목과 표지 그림을 보고, 유아가 이미 내용을 알고 있다고 얘기하는 경우) 그래, 이 이야기는 재미있어서 많이 알려져 있지. 어떤 이야기야? *빨강*

부채 부치면 코가 길어지고, 파랑부채 부치면 짧아져요.

❷ 여럿이 함께 부를 노래를 간단히 만들어 본다.
- 오늘은 이 이야기를 노래를 만들어 부르면서 읽어 볼 거야.
- ('우리 집에 왜 왔니?' 가락에 맞추어)

♬ 빨강부채 부치면 어떨까? 어떨까?
늘어난다, 늘어난다. 죽죽 죽죽죽!

❸ 시작 부분과 마지막 부분은 천천히 읽는다.
– 옛날(∨) 어느 마을에(∨) 한 나무꾼이 살고 있었어요.
– 나무꾼은 지금도(∨) 떨어지고(∨) 있대요.

❹ 가림종이를 이용하여 극적 효과를 높이며 읽는다.
(가림종이로 가렸다 치우면서 늘어나는 코 보여 주기/ 늘어난 코를 서서히 가리기)

3. '죽죽죽' 늘어나고 '쏙쏙쏙' 줄어드는 놀이를 한다.

❶ 개별 움직임 표현을 한다.
- 노래에 맞춰 몸을 움츠리고 뻗어 볼까?

❷ 팀별로 움직임 놀이를 한다.
- 이번엔 친구랑 팀을 나눠서 늘어났다가 줄어들어 보자.
- 어느 팀이 더 많이 늘어났는지, 더 많이 줄어들었는지 비교하는 게임을 하려면 어떤 규칙이 필요할까?

예 기준점을 만들어서 더 멀리 길어진 팀이 이긴다./ 노래가 시작되면 손을 잡고 죽죽 뻗어나가다가 교사가 소고를 치면 멈추고 팀별로 비교한다./ 도중에 손이 떨어지면 실격이다.

- '구름 연못'은 어떻게 정하면 좋을까?

예 늘어나고 줄어드는 게임을 하는 도중에, 교사가 소고를 치며 '구름 연못'이라고 외치면, 양쪽 옆으로 미리 바닥에 마스킹 테이프로 표시해 둔 집 모양의 공간으로 들어간다. 빨리 들어간 팀이 이긴다.

- 이긴 팀에게는 어떤 상을 주면 좋을까?
(진 팀이 손으로 부채질을 해 주면서, "시원하시죠?", 이긴 팀은 뒷짐을 지

고 "시원하구나!")

4. 활동을 회상하며 평가한다.

- 여럿이 함께 노래를 부르며 책을 읽으니 기분이 어땠니?
- 다 같이 손잡고 늘어났다가 줄어들었다 하는 놀이를 할 때 무엇이 제일 기억에 남니?
- 게임을 할 때 힘든 점은 무엇이었니?

확장 활동

⊙ 부채주사위 게임

- 활동 자료: 주사위, 말판, 말
- 활동 방법

1. (동화 내용을 적용하여 빨강부채 개수만큼 전진하고, 파랑은 1칸 후퇴한다. 윷놀이를 변형한 것으로 태극부채가 '모'의 기능을 한다.)
2. 구름 연못에 빠지면 처음 출발점으로 돌아간다.

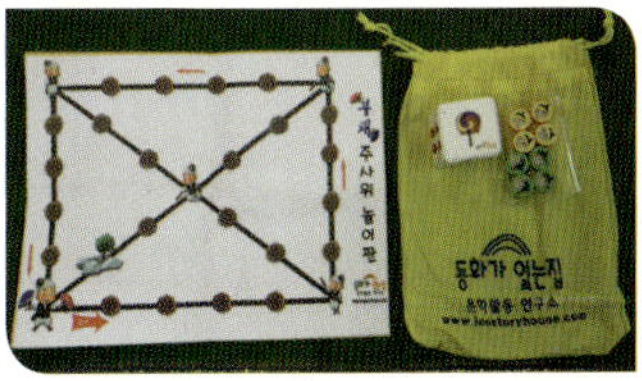

수업메모

- 유아가 팀별로 '줄어들다'를 신체로 표현할 경우, 갑자기 앞으로 몰려오지 않도록 안전에 유의한다. '늘어나다'를 할 때에도 팔을 심하게 당기지 않도록 주의한다.
- 규칙을 유아들과 함께 정하고, 그 규칙을 잘 지키며 할 수 있도록 격려한다.
- 만 5세 유아의 경우, 전략적으로 말판을 놓기가 어려우므로 말의 개수를 1개로 시작하는 게 좋다.
- 이 동화는 '생활도구', '여름' 주제에 적합하다.

◈ 비슷한 주제를 다룬 책(주제: 부채)

『**임금님이 주신 부채**』 홍윤희 글, 김순영 그림, 북큐레이터, 2015

유아 책 21

『거미는 거미야』

권옥 글, 서소연 그림, 국민서관, 2016

책 소개

실뽑기와 거미줄 타기를 싫어하는 아기 거미는 곤충들을 부러워하며 함께 놀고 싶어 한다. 곤충들의 소풍을 따라가던 거미는 자신의 모습이 다르다는 것을 알게 된다.

이 책은 이야기 흐름 속에서 자연스럽게 곤충의 특징을 알게 되고, 아기 거미가 자신의 모습을 있는 그대로 바라보고 인정하면서 자아개념을 형성하고 자존감을 키울 수 있는 이야기를 재미있게 그려내고 있다.

읽기의 특징

- 등장인물의 정서와 상황을 살려 입체적으로 읽기
- 대사를 주고받으며 읽기
- 책 읽기에 유아들이 참여하도록 격려하며 읽기

활동 거미줄에서 놀아요

◈ 활동 대상 만 5세

◈ 활동 목표

- 곤충과 거미의 차이점을 안다.
  (자연탐구 〉 과학적 탐구하기 〉 생명체와 자연환경 알아보기)
- 거미줄 놀이 규칙을 알고 즐겁게 참여한다.
  (사회관계 〉 다른 사람과 더불어 생활하기 〉 친구와 사이좋게 지내기)

◈ 활동 자료

그림책, 면 고무줄(폭 1㎝)

◈ 활동 방법

손유희 ➡ 그림책 감상 ➡ 거미줄 놀이 ➡ 기념 촬영

1. '거미가 줄을 타고 올라갑니다' 손유희를 한다.
- (양손 엄지와 검지를 엇갈려 짚으며 올라간다.)
  ♬ 거미가 줄을 타고 올라갑니다.

2. 그림책을 감상한다.
❶ 등장인물의 정서와 상황을 살려 입체적으로 읽는다.
- (짜증내는 말투로) "싫어요! 여기저기 구경 다니는 게 훨씬 재미있는 걸요?"
- (긴장된 분위기로 소리를 점증시키며) 으악, 거미 살려—!
- (눈을 크게 뜨고 놀란 표정으로) 아기 거미는 그만 끈끈한 가로줄을 밟고 말았어요.

❷ 교사와 유아가 주고받듯이 리듬을 살려 읽는다.
- (교사가 곤충의 이름을 부르면, 유아는 곤충의 움직임을 말로 표현하며) 나비(∨) *훨훨,* 메뚜기(∨) *폴짝,* 개미(∨) *뽀르르.*

❸ 유아들과 동작을 함께해 보며 읽는다.
- 우리도 같이 체조해 볼까? *첫째 둘째 죽죽*

3. 거미줄 놀이를 한다.

❶ 고무줄을 이용하여 거미줄을 만든다.

- (교실 주변의 책상 또는 의자를 둥글게 배치한 후) 튼튼한 거미줄을 만들어 볼 거야.

❷ 곤충의 특징을 몸으로 표현하며 거미줄 위를 걸어 본다.

- 곤충이 되어 거미줄을 타 볼까? 선생님이 부르는 노래 박자에 맞춰 걸어 보자. ('그대로 멈춰라' 가락에 맞춰 개사하여 부르며)

  ♬ 곤충처럼 걸어 가다가 그대로 멈춰라! 얼음!

❸ 가위바위보에서 진 유아는 거미줄에 걸린 곤충이 된다. 고무줄로 손목을 한 바퀴 묶고 고무줄과 고무줄 사이에 앉아 있는다.

- 가장 가까이 있는 친구와 가위바위보! 진 사람은 거미줄에 걸린 곤충이 되어 볼 거예요.

❹ 마지막까지 남은 유아는 왕거미가 된다.

❺ 곤충 인터뷰를 한다.

- (거미줄에 잡혀 있는 곤충들에게 다가가) 어떤 곤충입니까? 어쩌다가 거미줄에 걸렸나요? 지금 기분이 어떤가요?

❻ 왕거미는 '코끼리와 거미줄' 노래를 부르며 거미줄에 걸린 곤충들을 풀어 준다.

- (왕거미에게 다가가) 슬퍼하는 곤충들을 어떻게 위로하면 좋을까?
- (왕거미가 곤충들의 어깨를 짚으면 곤충들은 고무줄에서 빠져나온다.)

♬ 여러 마리 곤충들이 거미줄에 걸렸네 신나게 그네를 탔다네.
너무너무 재미나 좋아 좋아 랄랄라 곤충 친구들을 풀어줬다네.

❼ 거미줄 위에서 거미와 곤충을 동작으로 표현하며 기념 촬영을 한다.
- 지금부터 거미와 곤충들의 사진을 찍을 거야. 거미는 거미처럼, 곤충들은 자기 역할에 맞는 표정과 동작을 보여 주세요.

4. **활동을 회상하며 이야기를 나눈다.**
- 곤충과 거미에 대해 새롭게 알게 된 것은 무엇이니?
- 거미줄 놀이할 때 가장 재미있었던 것은 무엇이니?
- 거미줄 놀이할 때 어려웠던 점은 무엇이니?

수업메모

- 유아가 거미줄을 만들 때 매듭 묶기가 안 될 경우가 많다. 교사가 미리 고무줄의 양쪽 끝을 고리로 만들어 두면 유아들은 책상 다리에 끼우기만 하면 쉽게 거미줄을 만들어 볼 수 있다.
- 거미줄 놀이를 할 때 고무줄에 걸려 넘어지지 않도록 거미줄의 높이가 너무 높지 않게 한다. 또한 규칙을 충분히 설명한 다음 놀이를 시작한다.
- 곤충으로 잡힌 유아가 손목에 고무줄을 한 바퀴 묶을 때 너무 꽉 묶지 않도록 주의한다.
- 고무줄을 대체하여 바닥에 절연 테이프를 거미줄 모양으로 붙여 놓은 뒤 놀이를 진행할 수도 있다.

◈ 비슷한 주제를 다룬 책(주제: 거미)

『으아아악 거미다』 리디아 몽스 글·그림, 노란잠수함 옮김, 홍진P&M, 2004
『거미가 줄을 타고 올라갑니다』 조미자 글·그림, 시공주니어, 2006
『아주 바쁜 거미』 에릭 칼 글·그림, 김세실 옮김, 더큰, 2005

유아 책 22

『재재콩알』

이송은 글, 서미경 그림, 국민서관, 2016

책 소개

지나에게는 남들이 모르는 아주 특별한 콩알이 있다. 지나가 마음속에 재재콩알을 처음 만들기 시작한 날은 엄마, 아빠가 동생 지민이를 돌보느라 지나에게 관심을 보이지 않은 날이었다. 부부 싸움을 목격하거나, 무시를 당하는 등 상처를 받으면 튀어나오는 재재콩알을 줄이는 방법은 무엇일까? 큼지막하고 섬세한 그림 안에 유아의 심리가 잘 드러나 있다. 특히 동생이 생긴 유아와 부모가 함께 보면 좋은 책이다.

읽기의 특징

- 그림을 단서로 상황 추측하며 읽기
- 1인칭 화자와 극 중 극 해설자 목소리 구별하며 읽기

활동 발사! 재재콩알

활동 대상 만 5세

활동 목표

- 동화 속 등장인물의 여러 가지 마음을 이해한다.
  (의사소통 〉 듣기 〉 동요, 동시, 동화 듣고 이해하기)

- 화가 나거나 슬픈 감정을 놀이 속에서 표출해 본다.
  (사회관계 〉 나와 다른 사람의 감정 알고 조절하기 〉 나와 다른 사람의 감정 알고 표현하기)

활동 자료

그림책, 재재콩알 도안, 사인펜, 완구용 플라스틱 캡슐, 발사대포, 패러슈트

활동 방법

그림책 감상 ➡ 이야기 나누기 ➡ 재재콩알 그리기 ➡ 재재콩알 발사 놀이

1. 표지를 탐색한다.

- (표지의 동그란 방울 그림을 가리키며) 이게 무엇일까?

2. 그림책을 감상한다.

❶ 지나의 대사 부분과 일반 해설에 해당하는 문장이 구분되게 읽는다.
(지나 및 재재－검정색 활자/ 해설자－밤색 활자)

❷ 동화를 읽는 사이사이, 그림 읽기를 하며 읽는다.
- 여기는 어디인 것 같니?
- 사람들의 표정이 왜 이럴까?

3. 동화 내용에 대해 이야기 나눈다.

- 지나가 어떨 때 재재 콩알이 생겼니?
- 우리 친구들도 지나처럼 속상할 때가 있니? 언제 그런 생각이 드니?
- 우리 마음속에 재재콩알이 가득 찬다면 마음이 어떨까?

4. '재재콩알' 그리기를 한다.

- (재재콩알 도안을 나눠 주며) 어떨 때 마음이 속상하고 아픈지 그림으로 표현해 볼까?

5. **재재콩알 그림을 캡슐 안에 넣고 발사놀이를 한다.**

- (자신이 그린 그림을 넣은 동그란 캡슐을 넣은 다음) 발사대포 구멍에 콩알을 하나씩 넣고 디딤판 위로 점프하며, '발사'하는 거야.
- 이제 이 콩알들을 먼 곳으로, '발사!'해 볼까?

6. **활동을 회상하면서 평가한다.**

- 오늘 재재콩알도 그리고, 발사놀이도 했는데, 기분이 어떠니?
- 마음속에 재재콩알이 많은 친구가 있다면, 무슨 말을 해 주고 싶니?

수업메모

- 발사대포를 구하기가 어려울 경우, 캡슐 대신 볼풀 공을 살짝 절개해 그림을 넣고, 신문지 막대나 큰 페트병을 이용하여, 큰 바구니에 굴려서 넣어 보내기로 변형할 수 있다.
- 재재콩알이 생기는 상황과 재재콩알 줄이는 방법에 대한 이야기 나누기를 본 활동으로 진행할 수도 있다.
- 재재콩알 그리기를 하면서 왜 그런 표상을 하게 되었는지, 간단히 이야기를 나눈다.
- 발사놀이를 할 경우, 충분한 공간적 여유가 있는 곳에서 하는 것이 좋으며, 날아간 캡슐이나 공은, 재개봉해서 열어 보거나 하지 않고, "우리 마음속에 다시 생기지 말라고 바구니에 담아서 멀리 보내 버리자."라고 말하며 정리한다.
- 이 동화내용이 갖고 있는 인성 교육적 측면은 우선은 '나뿐만 아니라 동화 속 지나처럼 다른 친구들도 속상한 일이 있다'라는 것을 아이들이 인식하는 것이다. 이야기 나누기든 그림으로 표상하기든, 최대한 편안하고 수용적인 분위기에서 표현할 수 있도록 한다. 마음속의 상처를 한꺼번에 드러내는 것이 쉽지 않을 뿐만 아니라, 치유의 과정상 바람직하지 않을 수도 있기 때문이다.

◈ 비슷한 주제를 다룬 책(주제: 가족, 마음)

『뜨레풀 책놀이 6』, 「몽글몽글 따끔따끔」 이송은 글, 김동영 그림, 동심, 2009
『내 동생 싸게 팔아요』 임정자 글, 김영수 그림, 아이세움, 2006

유아 책 23

『양말 들판』

무라나카 리에 글, 고야마 코이코 그림, 김지연 옮김, 책과콩나무, 2011

책 소개

신발 위에 양말을 겹쳐 신고 떠나는 특별한 산책! 유치원 친구들은 처음 해보는 신기한 나들이에 마음이 들뜨고 신이 난다. 들판에서 재미있게 뛰어논 다음 유치원으로 돌아와 화분에 양말을 심었더니, 신기하게도 양말에서 새싹이 돋아난다. 싹이 트고 자라는 모습을 보며 자연의 신비로움을 배우고 생명의 소중함을 느낄 수 있다.

읽기의 특징

- 제목 글자 가리고 읽기
- 그림 관찰하며 읽기
- 앞 장면으로 되돌아가서 찾아보며 읽기

활동 양말 신고 산책해요

활동 대상 만 4세

활동 목표

- 동화의 내용을 주의 깊게 듣는다.
  (의사소통 〉 듣기 〉 동요, 동시, 동화 듣고 이해하기)
- 씨앗이 퍼지는 방법에 관심을 갖는다.
  (자연탐구 〉 과학적 탐구 〉 생명체와 자연환경 알아보기)
- 친구와 함께 산책하며 주변을 탐색한다.
  (사회관계 〉 다른 사람과 더불어 생활하기 〉 친구와 사이좋게 지내기)

활동 자료

그림책, 도꼬마리, 헌 어른 양말

활동 방법

도꼬마리 탐색 ➡ 그림책 감상 ➡ 양말신고 산책하기

1. **사람의 옷이나 동물 털에 잘 달라붙는 씨앗의 종류를 알아본다.**
- (사전에 교사 옷에 붙여 놓은 도꼬마리를 가리키며) 어? 이게 뭐지? 앗, 따가워. 이게 어디서 붙었지?
- 도꼬마리처럼 옷이나 동물 털에 잘 달라붙는 씨앗은 무엇이 있을까? *도깨비바늘.*

2. **그림책을 감상한다.**
- (제목 부분을 가린 채 앞표지를 보여 주며) 여긴 어딜까? 친구들이 신고 있는 게 무엇일까?
- (제목 글자를 보여 주며) 양말 들판! 왜 양말을 신고 들판에 갔을까?
- (표지를 보며) 여기에서 혹시 아까 본 도꼬마리를 찾을 수 있겠니?
- (민호가 화분 위에 모래를 붓고 손으로 꾹꾹 누르는 장면을 보며) 민호는 왜 엄마 양말에서 싹이 나오는 게 싫었을까? (앞 장면으로 되돌아가서) 민호는 언제부터 기분이 나빴을까?

3. **미리 준비해 온 엄마나 아빠의 헌 양말을 보며 이야기 나눈다.**
- 누구의 양말을 가지고 왔니?
- 어떻게 생겼니?

4. 신발 위에 양말을 신고 산책을 한다.
(양말은 산책 시 안전을 위해 한 짝만 신는다.)

5. 산책 후 양말 겉면에 붙은 것을 탐색한다.
- 우리 친구들 양말에는 무엇이 따라왔을까?

6. 활동을 회상하고 평가한다.
- 산책하며 무엇을 보았니?
- 양말을 신고 산책한 기분이 어땠니?
- 들판에서 여러 가지를 붙여 온 이 양말을 어떻게 하면 좋을까?

확장 활동 1

⊙ 양말을 심어요

- 활동 자료: 산책 시 신었던 양말 조각, 유아가 꾸민 화분, 배양토, 팻말, 분무기, 가위
- 활동 방법

1. 산책 시 신었던 양말의 발바닥 부분을 자른다.
2. 화분(사전활동으로 미리 꾸미거나 기성품)에 양말 조각을 넣고 배양토로 덮는다.
3. 씨앗에 대한 기대나 바라는 마음에 대해 이야기 나눈다.
4. 유아가 자신의 화분에 분무기로 물을 뿌려 준다.
5. 심은 날짜와 자신의 이름을 적은 팻말을 화분에 꽂아 둔다.

확장 활동 2

⊙ 싹이 궁금해요!

- 활동 자료: 활동지, 사인펜이나 색연필
- 활동 방법

1. 양말에서 어떤 싹이 나올지 상상해 본다.
2. 상상의 싹을 양말 모양이 그려진 종이에 그려 본다.
3. 친구에게 자신의 그림을 소개해 본다.

확장 활동 3

⊙ 도꼬마리 다트 놀이

- 활동 자료: 융이나 극세사 천으로 만든 양말 모양의 다트 판, 도꼬마리
- 활동 방법

1. 양말 모양의 다트판에 도꼬마리를 던져 붙여 보거나 글자를 만들며 자유롭게 놀이한다.

수업메모

- 도꼬마리나 쇠무릎 씨앗을 이용하여 글자쓰기 놀이를 할 수 있다. 단 도꼬마리의 가시가 다소 위험할 수 있으니 안전에 유의한다.
- 위 활동들을 연계하여 부모참여 수업으로 진행할 수 있다.
- 도꼬마리 다트 놀이 후 도꼬마리 키우기 활동으로 확장할 수 있다.

2/19 양말을 심었어요.

4/19 싹이 자랐어요.

11/23 도꼬마리가 열렸어요.

◈ 비슷한 주제를 다룬 책(주제: 씨앗의 번식방법)

『톡 씨앗이 터졌다』 곤도 구미코 글·그림, 햇살과나무꾼 옮김, 한울림어린이, 2007

『나무의 아기들』 이세 히데코 글·그림, 김소연 옮김, 천개의 바람, 2014

『날아라 막내야』 배봉기 글, 김선남 그림, 사계절, 2006

『날아라 박주가리야』 최형임·신일순 글, 김성삼 그림, 국민서관, 2016

유아 책 24

『바빠요 바빠』

윤구병 글, 이태수 그림, 보리, 2000

책 소개

산골마을 마루네 집은 가을이 되어 바쁘다. 할아버지는 옥수수를 말리고, 할머니는 참깨를 털고, 어머니는 고추를 말리느라 바쁘시다. 농촌의 가을철 바쁜 일상의 모습과 함께 "바빠요 바빠"가 반복되어 자연스레 "바빠요 바빠"를 함께 외치게 된다.

읽기의 특징

- 억양, 속도, 강약을 달리하여 반복되는 구절 읽기
- 동작 곁들여 함께 읽기

활동 바빠요 바빠!

활동 대상 만 5세

활동 목표

- 가을철 농촌에서는 농작물을 수확함을 안다.
  (자연탐구 〉 과학적 탐구하기 〉 생명체와 자연환경 알아보기)

• 눈과 손을 협응하여 콩 고르기를 한다.
(신체운동·건강 〉 신체조절과 기본운동하기 〉 신체조절하기)
• 친구와 함께하는 게임에 참여하기를 즐긴다.
(사회관계 〉 다른 사람과 더불어 생활하기 〉 친구와 사이좋게 지내기)

활동 자료

그림책, 동요 '허수아비 아저씨' 음원, 곡식 추수 장면(고추말리기, 참깨 털기 등), 콩(검정콩, 노란 콩), 바구니 2개, 그릇 2개, 숟가락, 뿅망치(또는 냄비), 할머니 얼굴표정 그림(웃는 표정, 슬픈 표정), 마스킹 테이프

활동 방법

노래부르기 ➡ 이야기 나누기 ➡ 그림책 감상 ➡ 말놀이 노래하기 ➡ '콩 고르기와 참새 쫓기' 놀이

1. **동요 '허수아비 아저씨(김규환 작사·작곡)'를 부르고 가을에 대해 이야기 나눈다.**
- 허수아비를 본 적이 있니? 어디서 보았니?
- 허수아비는 들판에 왜 서 있을까? *참새 쫓으려고요.*
- 참새는 가을들판에 왜 오는 걸까?

2. **가을에 하는 추수에 대해 알아본다.**
- 가을이 되면 우리보다 훨씬 바빠지는 분들이 있는데 어떤 분들인지, 어떤 일들을 하는지 알아보자.

3. **그림책을 감상한다.**

❶ 반복되는 구절을 강조하며 함께 읽는다.
- 가을이 오면 모두가(∨) (다 같이 큰소리로) 바빠요 바빠!

❷ 추수와 관련된 그림을 짚어가며 설명을 덧붙이고 이야기를 나눈다.
- (옥수수 다발을 잡고 있는 할아버지 그림을 짚으며) 이게 뭘까?
- (할머니가 참깨를 터는 장면에서) 멍석에 막대를 들고 무얼 하는 걸까?

4. **그림책 내용을 회상하며 말놀이 노래를 만들며 부른다.**
- 농촌에서는 가을이 되면 어떤 일을 하는지 다시 한번 볼까?

- ('시장에 가면' 가락에 맞춰, 곡식 추수 사진을 보여 주며) 농촌에 가면 옥수수 말리고, *바빠요 바빠!* 참깨도 털고, *바빠요 바빠!,* 고추도 말리고, *바빠요 바빠!…….*

5. '콩 고르기와 참새 쫓기' 놀이를 한다.

- (콩 고르는 장면을 다시 보며) 할머니가 검정콩으로 콩떡을 하려고 하시는데 눈이 잘 안 보이셔서 섞인 콩들을 못 고르신대. 우리가 할머니를 도와드리자.

⊙ 게임방법

※ 게임 전에 유아와 함께 게임 약속을 정한다.

① 할머니 얼굴표정 그림이 붙은 콩 바구니(검정콩과 노란 콩이 섞임) 2개를 준비한다.

② 팀별로 콩의 색깔을 정하고 약속한 개수만큼(예: 3개씩) 빈 그릇에 옮긴다.

③ 반환점까지 달려가 뿅망치(또는 키)를 두드리고 "참새, 훠이 훠이!"를 외친다.

④ 출발점으로 돌아와서 다음 차례의 친구 손뼉을 마주치며 '바빠요 바빠'를 외친다.

⑤ 다음 차례의 친구는 ①부터 시작한다.

⑥ 콩이 다 나뉘면, 바구니에 있던 슬픈 얼굴의 할머니 그림을 웃는 얼굴 그림 컷으로 바꾸어 준다.

⑦ 팀별로 콩이 정확히 골라졌는지 확인한다.

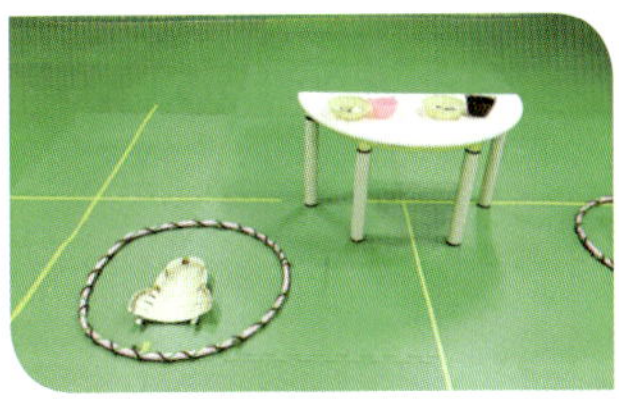

6. 놀이를 회상하며 평가한다.

- 가을에 농촌 사람들은 왜 바쁜 걸까?
- 오늘 알아본 농촌의 일 중에서 우리가 할 수 있고 도울 수 있는 일은 어

떤 것이 있을까?

- 콩 고르기 게임할 때 지켜야 할 약속과 규칙들은 어떤 것이 있었니? 잘 지켜졌니?

확장 활동

◉ 채소가 주렁주렁

- 활동 자료: 가지(혹은 호박), 안전바늘, 실, 빵칼, 쟁반(혹은 큰 접시)
- 활동 방법

1. 채소를 말리는 것에 대해 이야기 나눈다.
   - 책 속에서 가을에 하는 바쁜 일 중에 우리가 도울 수 있는 일이 또 뭐가 있을까?
   - 고추, 옥수수 같은 채소를 왜 말리는 걸까?
2. 채소를 썰어 실에 꿴다.
   - 우리도 가지(호박)를 썰어 말려 겨울에 먹을 수 있도록 해 볼까?

수업메모

- 탐색할 때, 가지 꼭지 부분에 가시가 있어 주의해야 함을 먼저 알려 준다.
- 실에 꿴 채소들을 옷걸이에 걸어 볕이 잘 들고 바람이 잘 통하는 실외에서 말린다.

◈ 비슷한 주제를 다룬 책(주제: 가을, 추수)

『가을 열매는 맛있어』 이명숙 글, 이정주 그림, 엔이키즈, 2015

유아 책 25

『아빠, 나한테 물어봐』

버나드 와버 글, 이수지 그림, 이수지 옮김, 비룡소, 2015

책 소개

빨갛게 단풍이 든 어느 가을날, 아빠와 딸이 산책하러 나간다. 공원과 놀이터, 분수대, 호수, 풀밭을 지나 숲속을 걸어가며 아빠에게 "나한테 물어봐"라고 연이어 말하며, 자신이 무얼 좋아하고 원하는지, 산책길에서 본 것들과 생일에 대해 딸은 쉴 새 없이 재잘거린다. 마지막에 "잘 자 뽀뽀 또 받고 싶은지 물어봐"라고 하는 대목에서는 사랑받고 싶은 욕구가 절정을 이룬다. 아이들이 그린 듯이 색연필로 자유롭게 채색한 그림이 따뜻한 느낌을 준다.

읽기의 특징

- **표지의 책 제목 가리고 읽기**
- **면지부터 이야기 시작하기**
- **역할과 상황을 살려 감정이입해 읽기**

  딸과 아빠가 산책길에 지나가는 풍경과 등장인물의 정서를 반영하여 읽는다.
- **물어보며 답하는 억양을 살려 읽기**

  물어보며 답하는 억양을 다양하게 변화를 주며 읽는다.

  (예: 나는 빨간색이 좋아.↘ 빨간색이라면 다 좋아 ↻)
- **동작 곁들여 읽기**

활동 1 가을을 색으로 표현해요

◈ **활동 대상** 만 5세

◈ **활동 목표**

- 그림책을 통해 가을 풍경의 아름다움을 느낀다.
  (자연탐구 〉 과학적 탐구하기 〉 자연현상 알아보기)
- 가을을 색으로 표현해 본다.
  (예술경험 〉 예술적 표현하기 〉 미술활동으로 표현하기)
- 묻고 답하는 대화를 즐기며 동화를 감상한다.
  (의사소통 〉 듣기 〉 동요, 동시, 동화 듣고 이해하기)

◈ **활동 자료**

그림책, 가을 풍경 사진(예: 단풍나무 숲) 2~3장, 가을 나무 바탕지, 동요 '가을 길' 음원, 흰 도화지(9㎝×13㎝), 색연필

◈ **활동 방법**

사진감상 ➡ 가을색깔 색칠하기➡가을나무 만들기 ➡ 그림책 감상 ➡ 활동평가

1. **가을철 자연 풍경이 담긴 사진을 감상한다.**
- 사진 속 풍경이 어느 계절인 것 같니?
- 왜 그렇게 생각하니?

2. **색연필로 가을에 어울리는 색을 표현해 본다.**
- ('가을 길' 동요를 배경음악으로 틀고, 색칠할 종이를 나눠 주며) 우리도 이 곳에 가을을 색으로 표현해 볼까?
- 우리가 색칠한 가을 색깔을 저기 파란 종이에 붙여 볼까?

3. **여러 명의 작품으로 단풍이 물든 가을 나무를 완성한다.**
- (반으로 접어 뒤에 감춰 두었던, 나뭇잎 부분이 오려진 바탕지 부분을 올려 유아 작품들 위로 덮으며) 여기 좀 봐! 무엇이 보이니? *나무요!*
- ○○반 친구들이 알록달록한 가을나무를 만들었구나. 우리가 가을 숲에 온

것 같아.

4. 그림책을 감상한다.

❶ 표지를 탐색한다.

- 이제 우리는 가을을 만나러 갈 거야.
- (제목 글씨 부분을 색종이로 가린 채) 무엇이 보이니? 누가 있니?
- 무엇을 하고 있는 것 같니?
- (제목을 떼며) 아빠, 나한테 물어 봐.

❷ 임의의 유아 이름을 설정하여 면지부터 이야기를 시작한다.

- ㅇㅇ랑 아빠가 산책 갈 준비를 하고 있어요. 아빠는 모자를 쓰고, ㅇㅇ는 외투를 입어요.

❸ 아빠와 딸의 대화를 실감나게 읽는다.

❹ 그림책 장면에서 가을이 연상되는 소리를 간단히 곁들여 읽는다.

- 바스락바스락

5. 활동을 회상하며 평가한다.

- '가을'하면 어떤 풍경이 떠오르니?
- 이 그림책의 어떤 점이 재미있었니?

활동 2 가을을 소리로 표현해요

활동 목표

- 가을에 들을 수 있는 소리를 다양한 방법으로 표현해 본다.
  (예술경험 〉 예술적 표현하기 〉 통합적으로 표현하기)

활동 자료

그림책, 동요 '가을 길' 음원, 귀뚜라미 효과음향

활동 방법

가을소리 찾기 ➡ 가을소리 표현하기 ➡ 가을 소리동화 만들기

1. **그림책을 그림 위주로 보면서 가을에 관련된 소리를 찾아본다.**
- (그림책 속 주인공을 가리키며) 이 친구랑 아빠가 산책을 갔을 때 각 장소에 어떤 소리가 숨어 있는지 찾아볼까?
- 우리가 찾아본 소리 중 가을에 어울리는 소리는 어떤 게 있을까?
  (철새 날아가는 소리/ 나뭇잎 바스락대는 소리/ 바람 소리 등)

2. **가을에 어울리는 소리를 소품과 신체를 이용해 표현해 본다.**
- (갈색 한지를 주고) 종이를 흔들어 볼까? 어떤 소리가 나니?
- 이번에는 종이를 구겨 볼까?
- 새가 날아가는 소리는 어떻게 표현하면 좋을까?
- 나뭇잎 바스락대는 소리는 어떻게 표현할 수 있을까?
- 바람 소리는 어떻게 하면 좋을까?

3. **교사의 해설과 함께 가을 소리를 만들며 동화의 풍경 장면을 재구성해 본다.**
(벽면에 전시된 전 차시의 가을 나무가 배경이 된다. 유아는 앉은 자세로 나무를 보거나, 혹은 교사와 함께 이동하며 산책하는 움직임으로 갈 수도 있다.)
- 어느 가을날, 수지랑 아빠가 가을 산책을 나왔어요. 호수를 지나가는데, 철새들이 날아가요. *(펄럭 펄럭 펄럭)* … 그때 시원한 바람이 불어왔어요. *(휘익 휘익)* 더 세게 불어왔어요. *(휘익 휘익 휘익)* 그러자, 빨간 단풍잎이 스르르

몰려왔어요. 수지가 나뭇잎 위를 걸어가니 소리 나요. *(바스락바스락, 사각사각, 서걱서걱)*. 수지와 아빠는 단풍잎 이불을 덮고 잠이 들었어요. 쉿! 어디선가 귀뚤귀뚤 귀뚜라미 소리가 들려요. *(귀뚤귀뚤)*

4. **활동을 회상하고 평가한다.**
- 오늘 가을에 어울리는 소리를 만들어 봤는데, 어떤 소리가 가장 비슷했던 것 같니?
- 가장 재미있는 소리는 무엇이었니?

확장 활동

◉ 내가 만든 가을 나무 책!

- 활동 자료: A4 색지(파랑, ½사이즈, 120g 이상), 갈색 한지, 풀
- 활동 방법

1. 전 차시의 개별 작품으로 작은 책을 만든다.
   - 지난 시간에 가을을 색칠한 종이를 찾아서 조그만 책에 붙여 볼까?
   - 갈색 종이로 나무 기둥을 꾸며 줄까?
2. 나무 책을 모아 전시하고 감상한다.
   - ('가을 길' 동요를 틀어 주며)이제 ㅇㅇ반에 알록달록 나무들이 많이 생겼네.
3. '가을 길' 동요를 부르며 마무리한다.

   ♬ 노랗게 노랗게 물들었네.

교구공방

◉ 가을 나무 바탕지

- **준비물:** 파란색 4절 색지(2장), 갈색한지(1장), 셀로판테이프, 풀, 칼, 자, 연필

① 색지 한 장은 나뭇잎 부분을 오려낸다.

② 다른 색지는 9cm×13cm 간격의 칸을 그려 준다.

③ 두 장을 셀로판테이프로 연결한다.

수업메모

- 활동 1을 시작하기 전에 벽이나 칠판 한쪽에 가을나무 바탕지를 세워놓는다.
- 가을 나무 바탕지에 미리 개별 작품 크기로 선을 그어 두면, 유아가 쉽게 포트폴리오를 붙일 수 있다.

비슷한 주제를 다룬 책(주제: 가을, 아빠의 사랑)

『알록달록 가을』 이영미 글, 전선영 그림, 국민서관, 2016

『하나와 두리』 이소현 글, 최서경 그림, 국민서관, 2016

『페르디의 가을나무』 줄리아 로린슨 글, 티파니 비키 그림, 선우미정 역, 느림보, 2008

『꼭 잡아 주세요, 아빠!』 진 윌리스 글, 토니 로스 그림, 김서정 옮김, 베틀북, 2003

유아 책 26

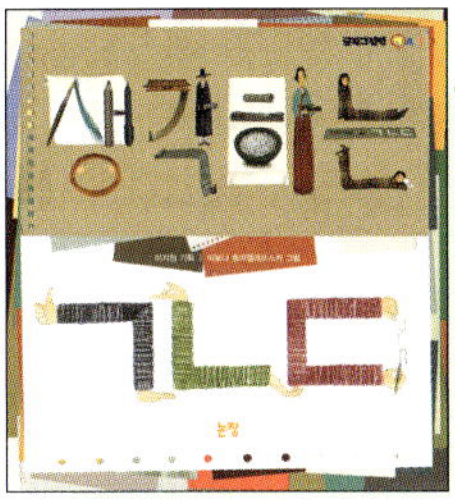

『생각하는 ㄱㄴㄷ』

이지원 기획, 이보나 흐미엘레프스카 그림, 논장, 2005

책 소개

'ㄱ'으로 시작하여 'ㅎ'까지 그림 속에 숨어 있는 글자를 찾아보며 한글의 자음을 흥미 있게 만날 수 있는 그림책이다. 각 펼침면마다 특정 자음을 연상시키는 그림이 8~10컷씩 그려져 있고, 단어를 맞혀 보는 재미가 있다. 한글을 다룬 정보그림책으로는 드물게, 글자의 생김새 자체를 탐색하는 데서부터 출발하고 있다. 작가 이보나 흐미엘레프스카는 폴란드 태생으로 한글 자모의 간결한 논리성에 매혹되어 글자 그림책 작업을 하였다고 한다.

읽기의 특징

- 손가락으로 글자 모양 따라 그리며 읽기
- 수수께끼 형식 병행하며 읽기
- 그림 가리키며 읽기

활동 글자 모양 놀이

◈ 활동 대상 만 5세

◈ 활동 목표

- 한글 자음의 이름과 생김새에 관심을 갖는다.
  (의사소통 〉 읽기 〉 읽기에 흥미가지기)

◈ 활동 자료

그림책, 동요 'ㄱㄴㄷ 노래' 음원, 펠트 자음 글자

◈ 활동 방법

동요감상 ➡ 그림책 감상 ➡ 글자 신체표현 ➡ 글자 찾기 놀이

1. **'ㄱㄴㄷ노래(이민숙 작사 · 작곡)'와 이름으로 자음을 만나 본다.**
- 이 노래에 어떤 노랫말이 나오는지 들어 볼까?
  ♬ 기역, 니은, 디귿, 리을…….
- 이런 기역, 니은, 디귿 같은 글자를 '자음'이라고 해.
- (자음, 모음 자소로 이름을 만들어 보이며) 선생님 이름, '이, 송, 은' 에는 'ㅇ, ㅅ, ㄴ' 이라는 자음과 'ㅣ, ㅗ, ㅡ' 같은 모음이 들어 있어.
- 오늘은 재미있는 자음이 들어 있는 책을 볼 거야.

2. **그림책을 감상한다.**

❶ 표지를 탐색한다.
- 여기 어떤 그림이 있는지 볼까? *기역, 니은, 디귿*

❷ 글자의 생김새에 대해 이야기 나누며 면지를 탐색한다.

- (면지를 보여 주며) 이게 무엇일까?
- 이것은 우리가 사용하는 한글의 옛날 글자야.

❸ 왼쪽 펼침면의 그림 속에 숨어 있는 글자를 찾아본다.
- "개미를 들여다보는 김씨 아저씨", 이 그림에 글자가 숨어 있대. 무슨 글자일까?
- 김씨 아저씨가 이렇게 구부리고 있네. ('ㄱ'자로 구부리고 있는 김씨 아저씨 그림을 검지 끝으로 따라가며) 찾았다, 기역!

❹ 오른쪽 펼침면에 제시된 자음이 들어간 단어를, 아홉 개의 그림 중에서 맞혀 본다.
- 자, 이번에는 기역이 들어가는 말을, 그림에서 찾아볼 거야. 힌트를 잘 들어 보자.
- 이건 놀이터에 있어. 앞뒤로 흔들흔들 움직여. 밀어주면 더 재밌어. *그네*
- (그림을 가리키며) 찾았다! 그네의 기역!

3. 자음 글자 모양을 손으로 표현해 본다.
- 그림책에서처럼 우리도 자음글자를 손으로 표현해 볼까?
- (교사는 왼손 엄지와 검지로 'ㄱ'을 만들어 보이며) 어떤 글자일까? *ㄱ*
- OO는 어떤 글자를 표현한 걸까? *디귿*

(각 유아가 손으로 표현한 글자를 말해본다.)

4. 글자 모양 찾기 놀이를 한다.
- 우리 교실에서 글자 모양을 찾아볼까?
- (각 유아에게 펠트 자음글자를 하나씩 나누어 주고) 손에 들고 있는 글자랑 같은 모양은 어디에 있을까? 찾아보자.
- 이 물건의 어디가 글자 모양과 같니?
- (유아가 찾은 각자의 글자 모양이 있는 사물을 소개한다.)

5. 활동을 회상하며 마무리한다.

- 오늘 만난 한글의 자음 중 어떤 모양이 가장 기억나니?
- 글자를 손으로 표현해 보았는데 어떤 모양이 가장 재미있었니?
- 우리 주변에서 글자 모양을 더 찾아보도록 하자.

확장 활동

⊙ 'ㅇㅇ반 ㄱ, ㄴ, ㄷ'

- 활동 자료: 펠트 자음 글, 자음모양과 유사한 사물을 가리키는 사진
- 활동 방법
  1. 수업 공간에서 글자 모양 찾기 놀이를 할 때, 글자와 유사한 사물을 가리킬 때 개별로 사진을 찍는다.
  2. 사진들을 모아서 자연스럽게 'ㅇㅇ반 ㄱ, ㄴ, ㄷ' 책을 만들 수 있다.

수업메모

- 자음모양과 유사한 사물을 가리키는 유아사진을 순서대로 큰 화면으로 함께 보며 마무리해도 좋다.
- 초등 대상 수업의 경우, 몸 전체를 이용한 글자표현, 협동 글자표현놀이로 연계할 수 있다.

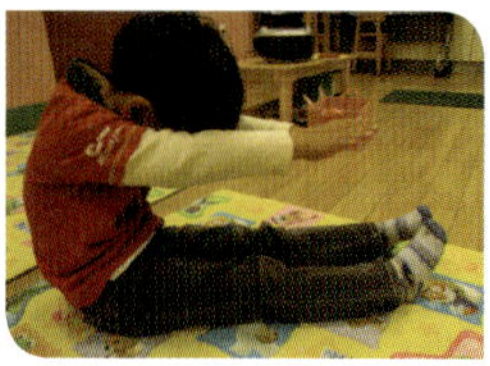

비슷한 주제를 다룬 책(주제: 한글)

『개구쟁이 ㄱㄴㄷ』 이억배 글·그림, 사계절, 2011

『손으로 몸으로 ㄱㄴㄷ』 전금하 지음, 문학동네어린이, 2008

유아 책 27

『장갑보다 따뜻하네』

이모토 요코 글·그림, 강해령 옮김, 북극곰, 2016

책 소개

눈이 펑펑 내리는 날, 장갑 없이 하교 길에 나선 미미는 장갑을 낀 언니에게 손이 시리다고 하소연한다. 지혜로운 언니는 두 짝을 다 벗어주는 대신, 동생에게 한 짝만 벗어 주고, 나머지는 한 손을 꼭 잡아준다. "서로 손을 잡으면 장갑은 한 짝만 있어도 되네"라는 말 속에, 따뜻한 나눔의 철학이 들어 있다. 실제로 아사히신문 독자투고란에 게재된 글을 바탕으로 하였으며, 동글동글한 동물 캐릭터들이 정감을 더한다.

읽기의 특징

- 면지를 이야기의 시간적, 공간적 배경으로 설정하기
- 뒷 장면 예측하기
- 노래 곁들여 읽기

활동 1 장갑보다 따뜻한 손

◈ 활동 대상 만 4세

◈ 활동 목표

- 서로 손잡는 경험을 통해 마음이 따뜻해짐을 느껴 본다.
  (사회관계 〉 다른 사람과 더불어 생활하기 〉 공동체에서 화목하게 지내기)
- 장갑을 활용하여 다양한 물체변형놀이를 할 수 있다.
  (예술경험 〉 예술적 표현하기 〉 극놀이로 표현하기)

◈ 활동 자료

그림책, 동요 '겨울바람' 음원, 빨간 벙어리장갑 1켤레

◈ 활동 방법

동요 부르기 ➡ 그림책 감상 ➡ 이야기 나누기 ➡ 사랑의 전기놀이 ➡ 물체변형 놀이

1. 동요 '겨울바람' 앞부분을 부른다.

♬ 손이 시려워 꽁! 발이 시려워 꽁! 겨울 바람 때문에, 꽁꽁꽁!

- (손을 호호 불며) 아이 손 시려. 어떻게 하면 좋을까? *장갑 껴요.*

2. 그림책을 감상한다.

❶ 표지를 탐색한다.
   - 여기 누가 보이니? 둘은 어떤 사이일까?

❷ 면지와 속표지의 그림과 글을 읽는다.
   - 겨울이 되자 흰 눈이 펑펑 내려요. 아이 추워! 장갑이 필요해요!
   - 장갑보다 따뜻하네! 장갑보다 따뜻한 것이 뭐지? 그림책 속으로 들어가 볼까?

❸ 뒷이야기를 예측해 본다.
   - 미미가 손이 시리대요. 그러자 언니는 어떻게 했을까?

❹ 그림을 묘사하며 읽는다.
   - (여우, 너구리, 고양이가 등장하는 장면에서) 그때 동물친구들이 나타났

어요. 누구누구지?

❺ 노래를 곁들여 읽는다.

- ('똑같아요' 노래 가락에 맞춰서)

♬ 손잡아, 손잡아, 손잡아요. 친구랑 친구가 손잡아요.

3. **그림책 내용을 회상하며 손잡았을 때의 느낌을 이야기 나눈다.**

- 그림책에 어떤 친구들이 나왔었니? *토끼, 여우, 너구리, 고양이*
- 장갑은 몇 개였니? *한 쌍.*
- 어떻게 모두 손을 따뜻하게 할 수 있었니? *서로 손을 잡았어요.*
- 우리도 손잡기를 해 볼까?

(내 손을 잡았을 때와 친구들과 함께 잡았을 때 느낌을 이야기 나눈다.)

♬ 손잡아, 손잡아, 손잡아요.
친구랑 나랑 손잡아요 ~

- (다 같이 손을 잡고 둥글게 앉은 후) 모두 다 함께 손잡으니까, 장갑보다 따뜻하네!

4. **서로 손잡고 사랑의 전기 놀이를 한다.**

- 선생님이 한쪽 손에 힘을 주어 사랑의 전기를 보낼 거야. 손에 찌르르 전기가 전해지면, 똑같이 옆 친구 손을 꼭 잡아 전달하는 거야. 사랑의 전기 전달~ (손에 힘을 주어 오른편 아동에게 전달한다. 익숙해지면 왼편으로 전달한다.)

5. **장갑으로 물체변형놀이를 한다.**

- 이렇게 모두 손을 잡았더니 장갑이 남았네.
- 장갑으로 무슨 놀이를 할 수 있을까? 말하지 말고 몸으로 보여 줄 수 있을까?
- (한 유아가 벙어리 장갑의 엄지 부분을 아래로 하여 물 따르는 몸짓을 보이자) 이게 무엇일까요? *물주전자*

6. **활동을 회상하며 평가한다.**

- 손잡기 놀이를 할 때, 모두 함께 손을 잡으니까 기분이 어땠니?
- 장갑이 여러 가지로 변신을 했는데 가장 재미있었던 것은 무엇이니?

활동 2 장갑이 필요해요

활동 목표

- 장갑 활동을 통해 사랑의 따뜻함과 나눔의 기쁨을 느낀다.
  (사회관계 〉 다른 사람과 더불어 생활하기 〉 공동체에서 화목하게 지내기)
- 도움이 필요한 이웃에게 관심을 가진다.
  (사회관계 〉 다른 사람과 더불어 생활하기 〉 공동체에서 화목하게 지내기)

활동 자료

동요 '겨울바람' 음원, 택배놀이용 소품(모자, 상자, 편지), 나무 모형, 장갑모양 메모지(라벨지), 사인펜

활동 방법

동요부르기 ➡ 그림책 감상 ➡ 연극놀이 ➡ 북트리 꾸미기

1. **동요 '겨울바람' 앞부분을 부른다. (활동 1과 동일)**

2. **그림책을 감상한다. (활동 1과 동일)**

3. **'장갑이 필요해요' 극놀이를 한다.**

❶ 장갑이 필요한 대상에 대해 이야기 나눈다.
- 우리 동네에서 장갑이 필요한 이웃은 누가 있을까? *추운 사람이요. 군고구마 아저씨요.*

❷ '장갑이 필요해요' 연극놀이를 한다.
- (교사 또는 보조교사가 모자를 쓰고 택배상자를 들고 등장하며) 똑똑똑! 소리와 함께 여기가 ㅇㅇ반 친구들이 있는 곳입니까?
- (상자 뚜껑을 열고 편지 글귀를 보여 주며) "장갑이 필요해요~"
- 이 속에 장갑이 필요한 친구들이 있대. 첫 번째 편지에 있는 고양이(예 추위에 떠는 고양이 그림)에게는 어떻게 해 주면 좋을까?

- ("심심해요"라는 글귀와 함께 병상에서 환자복을 입은 채 그림책을 보고 있는 유아 사진이 붙어 있는 마지막 편지를 보여 주며) 이 친구는 어디에 있는 것 같니? *병원*
- 이 친구가 장갑이 필요한데, 심심하대요. 장갑으로 무엇을 할 수 있는지 알려 줄 수 있을까? *인형놀이요, 장갑 책이요.*

4. 장갑 모양으로 북트리를 꾸민다.

- (장갑도안 종이를 주며) 이 친구에게 선물로 주고 싶은 그림책을 그림이나 글로 표현해 볼까?
- (바탕 판을 제시하며) 장갑을 하나 하나 붙여 볼까?

5. 활동을 평가한다.

- 장갑이 필요한 동물이나 친구에게 장갑을 선물하는 놀이를 할 때 기분이 어땠니?
- 우리 동네에서 우리가 만든 장갑 북트리를 보내다면 어디에 보내고 싶니?

수업메모

- 활동 1과 활동 2를 연계하여 진행할 수 있다.
- 사랑의 전기 전달 놀이를 할 때, 방향을 자유롭게 바꾸며 전달하는 방식은 초등연령이나 모든 구성원이 일정한 방향으로 전달하기가 충분히 숙달된 이후에 가능하다. 일정한 방향으로 하는 경우에도 '빠르게, 혹은 느리게' 속도를 달리해 볼 수 있다.
- 실제로 유아들이 선정한 책을 지역사회 내 병원 소아병동에 북트리(혹은 사진)와 함께 선물하는 활동으로 연계할 수 있다.
- **연극놀이(creative drama)**란 창의적 극놀이라고도 하며, 기존의 완성된 공연 작품을 목적으로 하는 연극 개념과는 달리 즉흥적이고, 비공개적이며, 과정 중심적이고, 참여자들은 이끄는 사람(leader)과 더불어 상상하고, 체현하고, 인간경험을 반영하도록 안내된다. 전통적인 연극이 관객에게 보여 주기 위해 미리 짜여진 대본을 연습하고 교사 주도적으로 공연을 하는 데 반해, 창의적 극놀이로서의 연극놀이는 극화과정에서 아동의 즉흥과 자발성을 최대한 살려서 과정 중심, 체험 중심으로 이루어진다(김선, 1999). 유아 및 아동수업에서 자주 활용되는 기법으로는 내러티브 팬터마임, 상상을 통한 물체변형놀이, 즉흥(improvisation), 정지동작(tableau), 역할 내 교사(teacher in role), 회의(meetings), 전문가의 망토(mantle of the expert), 편지(letter), 핫 시팅(hot-seating) 등을 들 수 있다(김선 외, 2007; 소꿉놀이, 2008).

  본 수업에 사용된 연극놀이 기법은 다음의 세 가지이다.

  ① **역할 내 교사:** 교사가 하나의 수업 내에서 일반적인 수업 진행 외에 부가적인 다른 역할까지 담당하며 넘나드는 기법을 말한다. 가령, 교사가 모자를 쓰고 택배 기사가 되었다가 모자를 벗으면서 다시 교사로 돌아오게 된다.

  ② **편지:** 말 그대로 편지나 우편물이 전달되는 것으로, 놀이에서 문제 제기나 새로운 국면 전개가 필요할 때 사용한다.

  ③ **물체변형놀이:** 어떤 물체를 원래의 용도나 성질에 국한시키지 않고, 상상에 의한 변형놀이를 하는 것을 말한다. 보자기, 신문지 막대 등을 이용한 물체변형놀이가 대표적이다.
- **연극놀이를 위한 추천 도서**로는 『유아를 위한 연극놀이』(김선 · 한정혜 · 제인현 · 이송은, 2007)가 있다.

◈ 비슷한 주제를 다룬 책(주제: 장갑)

『아기여우와 털장갑』 니이미난키치 글, 구로이켄 그림, 손경란 옮김, 한림출판사, 1998

『장갑나무』 윤여림 글, 이갑규 그림, 웅진주니어, 2014

『안녕, 나의 장갑나무』 자끄 골드스타인 글 · 그림, 예빈 옮김, 주니어김영사, 2015

유아 책 28

『메리크리스마스, 늑대아저씨!』

미야니시 타츠야 글·그림, 이선아 옮김, 시공주니어, 2002

책 소개

아기 돼지들이 크리스마스를 맞아 트리와 화환을 꾸미고 있다. 이를 지켜보던 늑대는 크르렁거리며 아기 돼지를 덮치지만, 트리에 걸려 넘어지고 만다. 아기 돼지들은 다친 늑대를 집으로 데려가 정성껏 치료해 주고 빨간 장갑까지 선물해 준다. 마침내 늑대는 돼지들의 따뜻한 마음에 감동을 받아 트리를 다시 만들어 주고, 사랑에 감격한다. 미야니시 타츠야 작가 특유의 굵고 간결한 선과 선명한 색상이 아이의 그림 같은 순박함을 풍긴다. 갈등에 놓인 강자와 약자의 관계를 따뜻한 반전으로 마무리하는 재치가 돋보인다.

읽기의 특징

- 면지에서 이야기 시작하기
- 익숙한 노래 곡조 활용하여 읽기
- 등장인물의 상황을 반영하여 읽기

활동 즐거운 크리스마스!

활동 대상 만 5세

◈ 활동 목표

- 크리스마스의 의미가 사랑을 나누는 것임을 안다.
  (사회관계 〉 다른 사람과 더불어 생활하기 〉 공동체에서 화목하게 지내기)
- 사랑의 트리를 입체적으로 만들어 본다.
  (예술경험 〉 예술적 표현하기 〉 미술활동으로 표현하기)
- 반복되는 구절 함께 읽기에 즐겁게 참여한다.
  (의사소통 〉 읽기 〉 책 읽기에 관심가지기)

◈ 활동 자료

그림책, 캐롤송 '징글벨' 음원, 트리 재료(양면색지, 스티커)

◈ 활동 방법

동요 부르기 ➡ 그림책 감상 ➡ 이야기 나누기 ➡ 크리스마스 트리 만들기

1. '징글벨' 노래를 부른다.
- 이 노래를 들으면 무엇이 떠오르니?
- 크리스마스는 어떤 날이니?
- 사람들은 크리스마스를 준비할 때 무엇을 만드니?

2. 그림책을 감상한다.

❶ 앞표지를 탐색한다.
- 아기 돼지들이 지금 뭐 하고 있는 것 같니?
- 늑대 아저씨는 지금 무슨 생각을 하고 있을까?

❷ 면지에서부터 이야기를 시작한다.
- (그림 속 늑대를 가리키며) 눈이 펑펑 내리는 어느 날, 늑대 한 마리가 터덜터덜 걸어가고 있었어요.

❸ 원문을 '징글벨' 가락에 맞춰 노래로 부르며 읽는다.
♬ 신나는, 신나는 크리스마스 ~

❹ 그림책 속의 등장인물의 상황을 반영하여 읽는다.
- (입에 붕대를 감은 상황을 살려 입을 벌리지 않고 눈을 부릅뜨며) 우우우우우~~~

❺ 뒤 면지와 뒤표지를 읽는다.

- (뒤 면지 그림을 보며) 어, 트리가 이제 고쳐졌네.
- (행복한 표정으로) 아기 돼지들아! 정말 고마워. 음~ 장갑 따뜻하다. 메리 크리스마스~~

3. 늑대의 마음이 변하게 된 이유에 대해 이야기를 나눈다.

- 아기 돼지를 잡아먹으려고 했던 늑대가 화환도 고쳐 주고 트리도 새롭게 만들어 주게 된 이유가 뭘까?
- 왜 그렇게 느끼게 되었을까?

4. 입체 사랑의 트리를 만든다.

- 그림책에서 본 늑대처럼 감사와 사랑을 전하고 싶은 사람이 있니?
- (입체 트리를 탁자 위에 세우며) 우리도 사랑의 트리를 만들어 마음을 전해 볼까?

5. 활동을 회상하고 평가한다.

- 크리스마스는 어떤 날일까?
- (평면에 그린 트리 그림과 입체 트리를 제시하며) 두 가지를 비교했을 때, 서로 어떻게 다르니?

확장 활동

◉ 트리를 다시 세워요!

- 활동 자료: 융판, 크리스마스 트리 교구(갈색 펠트 세모 4개, 초록색 펠트 세모 24개, 트리 장식 그림자료)
- 활동 방법
  1. (융판에 붙여진 망가진 트리를 보여 주며) 여기 늑대가 발로 차 부러진 트리가 있어. 늑대를 도와서 이 트리를 다시 완성해야 하는데 우리가 도와줄까?
  2. (유아들에게 세모 컷을 한 장씩 나누어 준 다음) 커다란 세모트리를 원래대로 멋지게 세워 보자.

수업메모

- 속표지는 그림책 줄거리의 결말 부분에 해당하므로 미리 자세하게 탐색하기 보다는 마지막에 읽을 수 있다.
- 대형트리 꾸미기는 모든 유아가 다 참여하여 꾸미도록 자료를 넉넉히 준비한다.
- 유치원이나 어린이집이라면 실제로 크리스마스 트리 꾸미기로 하여도 좋다.

교구공방

◉ 입체 사랑의 트리

- **준비물:** 크리스마스 트리(색지), 여러 종류의 스티커

◉ 대형트리 교구

- **준비물:** 초록색 펠트 세모 24개(가로 14㎝×높이 7㎝), 갈색 펠트 세모 4개(가로 14㎝×높이 7㎝), 나무에 꾸밀 장식품

◈ 비슷한 주제를 다룬 책(주제: 크리스마스)

『커다란 크리스마스 트리가 있었는데』 로버트 배리 글·그림, 김영진 옮김, 길벗어린이, 2014

유아 책 29

『크리스마스 선물』

존 버닝햄 글·그림, 이주령 옮김, 시공주니어, 1996

책 소개

세상 모든 아이에게 크리스마스 선물을 전달하고 돌아온 산타할아버지가 아픈 순록을 재우고 누우려는 순간, 침대 발치에 있는 선물자루를 보게 된다. 그건 바로 가난한 소년에게 줄 선물이었다. 먼 롤리폴리 산꼭대기에 있는 소년의 오두막집을 찾아가기 위해 산타할아버지는 세상의 온갖 교통수단을 모두 이용하게 된다.

읽기의 특징

- 대화체 첨가하여 읽기
- 긴 평서문 개작하여 읽기
- 반복되는 구절 강조하며 읽기
- 동작 곁들여 읽기

활동 선물 배달 대 작전

활동 대상 만 5세

활동 목표

- 극놀이를 통해 나눔의 기쁨을 느낀다.
  (사회관계 〉 다른 사람과 더불어 생활하기 〉 공동체에서 화목하게 지내기)

• 신체를 이용하여 여러 가지 탈것을 동작으로 표현해 본다.
(신체운동·건강 〉 신체활동에 참여하기 〉 자발적으로 신체활동에 참여하기)

활동 자료

그림책, 야구모자, 그림책 속 교통기관 그림 컷, 선물 그릴 종이, 주머니(또는 팬던트), 사인펜(또는 색연필)

활동 방법

표지탐색 ➡ 그림책 감상 ➡ 선물그리기 ➡ '선물 배달가는 산타' 극놀이

1. **수수께끼를 통해 산타클로스를 알아본다.**
- 나이가 많은 사람이야. *할아버지, 할머니*
- 세계적으로 유명한 사람이지.
- 겨울이 되면 더욱 바빠지는 사람이야.
- 이 사람은 착한 어린이에게 선물을 나누어 주신대. 누굴까?

2. **그림책을 감상한다.**

❶ 앞표지를 탐색한다.
- 산타할아버지는 어떤 옷을 입었니?
- 무엇을 타고 있지?

❷ 대화체를 첨가하여 읽는다.
- 저녁을 먹고 나서 산타할아버지는 순록들을 침대에 누여주었습니다. "아구구구, 얘들아, 수고 많았다. 푹 자거라" 그런데……
- "한잠 푹 자고 나면 괜찮아질 거야." (원문: 산타할아버지는 한잠 푹 재우고 나면 괜찮아질 거라고 생각했지요.)
- 이제 산타할아버지도 잠을 잘 수 있게 되었습니다. "아이고 피곤하다, 이제 한숨 자 볼까?"

❸ 긴 평서문을 간결하게 개작하여 읽는다.
(6쪽, 7쪽의 상황 설명에 대한 부분을 두세 문장으로 간결하게 읽는다.)

❹ 반복되는 구절을 강조하며 읽는다.
- 아주아주 멀고 먼/ 롤리 폴리 산 꼭대기/ 하비 슬렘펜 버거네 오두막집

❺ 동작을 곁들여 읽는다.

- (10쪽 본문을 다 읽은 뒤) 우리도 비행기를 타고 날아가 볼까?
- (양손을 펼치며) 붕~~

3. 그림책 속의 하비 슬렘펜버거에게 줄 선물을 그린다.

- (선물 그릴 종이를 주면서) 여러분이 산타라면 이 친구에게 어떤 선물을 주고 싶니?

4. 극놀이로 선물 배달 가는 산타가 되어 본다.

❶ 각자 그린 선물그림을 주머니(또는 펜던트)에 넣는다.

❷ (교통기관에 따른 이동경로 표시를 바닥에 붙이고) 교사의 해설에 따라 움직여 본다. (내러티브 팬터마임)

- 자, 산타 여러분, 비행기가 이륙합니다. 붕─. 그런데 기상상태가 나빠서 흔들립니다.

5. 활동을 회상하며 평가한다.

- 내가 산타가 된다면, 누구에게, 어떤 선물을 주고 싶니?
- 만약 너희가 산타할아버지께 선물을 드린다면, 어떤 선물이 하고 싶니? 왜 그것을 드리고 싶니?
- 여러 동작을 하며 선물 배달 놀이를 했는데, 어떤 동작이 가장 기억나니?

수업메모

- 이 책은 전반부에서 상황설명식 평서문만으로 여러 페이지가 계속되는데, 이런 부분을 간결하게 개작하고 대화체를 첨가하여 읽는 것이 좋다. 그렇지 않을 경우, 대집단 읽기에서 성공하기가 어렵다. (읽기 유형 Ⅲ)

◈ 비슷한 주제를 다룬 책(주제: 크리스마스)

『있잖아요, 산타 마을에서는요…』 가노 준코 글, 구로이 켄 그림, 고향옥 옮김, 길벗어린이, 1999

유아 책 30

『추워라 춥대장 나와라 눈대장』

코이데 야스코 글·그림, 박숙경 옮김, 한림출판사, 2006

책 소개

추운 겨울날 키코, 치이, 니이는 할머니가 만들어 주신 망토를 입고 썰매를 타러 나간다. 할머니는 혹시 눈거인을 만날 수 있으니 절대로 춥다고 말을 해서는 안된다고 당부한다. 산 속에서 우연히 만난 춥대장과 눈대장은 빙수를 먹고 눈거인으로 변해 키코, 치이, 니이를 얼려 버리려 하지만 키코의 재치로 무사히 집으로 돌아온다.

읽기의 특징

- **책을 교구로 사용하며 읽기**

  썰매를 타는 장면에서 책을 세로로 비스듬히 하여 움직이면서 읽음으로써 썰매를 타는 모습에 대한 연상을 돕는다.

- **앞 장면으로 돌아가 그림을 비교하며 읽기**

  눈대장과 춥대장의 크기 변화를 그림 장면 순서에 따라 살펴본다.

활동 나와라 나와라 춥대장

◈ 활동 대상 만 4세

◈ 활동 목표

- 친구와 협동하여 보자기 썰매놀이를 즐긴다.
  (신체운동·건강 〉 신체조절과 기본운동하기 〉 신체조절하기)
- 규칙을 지키며 게임에 즐겁게 참여한다.
  (사회관계 〉 다른 사람과 더불어 생활하기 〉 친구와 사이좋게 지내기)

◈ 활동 자료

그림책, 동요 '괜찮아요' 음원, 초록 보자기(인원수), 다른 색 보자기(1개, 교사용)

◈ 활동 방법

노래 부르기 ➡ 그림책 감상하기 ➡ 보자기 썰매 타기 ➡ 춥대장 게임

1. 동요 '괜찮아요'를 부른다.

- 오늘 날씨 정말 춥다. 눈이 오는 겨울날 무슨 놀이를 하고 싶니? *눈싸움이요. 썰매타기요.*
- 추워도 괜찮아요? *네.*

♬ 바람 불어도 괜찮아요 괜찮아요 괜찮아요
쌩쌩 불어도 괜찮아요
난 난 난 나는 괜찮아요

2. 그림책을 감상한다.

❶ 표지 탐색을 한다.
- 친구들이 무엇을 하고 있니?
- (제목을 가리키며) 춥대장과 눈대장은 누굴까?

❷ 책을 교구로 사용하며 읽는다.
- (14~15쪽 펼침면에서, 책을 썰매 타듯 위, 아래

로 움직이며) 썰매를 타고 내려왔다가 올라가고, 또 내려왔다가 올라가고.
- (22~23쪽 펼침면에서, 책을 위로 올리며) **쑤욱 쑤욱 쑤우욱, 춥대장과 눈대장은 산만큼 커졌습니다.**

❸ 춥대장과 눈대장의 크기 변화를 비교하며 읽는다.
- (21쪽) **키코는 이상하다는 생각이 들어서 춥대장과 눈대장을 빤히 쳐다보았습니다.**
- 춥대장과 눈대장 모습이 어떠니? *뚱뚱해요.*
- 왜 이렇게 변했지? 언제부터 변했는지 앞으로 가서 볼까? (16~17쪽을 보여 준다.)

3. 썰매타기 놀이를 한다.

- 키코의 할머지가 우리 친구들에게도 망토를 보내 주셨어.
- 우리도 망토를 둘러보자. 이 망토로 무얼 하면 재미있을까? *썰매 타요.*
- 우리도 썰매를 타 볼까?
- 썰매를 타니 이제 하나도 춥지 않네.

4. '춥대장' 게임을 한다.

❶ 게임 설명을 한다.
- 혹시 춥대장 목소리가 들리면 '나와라 나와라 춥대장!'이라고 부르고, 춥대장과 가위바위보를 하는거야.
- 가위바위보에서 이기면 추위를 이기는 물건들을 큰소리로 말하며 한 발 앞으로 가고, 지면 한 발 뒤로 가지만, 절대로 춥다고 얘기하면 안 돼.

❷ 게임을 한다.
- (교사, 보자기를 어깨에 두르고) 으하하하! 이렇게 추운 날 어디서 씩씩대장들이 노는 것 같은데? 친구들을 꽁꽁 얼려 주러 가야겠다.
- (유아, '우리집에 왜 왔니' 대형으로 서서) 나와라 나와라 춥대장! 나와라 나와라 춥대장!
- (교사, 유아쪽으로 다가서며) 나왔다 나왔다 춥대장! 나와라 나와라 씩씩대장!

- (유아, 교사쪽으로 다가서며) 나왔다 나왔다 씩씩대장!
- 가위바위보! 이겼다 이겼다 춥대장! 바람! 쉬잉~ 춥다고 말해라~ (교사는 한 발짝 앞으로 가고, 유아는 한 발짝 뒤로 간다.) *싫어.*
- 가위바위보! 이겼다 이겼다 씩씩대장! 망토! 와~

5. **활동을 마무리하며 평가한다.**
- 보자기 썰매를 탈 때 어떻게 하면 더 잘 탈 수 있을까?
- '춥대장' 게임을 하면서 어떤 점이 재미있었니? 어려운 점은 없었니?

수업메모

- 보자기 썰매타기 놀이를 하기 전에 유아가 다치지 않도록 안전에 대해 이야기 나눈다.
- '춥대장' 게임 전, 유아가 앞뒤로 이동할 때 한 줄로 선 대형을 유지할 수 있도록 바닥에 선을 표시해 둔다.

◈ 비슷한 주제를 다룬 책(주제: 눈, 썰매)

『썰매를 타고』 정유정 글·그림, 사계절, 2007

『씽씽 달려라! 침대썰매』 사토 와키코 글·그림, 이영준 옮김, 한림출판사, 2000

유아 책 31

『배달 대소동』

이송은·김성하 글, 전영옥 그림, 국민서관, 2016

책 소개

캄캄한 밤, 차고 마당 한쪽에서 화물을 나르는 자동차들이 자기 자랑을 시작한다. 높은 곳으로 배달하는 사다리차, 많이 실을 수 있는 덩치 큰 화물트럭, 시멘트를 만들며 달려갈 수 있는 레미콘, 경호원을 데리고 다니는 현금 수송차까지 모두 자기가 제일이라고 으스댄다. 결국 배달 경주로 우열을 가리기로 하는데, 차들은 무턱대고 아무 운송장이나 들고 출발하는 바람에 모두들 만족별표를 받는데 실패하고 만다. 인성교육 요소 중, '질서'라는 덕목을 효과적으로 가르쳐 줄 수 있으며, 어머니와 아들이 함께 글을 쓴 작품이다.

읽기의 특징

- **등장인물의 성격과 상황을 살려 읽기**

  〈성격 설정의 예〉

  사다리차: 도도한 삼십대 여성

  화물차: 우락부락한 느낌의 남자, 굵고 거친 소리의 중년 남성

  레미콘: 소심하고 불안정한, 약간 빠른 속도의 젊은 남성

  현금 수송차: 단조로운 로봇풍의 소년소리

  기사1: 초로의 남성

  기사2: 30대 청년
- **동작 곁들여 읽기**
- **운율 살려 읽기(레미콘 회전 장면)**
- **원인 추측해 보기**

  현금 수송차가 나타나지 않고 있는 이유에 대해 추측해 본다. 이는 비교적 쉽게 추론할 수 있는, '다음 장면 예측하기'와는 다르며, 유아에게 다양한 사고를 가능하게 한다.
- **노래 개사해 읽기(마지막 자동차가 일렬로 달려가는 장면)**

활동 빵빵! 배달 대소동

◈ **활동 대상** 만 5세

◈ **활동 목표**

- 물건을 나르는 교통기관에 관심을 갖는다.
  (사회관계 〉 사회에 관심 갖기 〉 지역사회에 관심 갖고 이해하기)
- 물건을 배달하는 과정에는 지켜야 할 약속이 있음을 안다.
  (사회관계 〉 다른 사람과 더불어 생활하기 〉 사회적 가치를 알고 지키기)

◈ **활동 자료**

그림책, 그림 카드(교통기관, 화물), 융판

◈ **활동 방법**

상황극 ➡ 동화 감상 ➡ 이야기 나누기

1. **간단한 상황극으로 '배달'의 의미에 대해 알아본다.**
- 다음 이야기를 듣고 문 밖에 있는 사람이 누구인지 맞혀 보세요.
  (딩동딩동)
  주인: 누구세요?
  택배기사: 여기가 102동 000호 맞나요?
  주인: 네.
  택배기사: 주문하신 상품 배달 왔습니다.
- 얘들아, 밖에 누가 온 거지? *택배아저씨요.*
- 택배가 무슨 뜻인지 알고 있니? (집으로 배달해 준다는 뜻임을 간단히 설명한다.)
- 배달이 무슨 뜻일까? *갖다 주는 거요.*
- 오늘은 물건을 배달하는 이야기가 나오는 책을 볼 거야.

2. **그림책을 감상한다.**

❶ 표지의 그림 부분을 가리고, 제목으로 그림책의 내용을 예측해 본다.
  - (표지의 제목 부분만 보이게 하고, 나머지 부분을 가린 채) "배달 대소동"

배달하다가 큰일이 벌어졌대. 배달 대소동이 왜 일어났을까? *다른 집에 잘못 갔어요. 사고가 났어요. 물건이 깨졌어요.*

❷ 교통기관들의 특징과 상황을 살려 역동적으로 읽는다.
- (사다리차 부분에서 도도한 소리로 목을 길게 빼고) **난 말이야. 어제 20층 꼭대기에 피아노를 배달하고 왔어. 나만큼 높이 배달 가 본 차 있어?**

❸ 운율을 살려 동작과 함께 읽는다.
- (그림 속 레미콘 통 위에서 빙글빙글 돌리듯 손을 움직이며) 이번엔 레미콘이 몸을 빙글빙글 돌리며 나섰어요. **아이스, 아이스 맛있는 아이스크림, 아이스, 아이스 빙글빙글 아이스크림**

❹ 내용에 대해 이유를 추측해 본다.
- 현금 수송차는 왜 아직 보이지 않는 것일까?

❺ 그림에 담긴 이야기를 찾아 읽는다.
- (더러워진 레미콘을 닦아 주는 아저씨를 가리키며) 지금 아저씨가 무엇을 하고 있니? *청소해요.*
- 현금 수송차는 왜 눈이 이렇게 불룩 나왔을까? *너무 울어서요.*

3. **물건을 나르는 자동차와 그에 어울리는 물건을 연결해 본다.**
- (자동차와 화물 그림 카드를 무작위로 제시하며) 여기 자동차들과 물건들이 있어. 친구들이 어울리는 짝을 찾아줄 수 있겠니?

4. **활동을 회상하며 이야기 나눈다.**
- 배달 대소동은 왜 일어났을까? *마음대로 아무거나 가져갔어요.*
- 물건을 나르는 교통 기관들이 지켜야 할 약속은 무엇일까? *자기가 배달할 것만 가져가야 돼요. 주소를 잘 봐야 돼요.*

확장 활동

⊙ 내가 최고야!

- 활동 자료: 그림책, 자동차 그림 컷, 극놀이 소품(스카프, 차고용 의자 또는 상자 곽)
- 활동 목표
  - · 소품을 이용하여 극놀이에 즐겁게 참여한다.
    (예술경험 〉 예술적 표현하기 〉 극놀이로 표현하기)
  - · 노래로 자동차가 하는 일의 특징을 표현한다.
    (예술경험 〉 예술적 표현하기 〉 음악으로 표현하기)
- 활동 방법

1. 친숙한 곡을 따라 노랫말을 만들어 자동차 주제가를 만든다.
   - 그림책에서 어떤 자동차들이 나왔니? *사다리차, 화물차, 레미콘, 현금 수송차.*
   - 사다리차는 어떻게 생겼니?
   - 사다리차가 높이 올라가는 것을 어떻게 나타내면 좋을까?

   ♬ 높이높이 높이 사다리차~
2. 등장인물과 역할을 알아보고 대사를 간단히 말해 본다.
   - 사다리차는 뭐라고 자기자랑을 할까? *난 높이 배달 갈 수 있어.*
   - 사다리가 높이 배달 가다가 무엇 때문에 목을 다쳤니? *바람.*
3. 소품을 이용하는 방법과 위치에 대해 알아본다.
   - 바람을 어떻게 표현하면 좋을지 여기 준비한 물건 중에서 찾아보겠니? *보자기, 스카프.*
   - 자동차들이 밤에 돌아가 쉬는 곳, 차고를 무엇으로 표현하면 좋을까?
4. 극놀이를 한다.
   (역할을 정하고 그에 맞게 그림 컷을 배부하고 자리를 정한다.)
   ① 1장: (오프닝) 역할별로 노래를 부르며 각 역할마다 인사를 한다.
   ② 2장: 교사의 해설과 함께 극놀이를 한다.
   ③ 3장: (엔딩) 노래를 부르며 행진한다.
5. 활동을 평가한다.
   - 극놀이를 하면서 무엇이 가장 재미있었니?
   - 극놀이를 하면서 어려운 점은 없었니?
   - 오늘 만든 자동차 노래 중에 재미있는 부분은 어디였니?
   - 더 만들고 싶은 자동차 노래가 있니?

수업메모

- 마지막 장면을 읽을 때, 동요 '간다 간다'를 개사하여 '♬ 간다간다간다간다 오토바이, 간다간다 간다간다 사다리차…'처럼 읽을 수 있다.
- 극놀이 시, 자동차 외에도 바람, 벽, 기사 아저씨 등의 역할을 추가하면 더욱 흥미가 있다.
- 극놀이 시 아래 사진처럼 교통기관의 차고를 설정할 수 있다.

〈'동극 만들기' 단계〉

· 1단계

교사의 스토리텔링에 맞추어 유아가 움직임을 한다.

→ 유아는 교사의 스토리텔링에 나타나는 등장인물의 대사 표현을 관찰할 수 있다.

· 2단계

해설(장면 설명)은 교사가 말하고, 유아는 등장인물의 대사를 말한다.

→ 유아가 대사를 말하기 전에, 교사가 해설을 말할 때 그 등장인물의 감정을 미리 이야기한다.

예 교사: 사다리차가 뽐내듯이 말했어요.
유아: 난 말이야, 20층까지 피아노를 배달했어!

· 3단계

등장인물 표현에서 추가되면 더 좋을 행동들을 교사가 해설로 알려 준다.

예 교사: 사다리차는 '가슴을 내밀고 고개를 위로 들며' 뽐내듯이 말했어요.
유아: (고개를 들고 뽐내듯이) 난 말이야, 20층까지 피아노를 배달했어!

◈ 비슷한 주제를 다룬 책(주제: 교통기관)

『트럭은 부지런해요』 바이런 바튼 글·그림, 신형건 옮김, 보물창고, 2009

『부릉부릉 치키치키』 이송은 글, 윤지은 그림, 국민서관, 2016

유아 책 32

『꼬마 단추 푸치』

아사노 마스미 글, 아라이 료지 그림, 고향옥 옮김, 살림어린이, 2013

책 소개

단추 가게에 올망졸망 귀여운 단추들이 모여 앞으로 무엇이 될까 궁금해하며 이야기꽃을 피운다. 꼬마 단추 푸치는 에리와 만나게 되고 예쁜 치마 단추가 된다. 세월이 흘러 에리가 자라면서 치마를 더 이상 입을 수 없게 되지만, 푸치는 에리가 아끼는 토끼인형의 브로치가 되어 다시 만난다. 작은 단추하나가 소중한 친구가 될 수 있음을, 그리고 내 물건을 소중히 여기는 마음을 갖게 되는 그림책이다.

읽기의 특징

- **바탕글을 따옴표 대사로 바꾸어 생동감 있게 읽기**

  따옴표 없이 바탕글이 여러 문장 이어질 경우, 유아들의 주의가 산만해지거나 지루해질 염려가 있다. 이때 직접화법의 대사 형식으로 바꾸어 읽으면, 생동감이 더해져서 이야기를 재미있게 전달할 수 있다.
- **그림을 짚어가며 이야기하기**
- **다음 장면 예측해 보며 읽기**

활동 단추랑 놀아요!

활동 대상 만 5세

◈ 활동 목표

- 단추를 다양한 방법으로 분류해 본다.
  (자연탐구 〉 수학적 탐구하기 〉 기초적인 자료 수집과 결과 나타내기)
- 펠트 단추로 패턴무늬를 만들며 규칙을 이해한다.
  (자연탐구 〉 수학적 탐구하기 〉 규칙성 이해하기)

◈ 활동 자료

그림책, 단추 달린 옷, 실물 단추(여러 가지 단추 10개씩 지퍼 백에 담은 것), 종이접시, 펠트 단추(여러 가지로 6개씩), 단추놀이 바탕 판(30㎝×20㎝ 크기의 우드락 및 검정색 펠트－유아 수만큼) 펠트 옷본, 옷걸이

◈ 활동 방법

이야기 나누기 ➡ 옷의 단추 관찰 ➡ 그림책 감상 ➡ 실물 단추 관찰 ➡ 펠트 단추 분류 ➡ 펠트 옷 본 꾸미기

1. **교사의 옷차림을 관찰하며 이야기 나눈다.**
- 선생님이 어제 옷을 샀는데 입어볼게요. (단추 하나를 밀려서 끼운다.)
- 어, 그런데 단추 구멍이 모자라네. 왜 이렇게 됐지?

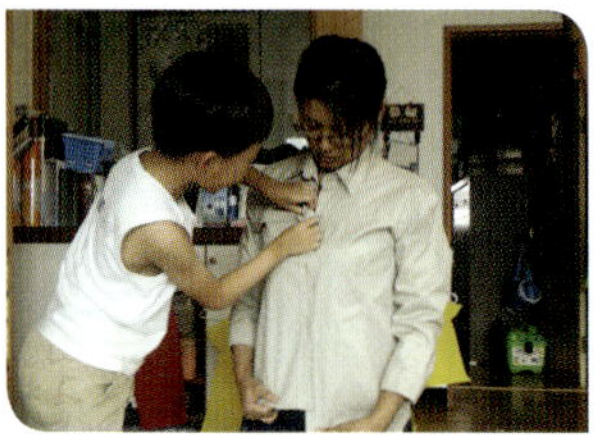

2. **각자 자신의 옷에 있는 단추(모양, 색깔, 구멍 수 등)를 탐색한다.**
- 동그란 모양의 단추가 있는 친구?
- 단추가 가장 많이 달린 옷을 입고 온 친구는 누구일까?
- 단추는 왜 필요할까?

3. **그림책을 감상한다.**

❶ 표지를 탐색한다.
- (표지 그림을 살펴보며) 푸치를 찾아볼까?

❷ 바탕글을 직접화법의 대사로 바꾸어 생동감 있게 읽는다.

- "에리는 아직 어려서 조그만 단추 끼우는 것을 어려워해. 내가 도와줘야지. 영차" (원문: 에리가 조그만 손으로 단추를 끼울 때면, 푸치는 낑낑거리며 발돋움을 해야 했어요. 에리는 아직 푸치처럼 조그만 단추를 잘 끼우지 못하거든요.)

❸ 그림 읽기로 유아들에게 질문하며 읽는다.
- (그림을 가리키며) 푸치와 에리가 지금 어디 가고 있니? 무얼하고 있니?
같이 우산을 쓰고 있어요.

❹ 다음 장면을 예측해 보며 읽는다.
- (푸치가 울면서 잠이 들었다가 깨어난 장면) 푸치는 어떻게 되었을까?

4. **펠트 단추를 다양한 방법으로 분류한다.**

❶ 펠트 단추 6개와 펠트판을 나누어 갖는다.

❷ 펠트판 위에 펠트 단추를 올려놓고 분류하기 놀이를 한다.
- 같은 구멍 수대로 모아 볼까?
- 같은 색 단추끼리 모아 볼까?
- 같은 모양끼리 모아 볼까?

❸ 공통점이 있는 단추 6개를 모은다.
- (친구들과 바꾸면서) 같은 점이 있는 단추 여섯 개를 모아볼까?

❹ 다 모은 친구는 '빙고!'라고 외친다.

5. **펠트 단추로 펠트 옷본을 꾸민다.**
- (펠트 옷본을 보여 주며) 선생님이 어떤 규칙대로 단추를 놓았을까? 우리도 단추를 이용해 패턴을 만들며 옷을 꾸며 보자.
- 각자 꾸민 옷을 친구들에게 소개해 볼까?

6. **활동을 평가한다.**
- 단추를 모양이나 색깔끼리 모아 보았는데, 혹시 다른 방법으로 모아 볼 수 있을까?
- 우리가 만든 패턴 중에서 가장 재미있는 것은 무엇이었니?

교구공방

⊙ 펠트옷과 단추

• **준비물:** 여러 가지 색깔 펠트, 검정색 네임펜

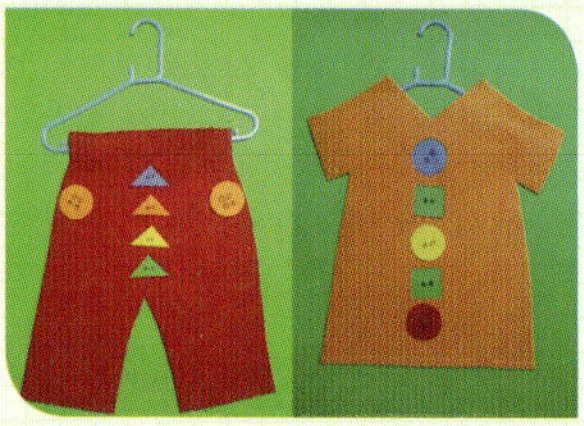

※ 단추는 구멍의 수, 색, 모양을 달리하고 유아 1인당 6개가 적당하다.

수업메모

• 친구들과 단추 교환 활동을 할 때, 원하는 단추를 찾지 못할 경우가 있다. 이에 대비하여 교사는 다양한 펠트 단추를 준비하여 교환 활동에 참여한다.

* 소극적인 유아들이 단추 교환 활동에 적극적으로 참여할 수 있도록 격려한다.
* 기관에서 수업을 할 경우 자유선택 활동과 연계하여 실물 단추 탐색놀이를 해 볼 수 있다.

• 〈실물 단추 탐색놀이의 예〉

① 다양한 모양과 크기의 단추를 개인접시에 담아 탐색한다.

② 접시에 있는 단추의 공통점을 찾아 분류한다. (색, 모양, 구멍의 수 등)

③ 단추의 공통점을 이용하여 패턴을 만든다.

◈ 비슷한 주제를 다룬 책(주제: 단추)

『단추가 좋아』 레베카 영 글, 수 드젠나로 그림, 김서정 옮김, 봄봄, 2012

『고양이 피터 멋진 내 단추 네 개』 에릭 리트윈 글, 제임스 딘 그림, 이진경 옮김, 상상의힘, 2012

유아 책 33

『자꾸자꾸 초인종이 울리네』

팻 허친즈 글·그림, 신형건 옮김, 보물창고, 2006

책 소개

엄마가 만든 열두 개의 쿠키를 두 아이가 먹으려는데 초인종이 울리면서 쿠키를 나누어 먹을 사람들이 자꾸만 늘어난다. 열두 개 쿠키를 하나씩 나누었는데도 또 초인종이 울리자 모두들 긴장하는데 다행스럽게도 할머니가 쟁반 가득 쿠키를 들고 찾아 오셨다. 나누어 먹을 사람들이 늘어남에 따라 시무룩해지는 아이들의 표정이 공감을 자아내며, 수 가르기의 원리를 친근하게 이해할 수 있게 해준다.

읽기의 특징

- 의성어를 첨가하며 다음 장면 넘기기
- 다음 장면 예측하기
- 수 세기와 수 가르기를 곁들이며 읽기

활동 쿠키를 나누어요

활동 대상 만 5세

활동 목표

- 수 가르기의 원리를 경험한다.
  (자연탐구 〉 수학적 탐구하기 〉 수와 연산의 기초개념 형성하기)

• 나누기 놀이를 통해 공평함의 의미를 알고 나눔의 기쁨을 느낀다.
(사회관계 〉 다른 사람과 더불어 생활하기 〉 사회적 가치를 알고 지키기)
• 다양한 모양조각을 이용해 창의적인 조형 활동을 한다.
(예술경험 〉 예술적 표현하기 〉 미술활동으로 표현하기)

활동 자료

그림책, 상자, 현관 벨 음향, 쿠기나누기 교구(교구공방 참조), 펠트 컷(동그라미, 세모, 네모), 융판, 간식용 쿠키(인원수의 3배수로 준비), 펠트 접시 컷

활동 방법

상황극 ➡ 그림책 감상 ➡ 쿠키 나누기 놀이 ➡ 쿠키 펠트 컷 조형놀이

1. 초인종이 울리는 상황극을 보여 준다.

- "딩동딩동" 어? 초인종이 울리네. 누구지? / 배달 왔습니다. / 한번 열어 볼까?

2. 그림책을 감상한다.

❶ 앞표지를 탐색한다.
- 여기 친구들이 많이 있다. 무얼 하고 있니? 표정이 어떤 것 같니?

❷ 유아의 참여를 격려하며 읽는다.
- "그럼~ 할머니가 만든 과자가(∨) (유아와 함께 다 같이 엄지를 세우며) 최고지!"

❸ 페이지를 넘길 때마다 벨소리를 내며, 누가 왔을지 뒷 이야기를 예측해 본다.
- "딩동딩동" 누가 왔을까?

❹ 수 세기와 수 가르기를 곁들이며 읽는다.
- 식탁에 앉은 친구들이 몇 명인지 세어 볼까? 한 사람이 몇 개씩 먹으면 될까?

3. '쿠키를 나누어요' 놀이를 한다.

- 딩동딩동! 애들아 선생님이 쿠키(펠트 쿠키)를 가져왔어. 우와~ 쿠키가 많다. 우리도 똑같이 나눠 볼까?
- 우리는 네 명이고 쿠키는 열두 개가 있어. 어

떻게 나누면 모두 똑같이 가질 수 있을까? *먼저 하나씩 나눠요.*

- 와! 세 개씩 똑같이 가졌네. 잘 나눴구나.
- 딩동딩동! 누구지? 친구들이 또 놀러왔어요. 너희들은 누구를 초대하고 싶니? 동물 친구들도 괜찮아. *전 고양이 줄래요. 전 토끼에게 줄래요. 전 아기호랑이 줄래요.*
- (아동의 수가 12명보다 부족할 경우, 여분의 접시를 추가된 손님 수만큼 내놓으며) 자 이제, 몇 개씩 나누면 좋을까?

4. **세모, 네모, 동그라미와 쿠키 펠트 컷으로 조형놀이를 한다.**

- (교사가 원 모형에 쿠키를 놓으며)

♬ ('Are you sleeping?' 가락에 맞춰)
쿠키 하나, 쿠키 하나,
무엇이 될까? 무엇이 될까?
(쿠키의 수를 늘리며 반복하여 부른다.)

5. **활동을 회상하고 평가한다.**

- 쿠키를 어떻게 똑같은 개수로 나누었니?
- 쿠키가 남거나 모자랐을 때 어떤 생각이 들었니?
- 여러 가지 쿠키모양 만들기를 했는데, 어떤 것이 가장 재미있었니?

수업메모

- 수업과 연계하여 간식을 쿠키로 준비할 수도 있으며, 실제로 쿠키 간식 먹기로 본 활동의 첫 번째 목표에 대한 평가를 할 수 있다.
- 실물 쿠키를 이용하면 공평하게 나누는 것의 필요성과, 나누는 과정에서 생길 수 있는 갈등을 보다 실감나게 경험할 수 있다.

◈ 비슷한 주제를 다룬 책(주제: 수, 나눔)

『자꾸자꾸 시계가 많아지네』 팻 허친즈 글·그림, 신형건 옮김, 보물창고, 2007

『친구에게 주는 선물』 후쿠자와 유미코 글·그림, 엄기원 옮김, 한림출판사, 2004

유아 책 34

『똑똑! 누구세요?』

샐리 그랜들리 글, 앤서니 브라운 그림, 조은수 옮김, 웅진주니어, 2002

책 소개

아이가 잠을 자려고 할 때 누군가가 문을 두드린다. 문을 열면 고릴라, 마녀, 유령, 용, 거인이 서 있는데 모두 아빠의 신발을 신고 있다. 어찌된 일일까? 아이에게 잘 자라는 인사를 온몸으로 해 주고 있는 아빠의 사랑을 느낄 수 있는 따뜻한 책이다. 열린 문틈 사이로 보이는 것과 벽지그림이 바뀌는 것을 단서로 문 뒤에 누가 있는지 예측하고 맞춰 가는 재미를 느낄 수 있다.

읽기의 특징

- **주고받는 대화식으로 읽기**
- **부분적으로 가리고 읽기**
- **그림으로 다음 등장인물 추측해 보기**

  벽지 모양에 암시된 단서를 보고 문을 두드리는 대상을 맞혀 보며 읽는다.
- **마지막 장면 건너뛰며 읽기**

활동 똑똑 누구일까요?

활동 대상 만 5세

활동 목표

- 규칙을 이해하며 놀이에 참여한다.
  (사회관계 〉 다른 사람과 더불어 생활하기 〉 친구와 사이좋게 지내기)
- 특정 사물을 보고 연상되는 동물이나 사물을 말할 수 있다.
  (의사소통 〉 말하기 〉 느낌, 생각, 경험 말하기)

활동 자료

두 가지 색깔의 보자기 6~8개(가로세로 각각 1m 내외), 번호스티커, 그림 컷 막대교구

활동 방법

상황극으로 제목 제시하기 ➡ 그림책 감상 ➡ 연상놀이

1. **간단한 상황극으로 그림책 제목을 알아본다.**
- (교사가 교실 밖에서 문을 두드리며) '똑똑' 누구세요?
- (교실로 들어오면서) 나는 오늘 재밌는 책으로 책놀이 수업을 하러 온 선생님이에요.
- 이 책에서 누군가 '똑똑' 문을 두드리면, '누구세요?' 라고 큰소리로 물어보자.

2. **그림책을 감상한다.**

❶ 제목을 대화체로 읽어 본다.
- (앞표지 전체를 가리고 제목 글씨 중 '똑똑' 부분만 가림종이를 떼어내며) 똑똑! *누구세요?*

❷ 그림을 짚으며 연상되는 것을 물어본다.
- (연기와 불꽃 그림을 차례로 짚어가며) 연기가 푸쉬쉬, 불꽃이 푸하하. 누굴까?

❸ 그림을 자세히 살피며 이야기를 나눈다.
- 처음부터 끝까지 계속 나오는 것이 무엇일지 찾아볼까? *신발*
- (글의 일부를 가리고 그림만 보여 주며) 그런데, 사실은 모두 누구일까? *아빠*

3. **그림책 내용에 대해 간단히 이야기 나눈다.**

- 아빠는 왜 여러 가지 변신을 하고 문을 두드렸을까?
- 너희라면 마지막에 아빠가 무얼 갖고 오시면 좋겠니?

4. **'똑똑! 누구일까요?' 연상놀이를 한다.**

- 우리가 방금 보았던 책에서 누군가 새롭게 문을 두드릴 때마다 문 주변의 벽지 그림이 바뀌었어.
- 그 그림을 보고 무엇을 알 수 있었니? *누가 왔는지 알 수 있었어요.*
- 이렇게 어떤 그림을 보고, 무엇이 떠오르는지 말하는 게임을 해 볼 거야.

① 각 팀별로 차례대로 순서를 정한다.
② 긴 직사각형 모양의 보자기 띠를 중심으로 양 팀이 마주선 대형(예: '우리 집에 왜 왔니?')으로 나누어 잡는다.

③ 각 팀에게 힌트와 정답이 앞뒤로 그려진 막대교구를 아이들 수만큼 나눠 준다.
④ 놀이를 진행한다.
♬ (막대교구를 보자기 아래로 가리고 상대편 앞으로 걸어가며) 하나, 둘, 셋, 넷
(제자리에서) 똑똑! *누구십니까?*
- (예: 바나나 그림을 보자기 위로 보여 주며) 누구일까요? 하나, 둘, 셋
- (제시된 그림을 보고 정답을 맞추며) *고릴라.*
- 딩동댕 (정답을 맞히면 막대교구를 상대팀에게 준다.)
⑤ 양 팀이 획득한 막대교구 수를 비교한다.

5. **활동을 회상하고 평가한다.**

- '똑똑! 누구일까요?' 놀이를 하면서 가장 재미있었던 것은 무엇이니?
- 오늘 우리가 놀이했던 것처럼 어떤 하나를 보면 다른 무언가가 저절로 떠오르는 것에는 또 어떤 것이 있을까?

교구공방

◉ 연상놀이 교구(힌트/답)

• **준비물:** 아이스크림 막대(대), 색지(지름 15㎝), 그림 컷(힌트와 정답그림)

수업메모

• '똑똑! 누구일까요?' 놀이는 아이들의 상황이나 교육 과정의 진행에 따라 단계별로 진행할 수 있다.

예 1단계: 그림책 속 등장인물 맞히기(바나나-고릴라 / 고양이-마녀)

2단계: 좋아하는 먹이로 동물 연상하기(당근-토끼 / 도토리-다람쥐)

3단계: 그림책 한 장면으로 제목 알아맞히기(그림책의 한 장면-그림책 제목)

• 이 그림책은 연상게임 외에도 '아버지의 사랑', '아버지와 함께하는 놀이' 등의 주제로 확장할 수 있다.

◈ 비슷한 주제를 다룬 책(주제: 아빠의 사랑)

『아빠랑 함께 피자놀이를』 윌리엄 스타이그 글·그림, 보림, 2000

『아빠, 우리 고래 잡을까?』 임수정 글, 김미정 그림, 노란돼지, 2016

『아빠랑 나랑 비밀 하나』 카타리나 그로스만 헨젤 글·그림, 김경연 옮김, 노란상상, 2011

스/토/리/텔/링/과

책/놀/이/2

제 3 장 초등아동을 위한 책놀이

초등 책 1

『김수한무 거북이와 두루미 삼천갑자 동방삭』

소중애 글, 이승현 그림, 비룡소, 2013

책 소개

나이가 들도록 아이가 없던 영감님이 환갑이 되던 해에 아들을 갖게 된다. 영감은 소중한 아이가 오래 살기를 바라는 마음에서 아이의 이름을 '김수한무 거북이와 두루미 삼천갑자 동방삭'으로 짓는다. 그러나 이 이름으로 인해 오히려 아들에게 곤란한 일이 생기게 되자 결국 아이의 이름을 '김수한무'로 짧게 바꾸어 부르게 된다. 아동과 함께 운율에 맞춰 재미있게 읽을 수 있는 책이다.

활동 친구 이름 익히기

주제

나, 옛이야기

활동 대상

초등 저

활동 목표

- 함께 소리 내어 읽기에 즐겁게 참여할 수 있다.
- 게임을 통해 친구의 이름을 익힐 수 있다.

활동 자료

그림책

<table>
<tr><th>활동 과정</th><th>활동내용</th><th>자료 및 지도상의 유의점</th></tr>
<tr><td>준비 활동</td><td>• 상황극을 통해 이름의 필요성 생각해 보기
- "(전화 거는 시늉하며) 여보세요. 거기 걔 있잖아요. 눈이 작고, 머리카락 길고, 달리기 잘하고, 저번에 장기자랑 때도 나왔고요. 잘 웃는 애, 걔 좀 바꿔 주세요."
- 누군가가 이렇게 묻는다면 대답하기가 어떨까요?
- 지금 어떤 사람을 찾는 대화 중에 무엇이 빠져서 이렇게 불편할까요?
- 오늘은 이름에 관련된 재미있는 그림책을 볼 거예요.</td><td></td></tr>
<tr><td>본 활동</td><td>활동 1 그림책 감상
1. 표지의 그림을 탐색한다.
- (제목 글자를 가리고) 누가 무엇을 하고 있나요?
- 이 그림 속 아저씨의 기분이 어떤 것 같아요?
- 이 아저씨와 아이는 어떤 사이일까요?
- 제목은 무엇을 얘기하는 걸까요?
2. 주인공의 표정과 상황을 반영하여 그림책을 읽는다.
- (낙심한 표정을 지으며, 할아버지 음색으로) 휴~ 아들 하나만 있으면 소원이 없겠는데…….
- (아기의 이름을 지으러 다니는 장면에서) 이 중 어떤 것을 이름으로 정하였을까요?
3. 운율을 살려 반복되는 구절을 함께 읽는다.
- 김~수한무↘ 거북이와↗ 두루미↘ 삼천갑자↗ 동박삭↘
</td><td>그림책</td></tr>
</table>

본 활동	활동 2 **'빨간 공' 게임** 1. **이름표를 달고 원형으로 선다.** 2. **게임방법을 설명한다.** - 여기 상상의 빨간 공이 있어요. 먼저 자기 이름을 부르고 받을 친구 이름을 부르는데, 그 앞에 '빨간 공'이라고 붙이는 거예요. "빨간 공 ㅇㅇ(자기이름), 빨간 공 ㅁㅁ(받을 친구이름)" 하면 ㅁㅁ가 그 공을 받는 거지요. 그 다음에는 다시 ㅁㅁ이 △△에게 "빨간 공 ㅁㅁ, 빨간 공 △△!" 하는 거예요. - (연습 게임을 해 본 후) 어떻게 하면, 공을 잘 주고받을 수 있을까요? *상대방을 먼저 잘 쳐다보고 이름을 불러야 해요.*	· 교사가 상상의 공을 던지고 받는 동작을 실감나게 시범으로 보여 준다.
마무리 및 평가	- 그림책을 노래하듯 함께 읽으니 어땠나요? - 우리 부모님은 어떤 마음으로 내 이름을 지어 주셨을까요? - 내 이름과 친구의 이름을 부르면서 공을 던질 때 기분이 어땠나요?	
확장 활동	• **내 이름에 담긴 의미 발표하기** 1. **내 이름의 의미에 대해 발표한다.** - 이 그림책에 나왔던 아버지는 아들 이름을 왜 길게 지었을까요? *오래 살라고요. 소중한 아들이니까요.* - 나의 이름에는 어떤 뜻이 있는지 발표해 볼까요? ※ 각자의 이름에 담긴 의미를 사전에 알아오도록 공지하거나 첫 시간일 경우에는 이름에 담긴 뜻 알아오기를 숙제로 낼 수도 있다.	이름표
수업 메모	• 반복되는 이름 부분을 동작과 함께 읽으면 더욱 흥겹다.	

비슷한 주제를 다룬 책(주제: 이름)

『룸펠슈틸츠헨』 폴 오 젤린스키 글·그림, 이지연 옮김, 베틀북, 2001

『이름 보따리』 장 클로드 무를르바 글, 장 뤼크 베나제 그림, 신선영 옮김, 문학동네어린이, 2000

초등 책 2

『나는 무슨 씨앗일까?』

박효남 등 저, 유준재 그림, 샘터, 2005

책 소개

자신의 직업에서 최선을 다하고 있는 전문가 9명을 소개하고 있는 책이다. 요리사 박효남, 자연과학자 최재천, 컴퓨터의사 안철수, 국내 최초 시각장애인 박사 강영우, 나무박사 서진석, 화가 김점선, 기자 김병규, 민속학자 임재해, 농부 이영문의 이야기가 담겨 있다. 각 분야에서 최고를 향해 나아간 전문가들을 보며 자신의 꿈을 키워 볼 수 있다.

활동 직업 이해하기(요리사)

주제

직업(요리사)

활동 대상

초등 중, 고

활동 목표

- 요리사 박효남의 일대기를 통해 꿈을 이루기 위한 노력과 과정에 대해 이해할 수 있다.

활동 자료

『나는 무슨 씨앗일까?』 책, 접착메모지, 박효남 관련 기사 및 사진, 박효남 일대기 요약 프린트, A4 색지, 목걸이 줄, 풀, 가위, 펀치

<table>
<tr><th>활동 과정</th><th>활동내용</th><th>자료 및 지도상의 유의점</th></tr>
<tr><td>준비 활동</td><td>• 표지 그림 탐색
- 이 책을 쓰신 분들이 여러분들에게 하고 싶은 말이 있대요. 지금부터 여러분에게 선배들의 꿈과 도전에 대해 이야기를 시작하려고 합니다.
- (앞표지를 보이며) 책 제목이 『나는 무슨 씨앗일까?』예요. 여기 아홉 개의 씨앗들이 있어요. (아홉 개의 씨앗 그림 위에 붙은 접착메모지 중 하나를 떼며) 이 씨앗은 무엇이 되고 싶은 걸까요?
- (나머지 접착메모지를 다 뗀 후) 오늘은 이 중에서, 손가락 하나가 없이 아홉 개의 손가락만으로 그 분야에서 성공한 인물의 씨앗을 볼 거예요.</td><td>『나는 무슨 씨앗일까?』 책, 접착메모지</td></tr>
<tr><td>본 활동</td><td>활동 1 책 감상하기
1. 『나는 무슨 씨앗일까?』 중 '요리사 박효남'의 이야기를 요약해서 감상한다.

① 연탄배달 & 새로운 도전 → ② 감자 깎기 →
③ 정직 & 노력 → ④ 프로의 자세

❶ 상경, 연탄배달, 요리학원: 강원도 고성에서 살다가 상경 후 어려운 가정형편 속에서 새로운 도전을 함.
❷ 감자 깎기: 감자를 빨리 깎기 위해 날마다 삶은 계란을 감자 대신 손에 들고 연습함.
❸ 힐튼호텔, 방송통신고등학교: '게으른 사람은 절대 성공할 수 없다'가 요리사 박효남 아저씨의 인생철학.
❹ 프로로서의 자세: 술과 담배를 입에 대지 않음, 혀의 감각을 잃지 않기 위해서라고 함. (현재 세종사이버대학교 교수)</td><td>『나는 무슨 씨앗일까?』책, 박효남 관련 기사 및 사진</td></tr>
</table>

<table>
<tr><td rowspan="2">본 활동</td><td>활동 2 인물 골든 벨
1. 박효남 일대기에 관한 퀴즈(10가지 정도의 문제)를 풀어 본다.
- 박효남 요리사가 매일 손에 들고 다닌 것은? 이유는 무엇일까요?
- 서울로 올라와서 아버지를 도와 시작한 첫 번째 일은?</td><td></td></tr>
<tr><td>활동 3 박효남 목걸이 책 만들기
('강원도 고성', '요리학원', '총주방장', '교수' 등 주요단어를 키워드로 채워 박효남의 일대기를 목걸이 책으로 만든다.)

❶ 박효남의 일대기를 요약해 본다.
❷ 나눠 준 박효남 일대기 프린트물에 빈 칸을 채워 본다.
❸ 병풍 접기를 하고 줄을 꿰어 완성한다.</td><td>목걸이책 재료(A4 색지, 박효남 일대기 요약 프린트, 목걸이 줄, 풀, 가위)</td></tr>
<tr><td>마무리 및 평가</td><td>- 요리사 박효남이 특급요리사가 되기까지 어떤 어려움들이 있었나요?
- 요리사 박효남이 꿈을 이루기 위해 어떤 노력들을 했나요?
- 그 중에 특별히 인상 깊었던 장면은 무엇인가요?</td><td></td></tr>
<tr><td>수업 메모</td><td>• 요리사 박효남에 대한 인터뷰 동영상이나 신문기사 등을 준비해 인물에 대해 더욱 깊이 알아볼 수 있다.
• '박효남 목걸이 책' 만들기를 할 때, 교사는 빈 칸이 있는 미완성 문장을 만들어 프린트로 나눠 준다. 아동들은 박효남에 관한 중요한 키워드를 빈 칸에 채워 넣는다.</td><td></td></tr>
</table>

관련 주제 그림책(주제: 꿈)

『존 아저씨의 꿈의 목록』 존 고다드 글, 이종옥 그림, 임경현 옮김, 글담어린이, 2008

『박지성처럼 꿈꿔라!』 전채연 글, 이경석 그림, 주니어김영사, 2012

초등 책 3

『말놀이 동시집 2』

최승호 시, 윤정주 그림, 비룡소, 2006

책 소개

흥겹게 말놀이를 하며 동시에 다가갈 수 있는 책이다. 이구아나, 도롱뇽, 꼬덕새우 등 호기심을 자극하는 재미난 이름의 동물들을 소재로, 말과 말을 결합하여 놀이처럼 구성하였다. 노랫말처럼 반복적으로 따라 하다 보면 스스로 응용력이 생겨 자연스럽게 시를 지어 볼 수 있다. 풍부한 표정이 살아 있는 삽화도 말놀이의 재미를 더한다.

활동 시와 이야기를 만들어요(1, 2회 차)

주제

말놀이, 직업(작가)

활동 대상

초등 저, 중

활동 목표

- 특정 글자로 시작하는 단어를 생각해 낼 수 있다.
- 친구와 협동하여 즉흥이야기를 만들 수 있다.
- 작가가 하는 일의 특성에 대해 이해할 수 있다.

◈ 활동 자료

동시집, 접착메모지, 필기도구, 동음이의어 단어카드(말, 눈, 밤 등), 신문지

활동 과정	활동내용	자료 및 지도상의 유의점
순비 활동	• '다'자로 시작하는 말 찾아보기 - "친구들 **다** 모였어요? 오늘 **다** 함께 재미있는 수업을 해 볼 거예요." 조금 전에 선생님이 이야기한 말 중에 어떤 말이 두 번 쓰였는데 뭘까요? - '다'자로 시작하는 단어는 무엇이 있을까요? 접착메모지에 적어서 발표해 보아요. ♬ 다, 다, 다 자로 시작하는 말~	접착메모지, 필기도구
본 활동	**활동 1** 말놀이 동시 감상하기 1. 말놀이 동시를 감상한다. - 우리가 지금 놀이한 것으로 동시를 쓰신 분이 계세요. '말'이라는 단어로 어떤 재미있는 동시를 쓰셨는지 보아요. 어떤 '말'들이 나올까요? - 다른 동시들도 한번 보아요. "가재 잡으러 가재" 또 어디로 가재? (아동들이 자유롭게 이야기할 수 있도록 격려한다.)	동시집
	활동 2 '다'로 시작하는 말로 이야기 만들기 1. 도입 활동 시 접착 메모지에 적어 두었던 '다'로 시작하는 단어를 연결해서 짧은 문장을 만든다. - **다**람쥐가 **다**보탑에 올라갔어요.  	'다'로 시작하는 단어가 적힌 접착메모지
	활동 3 동음이의어로 문장 만들기 1. 동음이의어로 이루어진 단어를 생각해 보고, 그 단어로 문장을 만들어 본다.	동음이의어 단어카드

<table>
<tr><td rowspan="2">본 활동</td><td>- 똑같이 발음되는 단어지만 의미는 다르게 쓰이는 글자들이 있어요. 예를 들면 아까 봤던 '말'이 그렇지요. '타는 말'도 있고 '말하는 말'도 있고. 또 다른 것들은 무엇이 있을까요? 사과, 배, 다리, 타다.
- 그럼 그 단어로 문장을 만들어 볼까요? 몰래 사과를 가져간 게 미안해서 주인한테 사과[사:과]했어요.</td><td></td></tr>
<tr><td>활동 4 신문지로 이야기 만들기
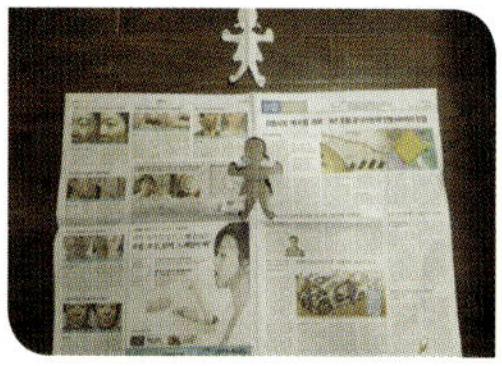
1. 신문지를 손으로 찢어서 만든 종이인형으로 스토리텔링을 한다.
- (교사가 신문지를 찢어 사람 모양을 만들며) 어느 마을에, 외딴 집이 있었어요. 그 집에는 민지라는 아이가 살고 있었지요. "엄마 아빠는 오늘도 늦게 오시나 봐. 아이, 심심해."
2. 아동들이 이야기의 주인공인 신문지 인형을 릴레이식으로 받아들고 이야기를 만든다.</td><td>신문지</td></tr>
<tr><td>마무리 및 평가</td><td>- 말놀이에 대해 느낀 점이나 새롭게 발견한 것이 있나요?
- 오늘, 글자는 같은데 여러 가지 뜻이 담긴 단어를 만났어요. 그리고 신문지로 이야기 만들기도 해 보았지. 이처럼 말이나 글자를 가지고 시나 이야기를 만드는 사람을 무엇이라고 하는지 아나요? 작가</td><td></td></tr>
<tr><td>수업 메모</td><td>• 동시부분과 동화부분(신문지로 이야기 만들기)으로 나눠 2차시에 걸쳐 진행하는 것이 좋다.
• 반으로 접힌 신문지를 즉석에서 찢어 가며 인형으로 만들어 스토리텔링을 하는 것은 사전 연습이 필요하다. 숙련이 되지 않았을 때는 신문지 인형을 미리 준비하거나 생략할 수 있다.</td><td></td></tr>
</table>

◈ 관련 주제 그림책 (주제: 말놀이)

『호랭이 꼬랭이 말놀이』 오호선 글, 남주현 그림, 길벗어린이, 2006

『말놀이 동요집』 최승호 글, 방시혁 작곡, 윤정주 그림, 비룡소, 2011

초등 책 4

『빨강부채 파랑부채』

동화가 있는 집 글, 민경숙 그림, 국민서관, 2016

책 소개

187p. 유아편 참조

활동 달려라, 나무꾼!

주제

여름, 부채

활동 대상

초등 저, 중

활동 목표

- 함께 소리 내어 읽기에 참여할 수 있다.
- 게임판 말을 도착지점에 가장 빨리 다다르게 하는 방법들을 생각해 낼 수 있다.

활동 자료

그림책, 보드게임교구(주사위, 말판, 말), 태극선(실물 및 사진자료－국제 대회 한국 선수단 입장 장면, 외국인에게 선물하는 장면)

활동 과정	활동내용	자료 및 지도상의 유의점
준비 활동	• 수수께끼를 통해 그림책 제목 맞추기 - 이것은 옛날부터 있었고, 세계 어디에나 있어요. - 열대지방에서는 나뭇잎으로 만들기도 하지요. - 여름에 많이 사용해요. - 전기를 쓰지 않고 무공해 바람을 만들 수 있는 이것은 무엇일까요?	
본 활동	**활동 1 그림책 감상** 1. **표지를 탐색하며 그림책 내용에 대한 선행 경험을 나눈다.** - 이 이야기가 어떤 내용인지 알고 있나요? 2. **전래 동요의 가락에 맞춰 노래를 부르면서, 그림책을 감상한다.** (표지에서는 빨강부채 부분까지만 만들어 부른다.) - ('우리 집에 왜 왔니?' 가락으로) ♬ 빨강부채 부치면 어떨까? 어떨까? 늘어난다 늘어난다 쭉쭉 쭉쭉쭉 파랑부채 부치면 어떨까? 어떨까? 줄어든다 줄어든다 쏙쏙 쏙쏙쏙	그림책
	활동 2 부채노래 확장하기 - (실물을 보여주며) 이 부채를 본 적이 있나요? *올림픽 때 선수들이 입장하며 흔들어요.* - 태극선 무늬의 느낌이 어떤가요? *움직여요. 회오리* - 태극부채를 넣어서 부채노래를 완성시켜 볼까요? ♬ 태극부채 부치면 어떨까? 어떨까? 휙휙 바람이 시원, 시원해.	태극선 실물 및 사진자료
	활동 3 부채 주사위 보드게임 1. **부채그림으로 만든 주사위를 준비한다.** 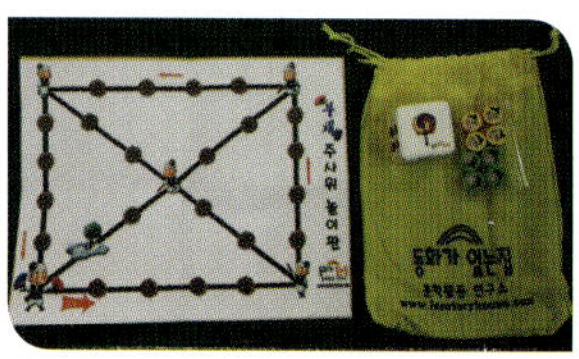	

본 활동	2. 빨강부채는 부채그림의 수만큼 전진, 파랑부채는 뒤로 한 칸 후진, 태극부채는 다섯 칸을 가고 한 번 더 주사위를 던질 수 있다. 3. 게임판은 윷놀이판의 형태로 하되, 종착역 지점 직전에 구름연못의 함정을 한 군데 둔다. 4. 두 팀으로 나누어 게임을 한다.	보드게임 교구
마무리 및 평가	- 혼자 눈으로 읽을 때와 비교해서, 함께 노래를 부르며 전래동화를 감상해 보니 어땠나요? - 부채 주사위 게임은 윷놀이와 비교했을 때 비슷한 점과 다른 점은 무엇이 있을까요? - 게임판에서 말을 놓을 때 가장 기억에 남는 방법은 무엇이었나요?	
수업 메모	• 저학년일 경우, 게임에 사용하는 말을 1~2개로 시작한다. • 주사위를 던질 때 "부채야!"라는 구호와 함께 외친다.	

비슷한 주제를 다룬 책(주제: 부채)

『임금님이 주신 부채』 홍윤희 글, 김순영 그림, 북큐레이터, 2015

초등 책 5

『점』

피터 레이놀즈 글·그림, 김지효 옮김, 문학동네, 2003

책 소개

그림을 잘 그리지 못하는 주인공 베티는 미술시간에 아무 것도 그리지 않는다. 그러던 베티가 마지못해 도화지에 힘껏 점을 찍자 선생님은 금테 액자에 끼워 소중히 걸어놓는다. 그때부터 베티는 자신감을 갖고 점 그림을 그리기 시작한다. 작은 점, 큰 점, 여러 모양 점 등, 학교 미술전시회에서 베티가 그린 점들은 많은 인기를 얻는다.

작가는 아이들에게 미술을 가르치며 이 책을 구상하였다고 한다. 주인공 베티를 통해, 그림을 잘 그리는 법이 따로 있는 것이 아니라 자신이 하고 싶은 대로 마음껏 표현하는 데서 출발하는 것임을 말해 주고 있다.

활동 하나의 점, 백가지 그림

주제

나, 직업(미술가)

활동 대상

초등 저

활동 목표

- 주어진 한 개의 점을 활용해 나만의 확장된 그림을 그릴 수 있다.
- 점을 소재로 한 다양한 표현과 감상을 통해 미술이 지닌 자유로움과 개성의 소중함을 이해할 수 있다.

활동 자료

그림책, A4지, A4 색지, 색연필, 사인펜, 다양한 점 표상(평면, 부조, 타공 등), 기성 작가의 점 그림 자료(쇠라의 '그랑드자트섬의 일요일 오후', 쿠사마 야요이의 '호박')

활동 과정	활동내용	자료 및 지도상의 유의점
준비 활동	• 그림 그리기에 대한 평소의 생각 나누기 - 여러분은 주로 그림을 어떨 때 그리나요? *숙제요.* - 누군가가 그림을 그리라고 하면 어떤 기분이 들어요?	
본 활동	**활동 1 그림책 감상** 1. (제목을 가린 채) 표지를 보며 제목을 상상해 본다. - 이 아이가 무엇을 하고 있는 것 같아요? - (제목을 보여 주며) 어떤 점인지 책 속으로 들어가 볼까요? 2. 주인공의 정서를 추측해 본다. - ('도화지는 하얀 색 그대로였지요.' 부분을 읽고 나서) 베티가 왜 도화지를 '하얀 색 그대로' 내버려 두었을까요? 3. 주인공의 정서를 반영해 읽는다. - "여기요!" 할 때 베티의 기분은 어떤 것 같아요?	그림책
	활동 2 점을 이용하여 그림그리기 1. 다양한 시각에서 생겨난 점 표상을 탐색한다. - 여기 여러 가지 점이 있어요. (종이에 구멍을 뚫고 뒤에 검정 도화지가 덧대어 생긴 점, 가장자리가 채색이 되어 상대적으로 중간의 흰 여백이 점으로 된 점, 구석에 있는 점과 가운데 있는 점, 수박씨가 놓여 만든 점 등)  2. 주어진 점을 이용해 '나만의 점 그림'을 그린다. - 베티가 여러 가지 점으로 자신의 생각을 표현했다면, 우리는 주어진 점으로 나만의 그림을 그려 볼까요?	다양한 점 표상(평면, 부조, 타공 등) A4지, A4 색지, 색연필, 사인펜

본 활동	- (수박씨 하나를 붙여 둔 종이를 준비한 후) 이번엔 사람들이 귀찮아하고 모두가 퉤퉤 뱉어버리지만, 오늘은 변신을 해서 여러분 앞에 나타난 특별한 점이 있네요.  - 이 특별한 점으로 여러분만의 그림을 완성해 볼까요? - (아동이 그린 그림을 A4 색지에 붙이며) 베티의 그림처럼 우리 그림도 액자에 담아볼까요? 3. **그림을 발표한다.** - 그림을 다른 사람도 볼 수 있게 발표해 보아요.   ♬ 점 점 점 하나, 점 점 점 하나 무엇이 될까? 무엇이 될까? 4. **기성작가의 점 그림을 감상한다.** - (쇠라의 '그랑드자트섬의 일요일 오후', 쿠사마 야요이의 '호박'을 보여 주며) 어떤 화가는 점으로 그림을 그렸어요. 한번 볼까요?	·액자의 느낌을 살리기 위해 A4 용지의 테두리를 1㎝ 정도로 자른 후 아동에게 배부한다. 기성작가의 그림 자료
마무리 및 평가	- 오늘 여러 가지의 점을 보았는데, 새롭게 알게 된 것이 있나요? - 똑같은 점으로 다양한 그림이 나오는 것을 보니 무엇을 알 수 있었나요? - 미술가가 되기 위해 갖추어야 할 점은 무엇이 있을까요?	
수업 메모	• 활동 2에서 '다양한 점 경험하기'는 시간 전개상 건너뛰고 '점을 이용해 그림그리기'로 바로 넘어갈 수도 있다. • 아동들의 점 그림이 꿈 글자가 되도록 전시하고 기념촬영을 한다.	

비슷한 주제를 다룬 책(주제: 자유롭게 표현하기, 직업)

『점점점 하나』 이송은 글, 우예림 그림, 국민서관, 2016

『느끼는 대로』 피터 레이놀즈 지음, 엄혜숙 옮김, 문학동네어린이, 2004

『네가 크면 말이야』 이주미 글·그림, 현북스, 2015

초등 책 6

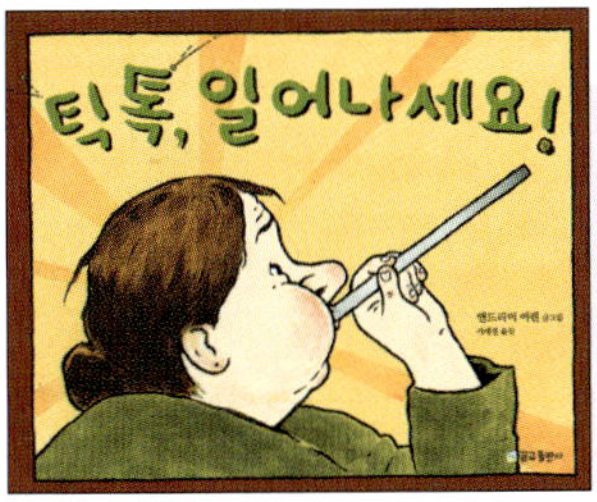

『틱톡, 일어나세요!』

앤드리어 어렌 글·그림, 서애경 옮김, 꿈교, 2012

책 소개

지금은 사라져버린 직업, '잠깨우개'에 관해 쓴 책이다. 메리 스미스 부인은 아침 일찍, 약속한 시간에 고무대롱과 마른 콩을 들고 시내에 나타난다. 그리고 잠자는 사람들이 일어날 때까지 '틱, 톡' 시끄럽게 콩알을 창문에 불어댄다. 빵가게 주인, 열차 차장, 시장까지 깨우지만 정작 집에 와 보니 본인의 딸이 일어나지 않고 있다.

활동 일어나요, 일어나!

주제

직업

활동 대상

초등 저, 중

활동 목표

- 책에 소개된 옛 직업을 놀이를 통해 체험할 수 있다.
- 직업이 생겨나거나 사라지는 이유를 알 수 있다.

활동 자료

그림책, 동요 '나팔불어요' 음원, OHP 필름 1인당 2장, 스티로폼 공(지름2cm), 유성매직(검정), 셀로판테이프, '국민체조' 음원

활동 과정	활동내용	자료 및 지도상의 유의점
준비 활동	• 동요 감상 - 다음 노래의 가사를 잘 들어 볼까요? ♬ 해님이 방긋 웃는 이른 아침에 나팔꽃 아가씨 나팔 불어요. (일시정지 한 후) 나팔꽃은 왜 아침에 나팔을 불까요? ♬ 잠꾸러기 그만 자고 일어나라고 …… - 친구들은 아침에 어떻게 일어나나요? 누가 깨워 주나요?	동요 '나팔불어요' 음원
본 활동	**활동 1 그림책 감상** 1. 그림책을 감상한다. ❶ 앞표지를 탐색한다. - (제목을 가린 채) 이 아주머니가 지금 무엇을 하고 있나요? ❷ 주인공의 행동에 대한 궁금증을 유발하며 읽는다. - (주인공의 사진과 속표지 제목부분을 가려서 건너뛰고) 월요일아침 꼭두새벽, 메리스미스 부인은 바삐 집을 나섭니다. - ('쿨쿨'부터는 텍스트를 가려 놓은 채) 이 아주머니는 왜 이렇게 바삐 집을 나설까요? - 등 뒤에 있는 막대는 무얼까요? ❸ 의성어와 간단한 동작을 곁들여 읽는다. - (콩알이 날아가는 선을 손가락으로 따라가며) '슝~~' 틱!  ❹ 표정과 제스처로 상황을 살려 읽는다. - (하품을 하며) 나 일어났어요. ❺ 주인공의 실물사진과 직업의 명칭을 알아본다. - 방금 본 메리스미스 부인은 실제로 영국에서 살았던 분이에요. (제목과 사진을 보여주며) 직업은 '잠깨우개'였어요.	그림책
	활동 2 '잠깨우개' 놀이 1. OHP 필름에 그 날 아침 일어난 시각을 적어 시계 유리창과 대롱을 만든다. - 창문에 오늘 아침에 일어난 시각을 써 보자(예: 08:02:15). - OHP 필름으로 원추형 대롱을 만들어 보자. 2. '잠깨우개' 놀이를 한다.	· OHP 필름, 스티로폼 공, 검정매직, 셀로판테이프, 국민체조 음원 · 공이 빠지지 않 을 정도의 크기로 만들어

	❶ 교실의 공간 중 각자 위치를 잡아 자신의 집으로 정한다. ❷ 각자 자신의 시계 유리창을 얼굴 앞에 대고 두 눈을 감는다.	접착테이프를 붙인다.
본 활동	❸ 교사가 가장 빠른 시각의 시계 유리창에 스티로폼 공을 불어 맞힌다. - 첫 번째 콩을 맞히면, 한쪽 눈을 뜨고, 두 번째 콩을 맞추면 두 눈을 번쩍 뜨고, 세 번째 콩을 맞히면 기지개를 켜면서 '나 일어났어요' 소리를 치는 거예요. - (일어난 친구는 다음 시각 순서를 찾아서 이동하며) ♬ 잠 깨우러 갑시다 이야이야호. 잠 깨우러 갑시다 이야이야호. ❹ 국민체조 음악에 맞추어 체조한다. - 모두 일어났으면 신나게 아침 체조해 볼까요? 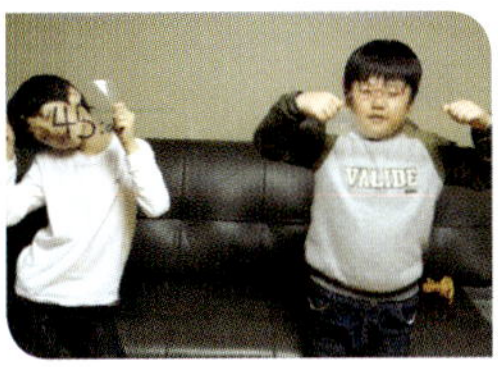 	· 잠깨우개 역할을 맡은 아동이 OHP 필름을 들고 서 있는 아동보다 낮은 자세에서 대롱을 불어야 유리창을 맞히기가 쉽다.
	활동 3 직업이 생기고 사라지는 이유 알아보기 - '잠깨우개'라는 직업은 처음에 왜 생겨났을까요? - 지금은 왜 없어졌을까요? - 최근에 사라진 직업이나 새로 생겨난 직업은 어떤 게 있을까요? 예 사라진 직업: 버스 안내원 새로 생겨난 직업: 대리기사, 애견미용사	
마무리 및 평가	- '잠깨우개' 놀이를 해 보았는데 어려운 점은 무엇이었나요? - 직업이 생겨나고 사라지는 이유는 무엇일까요?	
수업 메모	• 스티로폼 공을 친구의 얼굴에 직접 대고 장난을 치지 않도록 유의한다. • 초등 고학년인 경우, '현존하는 직업', '장차 사라질 직업', '본인의 희망 직업' 등과 연계해 심도 있는 토론으로 확장할 수 있다.	

비슷한 주제를 다룬 책(주제: 직업)

『네가 크면 말이야』 이주미 글·그림, 현북스, 2015

초등 책 7

『깜박깜박 도깨비』

권문희 글·그림, 사계절, 2014

책 소개

옛날에 부모 없이 혼자서 어렵게 살아가는 아이가 있었다. 하루는 아이가 밤늦도록 일하고 집에 가는데, 도깨비가 돈 서푼을 꿔 달라고 한다. 아이는 무서워서 도깨비에게 돈을 꿔 주며 꼭 갚으라고 한다. 도깨비는 돈 서푼을 갚지만, 돈 갚은 것을 깜박 잊은 도깨비는 매일 와서 돈 서푼을 주고 간다. 도깨비의 갚기는 계속되고, 아이는 도깨비의 선물 덕분에 부자가 된다. 도깨비는 헤픈 씀씀이로 벌을 받으러 가고 아이는 행복하게 살다 죽는다. 그런데 깜박깜박 잘 잊어버리는 도깨비는 아이와의 약속을 지킨다며 또다시 찾아온다.

활동 깜박깜박! 맞아 맞아!

주제

옛이야기

활동 대상

초등 저

활동 목표

- 인물의 모습, 행동, 마음을 상상하며 동화 내용을 이해할 수 있다.
- 게임을 통해 친구의 이름을 익힐 수 있다.

활동 자료

그림책, 마분지(8절 마분지 8등분), 접착메모지, 사인펜

<table>
<tr><th>활동 과정</th><th>활동내용</th><th>자료 및 지도상의 유의점</th></tr>
<tr><td>준비 활동</td><td>• 깜박하는 상황을 생활에서 접해 보기
- 선생님이 책을 가져 왔는데 어디에 있지?</td><td></td></tr>
<tr><td rowspan="3">본 활동</td><td>활동 1 그림책 감상
1. 그림책을 감상한다.
❶ 표지를 탐색한다.
- 제목이 '깜박깜박 도깨비'인데 무엇을 '깜박깜박'하는 걸까요? 눈이 깜박깜박, 신호등이 깜박깜박, 기억이 깜박깜박해요.
- 누가 도깨비인 것 같아요? 왜 그렇다고 생각하나요?
- 둘은 어떤 사이인 것 같아요?
❷ 면지의 그림을 탐색한다.
- 별이 깜박깜박 빛나고 있네.
❸ 반복되는 구절은 함께 읽는다.
- 어라? 얘 좀 봐. 어제 꿨는데 어떻게 어제 갚아?
❹ 그림의 변화를 짚으며 이야기를 나눈다.
- 무엇이 달라졌어요? 아이의 옷이요. 무덤이 두 개가 더 생겼어요. 다른 집들도 냄비랑 방망이가 있어요.</td><td>그림책</td></tr>
<tr><td>활동 2 깜박깜박 잊어버린 경험 이야기 나누기
1. 깜박깜박 잊어버린 경험에 대해 이야기한다.
- 혹시 도깨비처럼 깜박깜박 잊어버려서 불편했던 적 있었나요?
- 잊지 않기 위해서 어떤 노력을 하나요?</td><td>접착메모지, 마분지, 사인펜(교구공방 참조)</td></tr>
<tr><td>활동 3 '깜박깜박' 게임
[사전 준비]
❶ 접착메모지 2장에 아동이 자기이름을 각각 적는다.
❷ 잘라 놓은 마분지 뒷면에 이름이 적힌 메모지를 붙인다.
❸ 교사는 이름카드(②)를 모아 섞은 후 카드 앞면에 번호를 적는다. (5명일 경우 1~10번까지 번호를 적는다.)</td><td></td></tr>
</table>

본 활동	**['깜박 깜박' 게임 방법]** ❶ 카드를 번호가 보이게 배열하고, 한 명씩 돌아가며 번호를 차례로 외치며 카드 두 개를 뒤집어 확인한다. - (카드를 뒤집으며) 1번, 4번,(두 카드가 같은 이름인 경우) 쿵짝 맞아, 맞아! /(서로 다를 경우) 쿵짝 깜박! 깜박! ❷ 카드를 다 뒤집으면 각 아동의 이름을 불러 주며 카드를 나눠 준다. - ○○○ 받아라!  	· 카드를 뒤집은 후 "맞아, 맞아!" 혹은 "깜박, 깜박!" 하고 아동이 다 함께 외칠 수 있도록, 교사는 "쿵짝!(박수)" 하고 리듬을 넣어 준다.
마무리 및 평가	- 도깨비나 주인공 아이의 모습 중에서 가장 기억에 남는 부분은 어떤 것인가요? - 친구들의 이름을 다 같이 이어서 불러 볼까요?	
수업 메모	• 게임 진행 시 인원이 많을 경우 모둠을 나누어 진행한다. • 장기 프로그램일 경우, 위 수업을 1차시에 진행하여 서로의 이름을 쉽게 익히도록 한다.	

◈ 비슷한 주제를 다룬 책(주제: 건망증, 도깨비)

『다시 읽는 임석재 옛이야기. 1: 옛날 옛적 간날 갓적』 중 '잊음이 심한 사람' 임석재 글, 김정한 그림, 임혜령 엮음, 한림출판사, 2011

『도깨비 대장이 된 훈장님』 장수명 글, 한병호 그림, 한림출판사, 2008

『호랑 감투』 홍영우 글·그림, 보리, 2011

초등 책 8

『마법의 나무 보자비』

다이앤 호프마이어 글, 피에트 그로블러 그림,
최영옥 옮김, 여유당, 2013

책 소개

보자비 나무에 관한 옛이야기는 아프리카 대륙에 널리 퍼져 있는데, 그 가운데 가봉에서 전해 내려오는 이야기이다. 재미있는 말놀이와 반복되는 구절, 아프리카의 평원과 익살스런 동물들의 표정이 맑은 수채화로 담겨 있다.

작고 느리지만 지혜로운 거북이를 통해 잘 듣고 기억하기, 끈기와 침착함의 중요성, 함께 나누는 기쁨을 유쾌하게 전한다. 함께 노래 부르며 소리 내어 읽기에 좋은 그림책이다.

활동 마법의 나무 이름, ○○○!

주제

재미있는 옛이야기

활동 대상

초등 저, 중

활동 목표

- 상대방의 소리를 주의 깊게 듣고, 들은 내용을 정확하게 전할 수 있다.

활동 자료

그림책, 가로세로 낱말 퀴즈 활동지, 아프리카 대륙 지도, 글자카드, 메모지, 필기도구, 종이나팔, 셀로판테이프

활동 과정	활동내용	자료 및 지도상의 유의점
준비 활동	• 그림책 표지 탐색하기 1. **제목 부분을 가리고 표지를 탐색한다.** - 사자와 뱀이 무엇을 하고 있는 것 같나요? 무슨 말을 하는 걸까요? - (제목의 나무 이름 부분을 가린 채) 마법의 나무 이름이 무엇인지 알아볼까요?	그림책
본 활동	활동 1 **그림책 감상** 1. **반복되는 구절을 함께 읽으며 그림책을 감상한다.** ❶ 동물들의 특징과 상황을 반영하여 그림책을 읽는다. ❷ 동물들이 기억해서 말하는 나무 이름을 가린 후 떼어내며 읽는다. (봉가니/ 문자니/ 움파니) ❸ 동요 '작은 동물원'의 가락에 그림책 원문으로 개사하여 다 함께 노래 부른다. ♬ 너를 위한 보자비/ 나를 위한 보자비/ 과일 달린 나무 이름/ 그 이름은 보자비(보자비) 2. **책의 내용을 회상한다.** - 얼룩말은 무엇 때문에 나무 이름을 기억하지 못했나요? - 거북이는 어떻게 나무 이름을 기억할 수 있었을까요?	그림책
	활동 2 **마법의 나무 이름 짓기** 1. **게임 방법에 대해 알아본다.** - 아프리카에 사는 여러 나라 동물들이 마법의 나무 이름을 찾아 달라고 도움을 청했어요. 마법의 나무 이름은 가로세로 낱말 퀴즈를 맞혀서 받은 글자를 조합한 단어가 바로 나무 이름이에요. 2. **팀을 나누어 가로세로 낱말 퍼즐을 풀고, 글자 3개를 받는다.** 	가로세로 낱말 퀴즈 활동지, 글자카드, 메모지, 필기도구

<table>
<tr><td>본 활동</td><td>3. 글자 3개를 조합하여 마법의 나무 이름을 완성해서 적는다.
(조합한 단어는 '봉–갈–메'와 같은 무의미한 단어이다.)
4. 완성된 나무 이름을 종이나팔을 이용해 같은 팀 친구에게 전달하는 릴레이를 한다.
5. 릴레이의 마지막 팀원이 나무 이름을 맞히면 나무 이름을 적은 종이를 팀이 원하는 아프리카 대륙지도에 있는 나라에 붙인다.
</td><td>종이나팔, 셀로판테이프</td></tr>
<tr><td>마무리 및 평가</td><td>- 마법의 나무 이름을 잘 전달하기 위해서 무엇이 필요했나요? 친구의 말을 잘 들어야 해요.
- 완성된 마법의 나무 이름을 잘 기억하기 위한 노래를 불러볼까요?</td><td></td></tr>
<tr><td>수업 메모</td><td>• 나무 이름 전달하기 활동을 할 때 너무 큰소리로 전달하지 않도록 하고, 기다리는 아동은 전달하는 친구에게 방해가 되지 않도록 한다.</td><td></td></tr>
</table>

비슷한 주제를 다룬 책(주제: 말 전달하기)

『말말말』 맥 바넷 글, 젠 코레이스 그림, 서연 옮김, 아이맘, 2014

『내 말을 전해 줘』 메릴린 새들러 글, 마이클 슬랙 그림, 서소영 옮김, 키즈엠, 2015

초등 책 9

『새 친구가 이사왔어요』

레아 골드버그 글, 슈무엘 카츠 그림, 박미영 옮김,
랜덤하우스코리아, 2008

책 소개

〈새 친구가 이사 왔어요〉, 〈그림이 이상해요〉, 〈호두 세 알의 비밀〉 등 세 편의 유태 동화가 들어 있다. 숲속 5층 집에는 1층에 뚱뚱한 암탉, 2층에는 아이들과 떨어져 사는 뻐꾸기, 3층에는 멋쟁이 검은 고양이, 4층에는 도토리를 까먹는 다람쥐, 5층에는 생쥐가 살고 있었다. 어느 날 생쥐가 갑자기 이사를 가면서, 방을 보러 개미, 토끼, 돼지, 꾀꼬리가 차례로 찾아온다. 모두들 이웃이 마음에 들지 않는다고 외면하고 가버리지만, 비둘기는 방은 마음에 들지 않지만 이웃이 마음에 든다며 기꺼이 이사를 온다. 이웃을 바라보는 관점의 차이를 보여주는 따뜻한 동화이다.

활동 방을 빌려드립니다!

주제

이웃

활동 대상

초등 저

활동 목표

- 이웃과 사이좋게 지내기 위해 필요한 태도를 알 수 있다.
- 친구와 협력하여 극놀이를 할 수 있다.

활동 자료

동화책, 동극용 목걸이(등장인물 컷), '방을 빌려드립니다' 알림문

<table>
<tr><th>활동
과정</th><th>활동내용</th><th>자료 및 지도상의
유의점</th></tr>
<tr><td>준비
활동</td><td>• "방을 빌려드립니다" 알림 글에 대한 이야기 나누기
- 이런 글을 본 적 있나요?

방을 빌려드립니다</td><td>알림문</td></tr>
<tr><td rowspan="2">본 활동</td><td>활동 1 동화 감상

1. 반복되는 구절을 함께 소리 내어 읽으며 동화를 감상한다.
❶ 등장인물의 특징에 맞게 소리의 크기, 속도에 변화를 준다.
예 개미는 작고 얇은 소리로 빠르게/ 돼지는 크고 굵은 소리로 느리게
❷ 그림과 이야기의 상황에 맞는 감정을 담아 읽는다.
- 이웃들이 모두 나와 웃으며 물었어요. (웃는 표정의 친절한 목소리로 궁금함을 담아) "방이 마음에 드세요?"

2. 반복되는 대사는 함께 읽는다.
- 방이 마음에 드세요? 네
- 부엌도 마음에 드세요? 네
- 그럼 이 집에서 살 건가요? 아니요. 왜죠?

3 문장 끝의 억양을 변화를 주며 읽는다.
- 같이 살 이웃이 마음에 안 들어요(↘)
- 저는 늘 부지런히 일하지요(↻)
- 그런데 어떻게 게으른 암탉과 가까이서 살겠어요?(↗)</td><td>동화책</td></tr>
<tr><td>활동 2 역할극 함께 만들기

1. 역할을 정하고 역할에 어울리는 동작과 대사를 만들어 본다.
❶ 해설(교사)
❷ 효과음: 띵동~(모두 함께)
❸ 이웃: 암탉, 뻐꾸기, 검은 고양이, 다람쥐
방만 보고 간 손님: 개미, 토끼, 돼지, 꾀꼬리
<table>
<tr><th>〈이웃〉</th><th>〈방만 보고 간 손님〉</th></tr>
<tr><td>"방이 마음에 드세요?"</td><td>"네."</td></tr>
<tr><td>"부엌이 마음에 드세요?"</td><td>"네."</td></tr>
<tr><td>"그럼 이 집에 살 건가요?"</td><td>"아니요."</td></tr>
<tr><td>"왜죠?"</td><td>"이웃이 마음에 들지 않아요."</td></tr>
</table></td><td>등장인물 컷 목걸이, 알림문</td></tr>
</table>

<table>
<tr><td>본 활동</td><td>❹ 이웃: 암탉, 뻐꾸기, 검은 고양이, 다람쥐/ 이사 온 비둘기
<table>
<tr><td>〈이웃〉</td><td>〈이사 온 비둘기〉</td></tr>
<tr><td>"방이 마음에 드세요?"</td><td>"아니요."</td></tr>
<tr><td>"부엌이 마음에 드세요?"</td><td>"아니요."</td></tr>
<tr><td>"그럼 이 집에 살 건가요?"</td><td>"네."</td></tr>
<tr><td>"왜죠?"</td><td>"이웃이 마음에 들어요."</td></tr>
</table>
</td><td></td></tr>
<tr><td>마무리 및 평가</td><td>- 비둘기와 다른 손님의 차이점이 무엇인가요?
- 이 동화를 통해 알 수 있는 좋은 이웃이 되기 위한 조건은 무엇인가요?</td><td></td></tr>
<tr><td>수업 메모</td><td>• 동극에 참여하지 않는 아동은 스텝 또는 효과음 팀으로 역할을 주어 모두가 참여할 수 있도록 한다.
• 의자를 활용하여 1층~5층 공간 설정을 할 수 있다.
• 인원수가 적을 때에는 한 아동이 여러 역할을 맡을 수도 있으며, 손님이 바뀔 때마다 아동이 알림문을 들고 한 바퀴 돌아도 재미있다.
• 동극의 시작과 끝 부분에서 시그널 음악을 사용하면 더욱 효과적이다.</td><td></td></tr>
</table>

◈ 비슷한 주제를 다룬 책(주제: 이웃)

『색깔 손님』 안트예 담 글.그림, 유혜자 옮김, 한울림어린이, 2015

『훌륭한 이웃』 엘렌 라세르 글, 질 보노토 그림, 엄혜숙 옮김, 풀과바람, 2016

초등 책 10

『우리는 친구』

앤서니 브라운 글·그림, 장미란 옮김, 웅진주니어, 2008

책 소개

어느 동물원에 손짓으로 말을 할 수 있는 고릴라가 살았다. 어느 날 고릴라가 친구가 필요하다고 말하자 동물원 사람들은 예쁜이라는 고양이를 데려다 준다. 고릴라와 고양이는 무엇이든지 함께하며 행복하게 지내는데, 어느 날 TV로 영화를 보던 고릴라가 기분이 나빠져 텔레비전을 부수는 사건이 벌어진다. 위험하다고 생각한 사람들은 고릴라로부터 고양이를 떼 놓으려 한다. 그때 예쁜이가 손짓말로 말한다. "텔레비전을 부순 건 바로 나예요!" 결국 둘은 오래 오래 행복하게 살게 된다. 진정한 우정이란 무엇인지를 보여 주는 따뜻한 그림책이다.

활동 우리는 친구!

주제

친구

활동 대상

초등 저, 중

활동 목표

- 진정한 우정이 무엇인지를 깨닫고, 친구와 협력하여 게임을 할 수 있다.

활동 자료

그림책, 훌라후프, 종이컵(모둠 당 10개), 칼라 고무줄, 털실

<table>
<tr><th>활동 과정</th><th>활동내용</th><th>자료 및 지도상의 유의점</th></tr>
<tr><td>준비 활동</td><td>• 〈친구야 나는 너를 사랑해〉 노래를 부른다.
- ('It's a small world' 가락에 가사를 개사하여)
♬ 친구야 나는 너를 사랑해 친구야 나는 너를 사랑해
사랑해 사랑해 사랑해 사랑해 나는 너를 사랑해.</td><td></td></tr>
<tr><td>본 활동</td><td>활동 1 그림책 감상
1. 그림을 단서로 등장인물의 정서를 이해하며 읽는다.
❶ 그림책 표지를 탐색한다.
- (표지의 제목을 가리고) 둘은 어떤 사이인 것 같나요?
❷ 그림을 보며 이야기를 만들어 본다.
- (고릴라 겨드랑이에서 잠든 고양이를 가리키며) 고릴라는 예쁜이 고양이를 머리 위에 앉혀 놓기도 하고 품에 안고 함께 잠들기도 하고 응가도 함께하면서 무엇이든 함께 했지요.
❸ 동작을 곁들여 아동과 함께 읽는다.
- 나는 / 필요해 / 친구가(교사가 동작을 하며 읽어 주고, 아동과 함께 다시 동작을 하며 읽는다.)
❹ 다음 장면을 예측해 본다.
- (고릴라가 텔레비전을 부순 사건 후) 예쁜이가 손짓말을 했다는데, 어떤 말을 했을까요?
2. 동화 내용을 회상하며 이야기 나눈다.
- 예쁜이는 왜 자기가 텔레비전을 부수었다고 말했을까요?
- (그림책 앞표지와 뒤 면지에 있는 장미꽃을 보여 주며) 장미꽃이 한 송이씩 따로 있다가 두 송이가 함께 있는데, 이 그림을 통해서 무엇을 알 수 있나요?
- 예쁜이와 고릴라는 어떤 사이인 것 같나요?</td><td>그림책</td></tr>
</table>

<table>
<tr>
<td>본 활동</td>
<td>
활동 2 우리는 친구!

1. 모둠별로 협력하여 훌라후프 통과하기 놀이를 한다.
❶ 모둠원들이 손을 잡고 옆으로 나란히 줄을 선다.
❷ 훌라후프를 팔–머리–다리–팔 순서로 통과하여 마지막 아동까지 훌라후프를 이동시킨다. (마지막 아동까지 훌라 후프를 이동하는 동안 팀원들은 손을 잡고 있어야 한다.)

2. 모둠별로 협력하여 종이컵 쌓기 놀이를 한다.
- (고무줄에 연결된 털실 수만큼 아동들이 실을 잡고 종이컵을 들어 올려 쌓는다.)
- 종이컵이 쓰러지면 다시 처음부터 시작하는 거예요. 어떻게 하면 종이컵을 잘 쌓을 수 있을까요?

</td>
<td>
훌라후프

종이컵, 털실, 고무줄
· 종이컵 쌓기 게임을 할 때는 4명(또는 2명)씩 한 팀을 이룰 때 가장 안정적이다.
</td>
</tr>
<tr>
<td>마무리 및 평가</td>
<td>
- 친구들과 팀을 이루어 게임을 해 봤는데, 훌라후프를 마지막까지 통과시켰을 때(컵을 다 쌓았을 때) 어떤 기분이 들었나요?
- 진정한 친구란 어떤 친구를 말하는 것일까요?
</td>
<td></td>
</tr>
<tr>
<td>수업 메모</td>
<td>
• '두 주인공의 관계가 어떻게 변화해 가는가?'에 초점이 맞춰질 경우, '친구야 나는 너를 사랑해' 노래는 도입부에서 가사 없이 배경음악 정도로만 가볍게 사용한다.
• 팀을 나누지 않고, 동일한 팀이 시간을 얼마나 단축시킬 수 있는지 시간을 재는 것도 재미있다.
• 컵을 빨리 쌓기보다는 천천히 협력하여 쌓을 수 있도록 조력하는 것이 좋다.
</td>
<td></td>
</tr>
</table>

비슷한 주제를 담은 그림책(주제: 친구)

『세상에서 가장 멋진 내 **친구 똥퍼**』 이은홍 글·그림, 사계절, 2007

『**달라도 친구**』 허은미 글, 정현지 그림, 웅진주니어, 2010

초등 책 11

『친구를 모두 잃어버리는 방법』

냰시 칼슨 글·그림, 신형건 옮김, 보물창고, 2007

책 소개

'친구를 모두 잃어버리는 방법'이라는 제목이 암시하듯이 친구와 어떻게 지내야 하는지를 역설적으로 보여 준다. 여러 가지 상황의 고집불통 등장인물들을 통해 친구 관계에서 중요한 것이 무엇인지를 깨닫게 해 준다. 등장인물들의 다양한 피부색과 성, 표정이 흥미롭다.

활동 친구? 친구!

주제

친구

활동 대상

초등 저, 중

활동 목표

- 친구들이 싫어하는 행동이 무엇인지를 알 수 있다.
- 친구와 사이좋게 지낼 수 있는 방법을 한 가지 이상 말할 수 있다.

활동 자료

그림책, 큰 나무 도안 2개(4절 도화지 2장), 사인펜, 접착메모지

활동 과정	활동내용	자료 및 지도상의 유의점
준비 활동	• 표지 탐색하기 - 제목을 큰소리로 읽어 볼까요? - 표지 그림을 좀 보세요. 무슨 일이 일어난 것 같나요? - 아이들 표정이 어떤가요? *화났어요. 놀랐어요.*	그림책
본 활동	**활동 1 그림책 감상** 1. **경험을 이야기 나누며 그림책을 읽는다.** ❶ 그림책 속 상황에 대해 이야기를 나눈다. - '반칙'이 무엇인지 설명해 볼까요? ❷ 책의 내용을 자신의 경험과 연관시켜 이야기 나눈다. - 여러분이 경험한 반칙은 어떤 것이 있나요? *축구할 때 공을 손으로 잡는 거요.* - 누군가 내 머리를 잡아당긴다면 그때 기분이 어떨까요? 2. **책 내용이 역설적으로 말하고자 하는 바에 대해 알아본다.** - (친구를 모두 잃어버리는 방법 여섯 가지를 다 읽은 후) 그럼, 친구를 얻는 방법은 어떤 것이 있을까요?	
	활동 2 '친구를 잃어버리는 나무' vs. '친구를 얻는 나무' 꾸미기  - 친구를 잃어버리게 되는 경우는 어떤 때인지, 접착메모지에 써서 나무에 붙여 볼까요? - 이번에는 친구를 얻으려면 어떻게 해야 하는지, 또 다른 나무에다 붙여 볼까요?	4절지에 그린 큰 나무 2개, 필기구, 접착메모지
마무리 및 평가	- 친구를 잃어버리는 나무에 있는 내용 중에 가장 기분이 나쁠 것 같은 내용은 무엇인가요? 왜 그렇게 생각 하나요? - 친구를 얻는 나무에 있는 내용 중에 친구가 가장 좋아할 것 같은 내용은 무엇인가요? 왜 그렇게 생각 하나요?	

<table>
<tr><td>확장
활동</td><td>확장 활동   우정이 자라는 나무
1. 친구를 얻는 나무에 붙은 내용 중 마음에 드는 내용을 적거나 붙여서 '우정이 자라는 나무'를 만든다.
- 준비된 재료로 각자의 '친구를 얻는 나무'를 만들어 집으로 가져가거나 교실을 꾸밀 수 있다.
① 긴 직사각형의 갈색 골판지를 원통형으로 붙인 후 마주 보는 위치 두 군데에 위에서 아래로 1㎝씩 칼집을 낸다.
② 초록 색지로 나무 본체를 만들어 칼집 낸 원기둥에 끼운다.
</td><td>색지(초록색), 골판지(갈색), 가위, 양면테이프, 사인펜</td></tr>
<tr><td>수업
메모</td><td>• 접착 메모지의 색상을 달리해서 '친구를 잃어버리는 방법'과 '친구가 많아지는 방법'을 구분할 수도 있으나, 자칫 색상에 대한 고정관념이 강한 아동에게는 색 구분이 방해 요인이 되기도 하므로 유의한다.</td><td></td></tr>
</table>

비슷한 주제를 담은 그림책(주제: 친구)

『우리는 친구』 앤서니 브라운 글·그림, 장미란 옮김, 웅진주니어, 2008

『울보 나무』 카토 요코 글, 미야니시 타츠야 그림, 고향옥 옮김, 한림출판사, 2012

초등 책 10

『콧구멍만 바쁘다』

이정록 동시집, 권문희 그림, 창비, 2009

책 소개

아이들의 일상과 마음을 아이들의 시각에서 표현한 동시 53편이 담겨 있다. 꾸밈없는 어휘와 권문희 작가의 소박한 삽화가 친근감 있다.

활동 나도 시인!

주제

나

활동 대상

초등 저

활동 목표

- 제시된 글자로 끝나는 낱말을 말할 수 있다.
- 동시 속의 주인공이 되어 자신이 하고 싶은 말을 표현할 수 있다.

활동 자료

동시책, 동시판, 접착메모지, 조각종이(글자 쓸 종이), A4 색지, 띠모양의 종이, 가위, 풀, 필기구

<table>
<tr><th>활동
과정</th><th>활동내용</th><th>자료 및 지도상의
유의점</th></tr>
<tr><td>준비
활동</td><td>

• 자신의 이름을 종이(3㎝×1.5㎝)에 쓰기
• 제시된 글자로 끝나는 단어를 찾아 말하기
- '리리 리자로 끝나는 말은?' 이라는 노래를 불러 볼까요?
♬ 리리 리자로 끝나는 말은
개나리, 보따리, 댑싸리, 소쿠리,
유리 항아리~
- '리'로 끝나는 다른 글자가 또 있을까요?
꾀꼬리, 목소리, 사다리, 울타리, 오리 한 마리
- 동물 이름 중에 '지지 지자로 끝나는 말'은?
• 한 글자로 된 사물 이름이나 동물 이름 찾아 쓰기
곰, 뱀, 떡, 밥, 귤…

</td><td>조각 종이,
필기구</td></tr>
<tr><td>본 활동</td><td>

활동 1 **「사라진 이름」 동시 감상하기**
1. **부분적으로 내용을 가린 동시판으로 동시를 감상한다.**
- 내 이름은 박명태 / 첫 글자 떼 버리고(∨) (아동들의 반응을 잠시 기다린 후) '명태'라고도 하지. (접착메모지를 뗀다.)
2. **아동이름(이름 쓴 종이)을 넣어 1연을 읽어 본다.**
3. **준비 활동 시 작성한 조각 종이를 동시에 대입해 읽어 본다.**

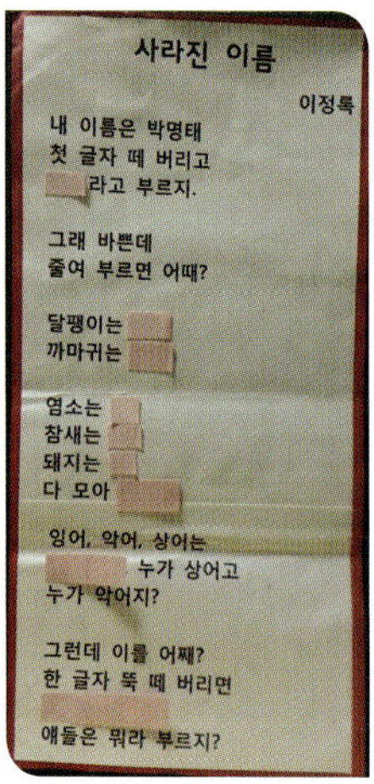

</td><td>동시판, 접착메모지
· 동시판에서 접착메모지를 뗄 사람의 순서를 정하고 「사라진 이름」 동시를 읽는다.</td></tr>
</table>

본 활동	활동 2 「아니다」 동시 감상하기 1. 반복되는 구절을 함께 소리 내어 읽으며 동시를 감상한다. - 엄마, 아빠한테 혼이 난 명태가 속이 상해서 쓴 시가 있어요. 들어 볼까요? 2. 「아니다」시를 지어 본다. ❶ 나만의 「아니다」 동시를 짓는다. ❷ 동시를 낭송한다. ❸ 다른 친구와 함께 A4 색지에 붙여 시집을 완성한다. 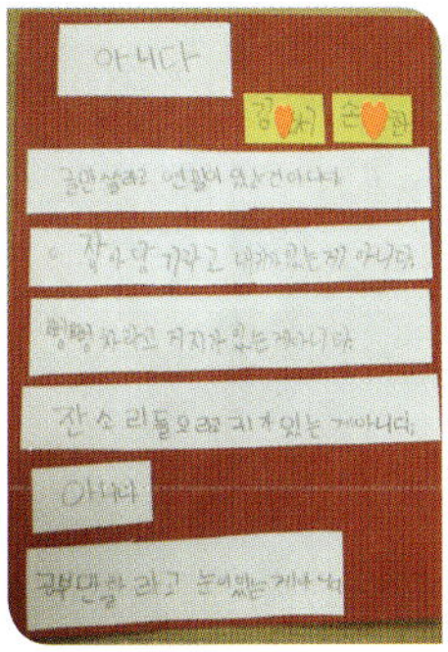	A4 색지, 띠 모양의 종이, 가위, 풀
마무리 및 평가	- 오늘 만난 두 편의 시를 시집 『콧구멍만 바쁘다』에서 찾아 읽어 볼까요? - '사라진 이름'의 어느 부분이 재미있었나요? - 나만의 '아니다' 시를 만들어 보니 기분이 어떤가요?	
수업 메모	• 아동에게 나누어 주는 조각 종이는 동시판의 글자 크기와 같은 크기 정도로 준비한다. • 글자 쓰기를 힘들어 하는 아동의 경우, 아동이 한 말을 교사가 써 주고 아동이 그것을 보고 따라 쓰도록 한다. • 본 시집의 동시 중 '바쁜 내 콧구멍' 은 초등학교 2학년 교과서에 실려 있다.	

◈ 비슷한 주제를 다룬관련 주제 그림책(주제: 동시)

『바닷물 에고, 짜다』 함민복 시, 염혜원 그림, 비룡소, 2009

『지구의 맛』 이정록 동시집, 오윤화 그림, 한겨레아이들, 2016

초등 책 13

『틀려도 괜찮아』

마키타 신지 글, 하세가와 토모코 그림,
유문조 옮김, 토토북, 2006

책 소개

발표에 대한 두려움과 거부감을 갖기 쉬운 아이들에게 교실이란 틀려도 괜찮은 곳, 틀리면서 배우고 자라나는 곳이라는 것을 알려 주는 책이다. '틀려도 괜찮아'로 시작하는 글은 줄곧 독자에게 위로와 힘이 되는 말을 해 주고 있다. 간단하고 반복적인 글, 읽기만 해도 누군가 나에게 말을 걸어오는 것 같은 느낌의 문체는 누구나 쉽게 따라할 수 있도록 격려한다. 만화적 기법의 그림에는 발표하는 상황에서의 아이들의 심리 상태가 유쾌하고 실감 나게 담겨 있다.

활동 틀려도 괜찮아!

주제

나

활동 대상

초등 저, 중

활동 목표

- 긍정적인 말을 크게 외침으로써 자존감을 높일 수 있다.
- 실수에 대한 두려움을 줄이고 용기를 기를 수 있다.

활동 자료

그림책, 깃발 꾸미기 재료(A4 색지, 나무젓가락 아동 수만큼, 양면테이프, 사인펜), 뽕뽕이(지름 5㎝, 10여 개), 바구니

활동 과정	활동내용	자료 및 지도상의 유의점
준비 활동	• 제목에 대해 이야기 나누기 - '틀려도 괜찮아'라는 말을 보니까 어떤 생각이 들어요? - (표지 그림을 보며) 이 분은 누구인거 같아요? - 왜 그렇게 생각해요?	그림책
본 활동	**활동 1 그림책 읽기** 1. 등장인물의 마음을 헤아려 보며 그림책을 감상한다. ❶ 정서를 반영하여 강세를 두어 읽는다. - 구름 위의 신령님도 틀릴 때가 있는데 태어난 지 얼마 안 된 우리가 틀린다고 뭐가 이상해? - 틀리는 것 투성이인 우리 교실. 두려워하면(∨) 안 돼. / 놀리면(∨) 안 돼. / 마음 놓고 손을 들자. 마음 놓고 틀리자. ❷ 그림을 보고 상황을 추측하고 경험을 나눈다. - 이 친구는 왜 이러고 있는 것 같아요? - 여러분도 이 친구처럼 발표하기가 두려웠던 적이 있나요? 2. 내용을 회상하며 주제에 대해 이야기 나눈다. - 책을 다 읽고 나니 어떤 느낌이 드나요? - '그렇게 다 같이 자라나는 거야'가 무슨 뜻일까요? 틀리는데 어떻게 자랄 수가 있을까요? - 화살을 과녁에 많이 맞히고 싶으면 어떻게 해야 할까요? *연습해요.*	그림책 · 구호와 유사한 구절은 아동이 뒷 후렴부분을 함께 읽을 수 있도록 기다려 준다.
	활동 2 표어깃발 만들기 1. 책에 소개된 문장으로 깃발 만들기를 한다.  - 책 속에 나왔던 말들 중에서 마음에 드는 문장을 선택해 깃발에 써 볼까요? - 다 같이 깃발을 흔들며 차례대로 큰소리로 읽어 볼까요?	A4 색지, 사인펜, 나무젓가락, 양면테이프

본 활동	**활동 3 바구니에 공 넣기** 1. **바구니에 공 넣기 게임을 한다.** ❶ 몇 개를 넣을 수 있을지 예측해 본다. - 이제 공 다섯 개를 줄 텐데 몇 개를 넣을 수 있을까요? ❷ 거리를 1단계에서 5단계까지의 거리를 정한다. ❸ 공 5개를 바구니에 담아 준비하고 있는 참여자에게 전달하고, 공을 단계별로 1개씩 던지도록 한다.  ❹ 공이 바구니에 들어가지 않을 경우 외칠 말을 정한다. - 친구가 던진 공이 바구니에 들어가지 않으면, 우리 뭐라고 이야기해 줄까요? *틀려도 괜찮아!* ❺ 줄을 서서 한 명씩 돌아가며 공을 던진다. 2. **바구니와 공을 정리한다.**	뽕뽕이 큰 것, 바구니(골대, 정리용), 아동이 꾸민 깃발
마무리 및 평가	- 골인이 안 되었을 때 기분이 어땠나요? - 그때 '틀려도 괜찮아'라고 외쳐 주니까 기분이 어땠나요? - 마음에 드는 말이 적힌 깃발을 흔들며 크게 외칠 때 기분이 어땠나요?	
수업 메모	• 아동 수가 많을 때에는 표어 문장을 고를 수 있도록 책 속에 들어 있는 문장을 미리 10~15개 정도 칠판에 써 놓아도 좋다.	

◈ 비슷한 주제를 담은 그림책(주제: 자신감, 용기)

『부끄럼쟁이 바이올렛』 캐리 베스트 글, 지젤 포터 그림, 하연희 옮김, 문학동네어린이, 2004

『진정한 용기가 필요해!』 사라 보세 글, 수산네 벡히도른 그림, 유혜자 옮김, 책내음, 2012

『처음 받은 상장』 이상교 글, 허구 그림, 국민서관, 2005

초등 책 14

『호랑이 형님』

우현옥 글, 이미리 그림, 봄별(꿈꾸는꼬리연), 2012

책 소개

가난한 선비가 숲속에서 나무를 하는데 갑자기 커다란 호랑이가 나타난다. 호랑이가 선비를 잡아먹으려고 하자 선비는 꾀를 내어 자신의 형님이 죽어서 호랑이가 되었다고 둘러댄다. 그 말을 믿은 호랑이는 가난한 어머니를 위해 날마다 산짐승을 잡아 마당에 놓고 가고, 급기야는 산삼을 찾아 헤매다 목숨을 잃고 만다. 선비는 호랑이의 효심에 크게 감동하여 호랑이의 넋을 기린다.

활동 효도 밥상 받으세요!

주제

효

활동 대상

초등 저

활동 목표

- 호랑이의 효심 어린 모습을 통해 효의 의미를 알 수 있다.
- 부모님에 대한 관심을 가지고 효도밥상을 차릴 수 있다.

활동 자료

그림책, 보자기(누런색), 융판, 밥상용 보드판(4절 크기의 갈색 하드보드지, 접착 보들이), 음식메뉴(음식 사진 컷, 초록 색지, 까끌이, 풀, 가위)

<table>
<tr><th>활동 과정</th><th>활동내용</th><th>자료 및 지도상의 유의점</th></tr>
<tr><td>준비 활동</td><td>• 보자기를 활용한 동물 수수께끼
- 내가 누구인지 맞혀 보세요.
- 아주 덩치가 커요. 아주 빨라요. 사자, 치타, 호랑이.
- (보자기로 만든 호랑이 꼬리를 감춘 채 있다가 보여 주며) 어흥! 떡 하나 주면 안 잡아먹지!</td><td>보자기</td></tr>
<tr><td>본 활동</td><td>활동 1 그림책 감상
1. 등장인물의 특성과 상황을 반영하며 읽는다.
❶ 의성어와 제스처를 가미하여 역동적으로 읽는다.
- (팔을 들어올리며) “어흥! 널 잡아먹겠다.”
❷ 그림을 부분적으로 가리고 읽는다.
- (나무꾼이 엎드린 부분을 종이로 가린 채) ‘좋은 생각이 떠올랐어요.’ 나무꾼은 어떤 생각을 했을까요?
❸ 등장인물의 감정과 상황을 반영하며 읽는다.
- 선비는 나무를 해다 팔아서 (안타까움이 느껴지도록, 느리게) 겨우겨우 먹고살았어요.
- 선비가 나무를 하고 있는데(목소리 톤을 높이며, 다급하게) 커다란 호랑이가 입을 딱 벌리고 달려들지 뭐예요.
- 새벽녘 노루를 물고 마당으로 들어서던 호랑이는 (느리게) 걸음을 우뚝(∨)멈추었어요.
❹ 그림을 탐색하며 글이 가리키는 부분을 찾아본다.
- 호랑이가 어떤 산짐승을 잡아왔나 같이 볼까요? 토끼, 멧돼지, 여우.
- “선비는 호랑이를 양지바른 곳에 잘 묻어 주었어요.” 호랑이의 무덤은 어디에 있나요?
2. 호랑이가 어머니를 위해 한 일에 대해 간단히 회상한다.
- 호랑이는 어머니를 위해 무슨 일을 했나요?
- 호랑이가 잡아다 준 산짐승으로 선비는 무엇을 할 수 있었나요?</td><td>그림책</td></tr>
</table>

본 활동	활동 2 **효도 밥상 차리기**  1. **효도밥상 차리는 법을 알아본다.** - 우리도 부모님을 위해 효도 밥상을 차려 볼 거예요. 먼저 어떤 메뉴가 있는지 볼까요? 2. **그림 컷을 이용하여 효도 밥상을 차린다.**  - (음식 컷을 붙일 보드판을 보여주며) 여기에 밥상을 차릴 건데, 부모님이 좋아하는 음식을 한 가지씩 붙여 볼까요? - (보드판 밥상을 완성한 후) 여러분이 고른 음식 덕분에 풍성한 밥상이 됐어요. 이 효도 밥상을 보니 어떤 생각이 드나요? - 우리가 이 밥상을 드릴 때 어떤 말과 함께 드리면 부모님이 더 행복해하실까요?	음식그림 컷, 융판 밥상용 보드판
마무리 및 평가	- 이야기 속의 호랑이를 보니 어떤 생각이 드나요? - 부모님이 이 효도 밥상을 받으면 어떤 기분이 드실까요? - 음식을 차려드리는 것 말고도 부모님을 행복하게 해드릴 수 있는 것은 무엇이 있을까요?	완성된 밥상
수업 메모	• 한 상 안에 같은 음식을 또 붙여 보고 싶은 참여자가 있을 수 있으므로 음식 그림은 여러 개를 준비한다.	

◈ 비슷한 주제를 담은 그림책(주제: 효도)

『단물고개』 소중애 글, 오정택 그림, 비룡소, 2010

『효녀로다 효녀로다』 김복태 글·그림, 보림, 2016

초등 책 15

『박지성처럼 꿈꿔라!』

전채연 글, 이경석 그림, 주니어김영사, 2012

책 소개

평발과 작은 체격에도 불구하고 성실함과 투지로 프리미어리거가 된 박지성의 성장 과정을 담고 있다. 자신의 화려한 개인기를 선보이기보다는 팀을 위해 자신을 희생할 줄 알고, 시련이 닥쳐도 굳은 의지와 신념으로 한 단계 높이 성장하는 박지성의 면모를 엿볼 수 있다. 만화풍의 코믹한 그림과 글 중간 중간에 삽입된 박지성 선수의 경기 사진이 재미와 다큐의 감동을 함께 전달하고 있다.

활동 꿈을 위해 노력해요!

주제

직업(운동선수)

활동 대상

초등 저, 중

활동 목표

- 박지성의 일화를 듣고 인물의 마음, 모습, 행동을 상상하고 표현할 수 있다.
- 직업 운동선수가 되려면 어떤 노력이 필요한지를 알고 자신의 꿈을 설계하는 과정에 적용할 수 있다.

활동 자료

『박지성처럼 꿈꿔라!』 책, 사진 자료(박지성 선수 발 사진), 박지성 낱장 동화 자료(교사제작), 신문지 공, 상자, A4 색지

활동 과정	활동내용	자료 및 지도상의 유의점
준비 활동	• 사진보며 인물의 직업 추측하기 - 여기 누군가의 발 사진이 있어요. 생김새가 어떤가요? - 왜 이렇게 상처가 많을까요? - 어떤 직업을 갖고 있는 사람일까요?	사진자료
본 활동	**활동 1 낱장 동화로 이야기 들려주기**  - 박지성이 축구를 시작한 건 초등학교 4학년 때예요. 키가 작아 사람들 눈에 띄지 않았지만 누구보다 열심히 연습하는 연습벌레였어요. - 믿을 건 실력밖에 없다고 응원해 주시는 아버지와 감독님 덕분에 용기를 얻을 수 있었고 좌절도 있었지만 결국엔 좋은 기회들을 얻을 수 있었어요. 결국, 박지성은 우리나라 국가대표를 거쳐 프리미어 리그에 진출했어요. 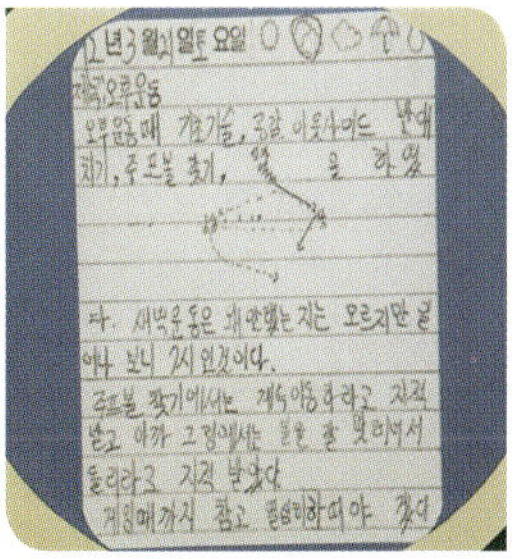 - 꿈을 이루기 위해 초등학생이었던 박지성이 매일 했던 것이 있었는데 그게 뭘까요? - 바로 축구일기였대요. 한번 읽어 볼까요? 무슨 생각이 드나요?	『박지성처럼 꿈꿔라!』 책, 박지성 낱장 동화자료(교사제작)

<table>
<tr><td rowspan="1">본 활동</td><td>활동 2 운동선수 체험하기

1. 축구선수로서의 기본체력훈련을 경험한다.
- (모자와 호루라기를 들고) 박지성 축구센터에 온 여러분을 환영합니다. 축구선수가 되기 위해 하는 훈련을 함께 해 보겠습니다.
① 짧은 거리 왕복해서 달리기
② 신문지 공을 차며 이어 달리기
③ 신문지 공 골대에 넣기

2. 체력훈련에 대한 일기 써보기
- 박지성 선수는 힘든 훈련 중에서도 왜 일기를 꼬박꼬박 썼을까요?
- 우리도 오늘 해 본 세 가지 종목으로 일기를 한번 써 볼까요?</td><td>신문지 공, 상자

A4 색지</td></tr>
<tr><td>마무리 및 평가</td><td>- 오늘 본 책과 활동을 통해, 좋은 운동선수가 되려면 어떤 노력이 필요한 것을 알 수 있었나요?
- 책 제목인 『박지성처럼 꿈꿔라!』는 어떤 의미일까요?
- 나의 꿈을 위해서 현재 어떤 노력을 하고 있나요?</td><td></td></tr>
<tr><td>수업 메모</td><td>• 일반적으로 독서캠프에서 야외공간에서 진행하는 수업이며, 운동선수를 체험하는 훈련은 공간 조건에 따라 유동적으로 적용한다.</td><td></td></tr>
</table>

◈ 비슷한 주제를 담은 그림책(주제: 축구, 꿈)

『메시: 축구 영웅이 된 작은 소년』 에프테 다르스키 글, 이성모 옮김, 다봄, 2015

『멈추지 마, 다시 꿈부터 써 봐』 김수영 원작, 전연주 글, 오성봉 그림, 웅진주니어, 2012

『새미 리: 다이빙을 사랑한 한국인 소년』 유보라 글, 이담 그림, 이재원 옮김, 길벗어린이, 2006

초등 책 16

『조선 최고의 의사 허준』

정설아 글, 김언희 그림, 스마일북스, 2017

책 소개

호기심이 많은 허준은 공부를 하고 싶어도 제대로 할 수 없는 서자 출신이지만 매일 수백 가지도 넘는 약초의 이름을 달달 외우며 의원의 꿈을 키운다. 서른이 넘어 내의원에 들어가서도 배움과 노력을 게을리하지 않은 덕분에 높은 벼슬자리에 오른다. 하지만 허준을 시기하던 신하들로 인해 허준은 먼 곳으로 귀양을 가고, 바로 그 곳에서 우리나라 최고의 의서인 '동의보감'을 집필한다.

활동 약초 처방전 만들기

주제

직업(의사 또는 약사)

활동 대상

초등 중, 고

활동 목표

- 사람의 병을 고치는 의료 분야에서 요구되는 전문가의 자세를 이해할 수 있다.
- 책에 소개된 내용을 바탕으로 질병의 증상에 따라 모의 처방전을 작성할 수 있다.
- 평소 식단에서 보는 채소가 병을 고치는 약초가 될 수 있음을 알 수 있다.

◈ 활동 자료

그림책, 약초 채소 실물(파, 도라지, 돌나물, 달래 등), 접시, 약재함 모양의 플랩 포스터(갈색 4절 색지 2장, 약초 그림·약초 효능 프린트물), 활동지(처방전), 약초리스트

<table>
<tr><th>활동 과정</th><th>활동내용</th><th>자료 및 지도상의 유의점</th></tr>
<tr><td>준비 활동</td><td>• 약초 채소(파, 도라지, 돌나물, 달래 등) 탐색하기
1. 준비한 약초 채소를 탐색한다.

❶ 모양, 냄새, 맛 등을 탐색한다.
❷ 약초 채소의 이름을 알아본다.
- 이 약초 채소의 이름이 무엇인지 알고 있나요?
❸ 약초채소의 효능을 예측해 본다.
- 이것을 먹으면 우리 몸 중 어디에 좋을까요?</td><td>약초 채소 실물(파, 도라지, 돌나물, 달래 등), 접시
· 구하기 쉬운 채소로 구성한다.</td></tr>
<tr><td>본 활동</td><td>활동 1 그림책 감상
1. 수수께끼로 그림책 속 인물을 알아맞힌다.
- ‘사람을 살리는 손’은 어떤 일을 하는 사람의 손일까요?
의사, 약사
- 이 사람이 누군지 맞혀 보세요.
- 나는 낮은 신분으로 태어났어요. / 조선시대 사람입니다. / 텔레비전 드라마의 주인공으로도 나왔지요…….
2. 그림책을 감상한다.
❶ 어려운 낱말은 그림책의 설명을 곁들이며 읽는다.
- ‘두창’은 지금의 천연두라 불리는데, 열이 나고 오슬오슬 떨리며 온몸에 좁쌀 같은 것이 나는 병이에요. 옛날에는 귀신 때문에 천연두가 걸린다고 믿었대요.
❷ 책에서 소개하는 ‘동의보감’에 대한 정보를 읽는다.
- 허준은 16년 동안 25권으로 된 동양 최고의 의서인 ‘동의보감’을 집필했어요. 동의보감이란 ‘동쪽 나라의 보배로운 의학도서’라는 뜻이예요.
- 옛날에는 중국의 처방과 약재만 최고라고 여겼지만, 허준은 우리나라 사람에 맞게 우리 땅에서 나는 약재와 처방을 이 책에 담고 있어요.</td><td>그림책</td></tr>
</table>

<table>
<tr><td rowspan="2">본 활동</td><td>활동 2 약초의 효능 알아보기

1. 약초의 효능을 알아본다.
- 여기 약재함이 있어요. 덮개를 열어 보면 약초의 모양과 효능이 적혀 있대요. 열어볼까요?
- 이건 무엇일까요? 혹시 본 적 있나요? 이 약초의 효능을 읽어볼까요?
2. 약초에 대한 퀴즈를 풀어본다.
- 감기에 좋은 약재 2가지는 무엇일까요?</td><td>약재함 모양의 플랩 포스터</td></tr>
<tr><td>활동 3 처방전 작성하기
1. 간단한 테이블 인형을 가상의 환자로 두고 증상에 대한 처방전을 작성한다.
- (종이로 만든 테이블 인형을 움직이며) “아이고, 내가 나이가 들어서 무릎이 아파. 관절염이래. 무슨 약초를 먹어야 할까?”
2. 각자 건강 상태에 맞는 약초 처방전을 작성해 본다.
- 나의 맥박은 1분에 몇 번 뛰는지 재 볼까요?
- 나의 몸 상태를 체크해 보고 알맞은 약초 처방전을 작성해 보아요.
- 평소 건강을 지키기 위해 어떤 실천을 하면 좋을까요?</td><td>처방전(활동지), 약초 효능 리스트
· 시간과 아동의 관심을 고려하여 활동의 단계를 조절한다.</td></tr>
<tr><td>마무리 및 평가</td><td>- 좋은 의사나 약사가 되기 위해서는 어떠한 자세를 가져야 할까요?
- 오늘 처방전을 작성하면서 어떤 느낌이 들었나요?
- 오늘 우리가 먹는 채소와 여러 약초의 효능에 대해 알아보았어요. 새롭게 알게 된 것이 있나요?</td><td></td></tr>
<tr><td>수업 메모</td><td>• 단독 활동인 경우와는 달리, ‘직업’이라는 주제로 연계된 프로그램일 경우, 다른 활동과 비교해 시간을 조절한다.</td><td></td></tr>
</table>

◈ 비슷한 주제를 담은 그림책(주제: 꿈, 직업)

『그림 그리는 아이 김홍도』 정하섭 글, 유진희 그림, 보림, 1997

『니 꿈은 뭐이가?』 박은정 글, 김진화 그림, 웅진주니어, 2010

초등 책 17

『존 아저씨의 꿈의 목록』

존 고다드 글, 이종옥 그림 , 임경현 옮김, 글담어린이, 2008

책 소개

존 고다드가 화자가 되어 자신이 어떻게 꿈의 목록을 작성하고 이루었는지를 친절하고 재미있게 이야기한다. 꿈이 왜 중요한지, 꿈을 이루기 위해서 어떤 준비가 필요한지를 보여 주며, 자기만의 꿈의 목록을 작성해 보라고 권한다.

저자가 500여 개의 꿈을 이룰 수 있었던 것도 바로 꿈을 기록했기 때문이다. 미국의 실존 인물, 존 고다드의 삶을 바탕으로 어린이들에게 꿈을 기록하는 것의 소중함을 흥미롭게 전달하고 있다.

활동 나의 꿈의 목록

주제

꿈

활동 대상

초등 중, 고

활동 목표

- 자신의 꿈을 구체화하여 꿈의 목록을 작성할 수 있다.

활동 자료

『존 아저씨의 꿈의 목록』 책, 필기도구, 상자, 편지 1, 편지 2, 꿈의 목록 맞추기 재료(조각난 꿈의 목록 종이, 8절 색지 – 모둠 수만큼, 풀), 노트(참여자 수만큼)

<table>
<tr><th>활동 과정</th><th>활동내용</th><th>자료 및 지도상의 유의점</th></tr>
<tr><td>준비 활동</td><td>• 연극놀이('역할 내 교사' 기법)로 주인공의 꿈의 목록 받기
1. '역할 내 교사' 기법으로 택배상자를 배달받는다.
❶ 사전에 존 고다드의 꿈의 목록(20~30개 정도)을 나눠 적은 A4지를 퍼즐처럼 조각낸다.
❷ 조각 난 꿈의 목록 종이를 편지1과 함께 택배 상자 안에 넣어 둔다. (이때 편지 2는 상자 바닥 틈에 숨겨 놓는다.)
❸ 진행자 중 한 명이 모자를 쓰고 수업장소의 문을 두드리며, 택배상자를 배달한다.</td><td>택배상자</td></tr>
<tr><td>본 활동</td><td>활동 1 존 고다드의 꿈의 목록 읽기
1. 모둠별로 꿈의 목록을 확인한다.
❶ 상자에서 편지를 꺼내어 큰소리로 읽는다.

편지 1
SOS 도와주세요
나에겐 목숨처럼 소중한 '꿈의 목록'을
누군가가 실수로 조각내 놓았습니다.
전 이것들이 없으면 살아갈 수가 없습니다.
여러분이 이 조각들을 맞춰 주시기 바랍니다.

❷ 모둠별로 꿈의 목록 종이 퍼즐을 맞춘다.
- 여기 여러 가지 색깔의 종이가 있어요. 모둠별로 색깔을 정해서 모아서 맞추어 볼까요?
❸ 모둠별로 8절 색지에 꿈의 목록을 붙여 완성한다.
- 꿈의 목록을 다 같이 함께 읽어 볼까요?
</td><td>조각난 꿈의 목록 종이, 편지 1, 편지 2, 8절 색지, 풀</td></tr>
</table>

<table>
<tr><td rowspan="3">본 활동</td><td>2. 두 번째 편지를 읽는다.
- (상자 바닥에 숨겨져 있던 편지를 꺼내며) 어! 여기 또 다른 편지가 있었네. (교사가 편지 2를 읽는다.)

편지 2

나의 행복한 인생은 단순한 '꿈의 목록' 한 개로 시작되었지. 여러분도 꼭 꿈의 목록을 작성하고, 그 꿈의 시작을 네 자신에게 알리기 바란다.
- 존 고다드</td><td></td></tr>
<tr><td>활동 2 '꿈의 목록' 동영상 감상
1. 동영상(존 고다드 관련 동영상)을 감상한다.
- 존 고다드 아저씨가 꿈의 목록을 이뤘는지 한번 볼까요?
2. 존 아저씨의 꿈의 목록에 대해 이야기를 나눈다.
- 존 고다드는 어떤 사람이었나요?
- 몇 개의 꿈을 적어서 실천했나요?</td><td>존 고다드 관련 동영상</td></tr>
<tr><td>활동 3 '나의 꿈 노트' 작성하기

1. 꿈의 노트에 이루고 싶은 나의 꿈(10~20가지 정도)을 적는다.
2. 그중 꼭 이루고 싶은 다섯 가지에 동그라미를 한다.
3. 자신의 중요한 꿈을 친구들에게 발표한다.
4. 발표한 꿈을 이루기 위해 꼭 해야 하는 것을 한 가지 이상 노트에 써본다.</td><td></td></tr>
<tr><td>마무리 및 평가</td><td>- 존 아저씨의 꿈의 목록을 보면서 어떤 생각이 들었나요?
- 존 고다드 아저씨가 꿈을 이룰 수 있었던 이유는 무엇이었나요?
- 오늘 작성한 꿈의 노트를 어떻게 보관하면 좋을까요?</td><td></td></tr>
</table>

수업 메모	• 조각난 존 고다드의 꿈의 목록은 모둠별로 다른 내용이 담긴 종이를 배부하여 책에 실린 목록 총127개가 모두 소개될 수 있도록 한다. • 위 수업은 초등 대상 8차시 독서캠프 수업 중 일부로 2시간에 걸쳐서 진행되었다.	

비슷한 주제를 다룬 그림책(주제: 꿈)

『어린이를 위한 꿈꾸는 다락방』 이지성 글, 송진욱 그림, 국일아이, 2008

『새미 리: 다이빙을 사랑한 한국인 소년』 유보라 글, 이담 그림, 이재원 옮김, 길벗어린이, 2006

『쌍둥이 빌딩 사이를 걸어간 남자』 모디캐이 저스타인 글·그림, 신형건 옮김, 보물창고, 2004

『멈추지 마, 다시 꿈부터 써 봐』 김수영 원작, 전연주 글, 오성봉 그림, 웅진주니어, 2012

『니 꿈은 뭐이가?』 박은정 글, 김진화 그림, 웅진주니어, 2010

초등 책 18

『백만 년 동안 절대 말 안 해』

허은미 글, 김진화 그림, 웅진주니어, 2011

책 소개

아이의 눈을 통해 본 어른들과 손위 형제의 일상풍경은 어떠할까? 사랑한다면서 툭하면 화를 내는 엄마, 좋아하는 동물을 이런저런 이유로 못 키우게 하는 아빠, 자기만 아는 언니까지 온통 아이의 마음을 몰라주는 가족들로 가득하다. 화가 나고 섭섭한 아이는 자기 마음대로 살 거라고 땅굴을 파고 들어가지만 가족들 걱정에 이내 땅속 여행을 끝내고 만다. "앞으로 한 번만 더 그러면 백만 년 동안 절대 말 안 할 거다!"라고 종알대는 말에서는 가족으로부터 받은 상처와, 그럼에도 불구하고 놓을 수가 없는 가족에 대한 사랑과 사랑받고 싶은 기대감을 읽을 수 있다.

활동 내 말 좀 들어 봐!

주제

나와 가족

활동 대상

초등 저, 중

활동 목표

- 책 속의 주인공에 기대어 자신의 속마음을 말로 표현할 수 있다.

◈ 활동 자료

그림책, 말풍선 모양 종이(교사 및 아동 인원수), 검정색 전지, 주인공 그림 컷(표지), 마이크 모형 교구, 사인펜, 풀(또는 양면테이프)

활동 과정	활동내용	자료 및 지도상의 유의점
준비 활동	• 표지 보며 이야기 나누기 - (제목을 말풍선 모양의 종이로 가리고) 이 아이의 기분은 어떤 것 같나요? - 이 아이가 누군가에게 하고 싶은 말이 있대요. 누구한테 무슨 말을 하고 싶은지 책 속으로 들어가 볼까요?	그림책, 말풍선 모양 종이(교사용)
본 활동	**활동 1 그림책 감상** 1. **주인공의 감정을 생각하며 그림책을 감상한다.** ❶ 앞면지를 탐색하며 이야기를 나눈다. - 땅속에 뭐가 보이나요? 이 사람들은 누구일까요? - 왜 땅속에 있는 걸까요? - 몸에 감고 있는 이 빨간 것은 무엇일까요? ❷ 주인공의 감정과 상황을 반영하여 책을 읽는다. - (화난 듯 외치며) 가족 같은 건 필요 없어. (울먹이듯 하며 독백처럼) 내 마음도 몰라주고. - (후련한 듯 웃음기를 띠며) 앞으로 한 번만 더 그러면 백만 년 동안 절대 말 안 할 거다, 알겠지! ❸ 뒤 면지를 보며 새롭게 든 생각에 대해 이야기 나눈다. - 이 사람들은 어떤 관계인가요? - 왜 가족들 모두 땅속에 들어가 있는 걸까요? 가족들의 표정은 어떤가요? - 이 빨간 줄은 무엇을 의미하는 것 같나요? 2. **그림책을 다시 감상하며 부모님 때문에 속상했던 자신의 경험에 대해 표현한다.** ❶ '○○는 너무해!'를 강조하며 함께 큰소리로 읽는다. 예 강세 두기 (엄마는 너무해! / 아빠는 정말 너무해!)	그림책

본 활동	❷ 그림책 장면을 읽으며 자신의 비슷한 경험에 대해 이야기 나눈다. - (공감하는 언어를 사용하여 아이들의 이야기를 수용해 주며) 그랬구나. - 엄마가 이렇게 화를 내서 주인공의 마음이 어땠을까요? 여러분도 이런 적이 있었나요? - 꼭 사고 싶은 게 있었는데, 부모님이 안 된다고 한 적이 있었나요? - 가족에게 정말 속상했을 때가 있었나요? 그때 기분이 어땠어요?	
	활동 2 나만의 책 제목 만들기 1. **그림책 제목에 대해 이야기를 나눈다.** - 이 아이가 화가 나서 한 말이 책 속에 있었어요. 무슨 말들을 했나요? - 이 책의 주인공은 이런 말을 했대요. (표지에 붙여 둔 제목 말풍선을 떼며) 뭐라고 씌어 있나요? - "백만 년 동안 절대 말 안 해" 왜 이런 말을 했을까요? - 여러분도 화가 나서 가족들과 오랫동안 말을 안 해 본 적이 있나요? 그럴 때 어땠어요? - 가족들에게 섭섭했을 때 못한 말이나 부탁하고 싶은 것이 있으면 이 말 풍선에 적어서 표현해 볼까요?	검정색 전지, 말풍선 모양 종이(아동 인원수), 주인공 그림 컷(표지), 풀(또는 양면 테이프), 사인펜
	2. **그림책 제목을 발표해 본다.** - 자기가 만든 책 제목을 발표해 볼까요? - ○○○작가님과 '잠깐 인터뷰'를 하겠습니다. 책 제목을 이렇게 정하신 이유가 무엇이죠?	마이크 모형 교구
	3. **그림책 제목을 벽에 전시한다.** - 마음속의 여러 말들을 표현하니 까맣기만 하던 공간이 어떻게 되었나요? 	

마무리 및 평가	- 마음속의 말을 표현할 때 기분이 어땠어요? - 그림책의 장면 중에 가장 기억에 남는 것은 무엇인가요?	
수업 메모	• 욕이나 비속어가 아닌 감정 언어를 사용하여 자신의 감정을 표현하도록 격려한다.	

비슷한 주제를 담은 그림책(주제: 가족)

『딸꾹질』 김고은 글·그림, 아지북스, 2010

『엄마 아빠를 바꿔주는 가게』 프란체스카 사이먼 글, 피트 윌리엄슨 그림, 최제니 옮김, 예림당, 2011

『마법의 설탕 두 조각』 미하엘 엔데 지음, 진드라 차페크 그림, 유혜자 옮김, 한길사, 2001

초등 책 19

『행복한 미술관』

앤서니 브라운 글·그림, 서애경 옮김, 웅진주니어, 2004

책 소개

엄마의 생일날, 엄마의 제안으로 가족이 다 함께 미술관 나들이를 간다. 처음에는 마음에 들어 하지 않던 가족들도 그림에 담긴 이야기를 찾고, 서로의 느낌과 생각을 나누며 귀가할 때는 행복한 마음이 되어 그림 이어가기를 하며 함께 어우러진다. 작가가 미술관에서 초등 아이들과 실제로 진행한 워크숍을 바탕으로 하였으며, 그림을 재미나게 보는 법을 자연스럽게 보여 준다.

활동 그림 이어 그리기

주제

그림

활동 대상

초등 저

활동 목표

- 그림을 자유롭게 감상하고 표현하는 방법을 알 수 있다.
- 여러 명이 이어서 즉흥 그림 그리기를 할 수 있다.

◈ 활동 자료

그림책, 흰 도화지, 유성사인펜(또는 색연필), 수채물감, 붓, 팔레트, 소고(또는 다른 신호 악기)

활동 과정	활동내용	자료 및 지도상의 유의점
준비 활동	• 가족나들이 경험에 대해 이야기 나누기 - 가족들과 함께 나들이 가 본 적 있어요? 어떤 곳에 가 보았어요? - 오늘은 특별한 곳으로 나들이 간 가족을 만나볼 거예요.	
본 활동	**활동 1 그림책 감상** 1. 그림책을 감상한다. ❶ 등장인물의 성격과 상황을 반영하며 읽는다. - (아빠가 익살스럽게) 왜 고릴라는 콧구멍이 크게? - (형이 심드렁한 표정으로 퉁명스럽게) 몰라. ❷ 그림을 단서로 이야기를 만들어 가며 읽는다. - 군인들이 싸움을 하는 그림이네요. 여기서 아빠랑 엄마가 뭐라고 말할 것 같아요? ❸ 비슷한 두 그림에서 다른 부분을 찾아보며 읽는다. - 아기를 안고 있는 두 여자의 그림은 같아 보이지만 다른 곳이 있어요. 다른 곳을 찾아보세요? ❹ 가족들이 미술관에 갈 때와 집으로 돌아오는 장면을 비교하며 읽는다. - 두 그림 속의 분위기가 각각 어떤가요? - 무엇을 보고 알 수 있나요?	그림책
	활동 2 그림 이어 그리기 1. 그림책 장면의 그림 이어 그리기 부분을 다시 본다. - 처음에는 무슨 모양인지 알 수 없는 그림이었는데, 다음 사람이 이어서 그렸더니 사람 모양이 되었네요. 2. 앞표지와 면지에서 이어 그린 그림을 찾아본다. - 표지에도 아무렇게나 그린 것 같은데, 멋진 그림이 되었어요. 어떤 모양이 있는지 찾아볼까요?	

<table>
<tr>
<td>본 활동</td>
<td>3. 소그룹으로 모둠을 이루어 그림 이어 그리기를 한다.
❶ 각자의 종이에 자신이 좋아하는 간단한 모양을 그린다.
❷ 소고 소리가 나면, 일제히 동일한 방향으로 옆 친구에게 그림을 전달한다.

❸ 앞 친구가 그린 모양을 보고 생각나는 것을 이어 그린다.
❹ 처음에 자신이 그렸던 그 그림을 다시 받으면, 수채물감으로 색칠을 한다.
❺ 완성한 그림을 보며 제목을 붙인다.
4. 그림을 감상하고 평가한다.
- 처음에 그렸던 모양이 어떻게 변했어요?
- 왜 그런 제목을 붙였어요?
</td>
<td>흰 도화지, 유성 사인펜(또는 색연필), 수채물감, 붓, 팔레트, 소고(신호 악기)
· 짧은 시간 내에 즉흥적으로 이어 그리는 것이 중요하다.</td>
</tr>
<tr>
<td>마무리 및 평가</td>
<td>- 여러 친구가 즉흥적으로 이어서 그린 그림은 혼자서 완성한 그림과 어떤 점이 다른가요?
- 오늘 그림책에서 본 미술관 그림 중, 어떤 게 가장 기억에 남나요? 이유는 무엇인가요?</td>
<td></td>
</tr>
<tr>
<td>수업 메모</td>
<td>• 『행복한 미술관』 그림책의 배경이 되는 실제 미술관의 사진과 그림책 속의 작품 그림, 숨겨진 이야기 등을 첨부하여 들려주면 더욱 좋다.
• '나와 가족'의 주제에서 진행할 수도 있다.
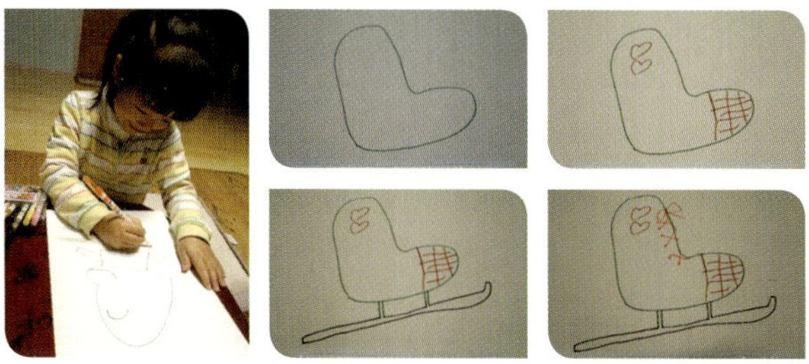</td>
<td></td>
</tr>
</table>

◈ 비슷한 주제를 담은 그림책(주제: 미술관)

『세상에서 가장 유명한 미술관』 메리디스 후퍼 글, 알랜 컬리스·마크 버제스 그림, 김남중 옮김, 국민서관, 2000

『미술관에 간 윌리』 앤서니 브라운 글·그림, 장미란 옮김, 웅진주니어, 2003

초등 책 20

『책보』

이춘희 글, 김동성 그림, 사파리, 2013

책 소개

옛날부터 지금까지 우리 생활 속에서 함께하고 있는 보자기를 소재로 옥이와 다희의 우정, 그리고 할머니의 정성과 사랑을 따뜻하게 그린 창작 그림책이다. 새로 산 책가방을 자랑하는 다희의 마음과, 책가방이 부럽지만 책보에 담긴 할머니에 대한 소중한 추억을 간직한 옥이의 감정이 한편의 다큐멘터리를 보듯 실감나게 묘사되어 있다. 우리 보자기와 책보에 담긴 옛 아이들의 생활상과 우정을 오늘날의 아이들에게도 고스란히 전달하고 있다.

활동 이사 가요! 이사가!

주제

우리 문화

활동 대상

초등 저

활동 목표

- 우리 전통보자기가 가진 장점을 설명할 수 있다.
- 규칙을 지키며 게임에 참여할 수 있다.

활동 자료

그림책, 운송도구(상자, 캐리어, 보자기, 바구니 등), 이삿짐(휴지 갑, 인형, 챙모자 등), 미션 쪽지 및 봉투, 운송완료 스티커, 실물 조각보(또는 사진자료)

<table>
<tr><th>활동 과정</th><th>활동내용</th><th>자료 및 지도상의 유의점</th></tr>
<tr><td>준비 활동</td><td>• 일상의 보자기 경험하기
- (교사가 의자에 앉을 때 목에 두르고 있던 보자기를 풀어 자연스럽게 무릎을 가리며) 오늘은 먼저 재미있는 게임을 하고 책을 볼 거예요.</td><td>보자기</td></tr>
<tr><td>본 활동</td><td>활동 1 이사 가요! 이사 가!

1. 두 팀으로 나누어 보자기, 상자, 캐리어, 바구니 중 하나를 이용해 물건 나르기 릴레이를 한다.
- (각 팀에는 세 명 정도의 주자가 있다. 물건들을 이사 도구에 담지 못하거나 쪽지에 적힌 지시대로 행하지 못한 경우에는 처음부터 다시 한다.)
- (미션 봉투를 보여 주며) 이 봉투에는 미션을 적은 쪽지가 있는데, 그 미션 내용에 따라 움직이는 거예요. 준비, 출발!
❶ 1번역에는 미션 쪽지 1과 휴지 갑, 인형, 쿠션 등 이삿짐이 있다.

미션 쪽지 1
“물건을 담을 도구 중 하나를 골라, 이삿짐 한 개를 담고, 2번역으로 옮기시오.”

❷ 2번역에는 미션 쪽지 2와 챙 넓은 얇은 모자, 또 다른 짐들이 있다.

미션 쪽지 2
“물건 하나를 구겨지지 않게 담아 3번역으로 옮기시오.”

❸ 3번역에는 물건은 없고 미션 쪽지 3만 있다.

미션 쪽지 3
“도구를 밖으로 보이지 않게 몸에 지니고 4번역으로 가시오. 그것이 불가능하면 1번역으로 다시 가시오.”

❹ 4번역에는 미션 쪽지 4와 운송 완료 스티커가 있다.

미션 쪽지 4
“수고하셨습니다. 몸에 지닌 운송도구를 탁자위에 내려놓고 운송 완료 스티커를 손등에 붙이고 돌아가시오.”</td><td>운송도구(상자, 캐리어, 보자기, 바구니 등), 이삿짐(휴지 갑, 인형, 챙 모자 등), 미션 쪽지 및 봉투, 운송완료 스티커</td></tr>
</table>

본 활동	 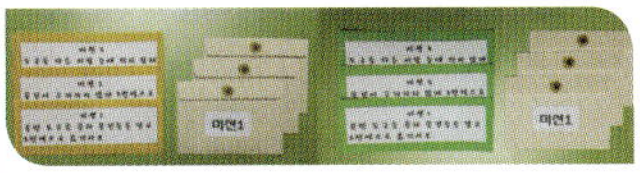  2. 게임에서 이용된 도구들의 특징에 대해 이야기 나눈다. - (모두가 4번역까지 게임을 마친 후) 먼저 들어 온 팀은 어떤 도구를 사용하였나요? - 상자(캐리어)는 왜 2번역에서 쓰지 못했나요? *모자보다 작아서 안 들어가요.* - 바구니는 왜 3번역에서 미션에 실패했을까요? *안 보이게 넣을 수가 없어요.* - 그럼 마지막까지 미션을 통과한 보자기는 어떤 특징 때문에 성공했을까요?	
본 활동	**활동 2 그림책 감상** 1. 조각보와 책 제목에 관해 이야기를 나눈다. - (조각보 실물이나 사진을 보여 주며) 이런 보자기를 본 적 있나요? - 왜 사람들은 이런 조각 보자기를 만들었을까요? - (제목을 가린 표지의 조각보를 가리키며) 여기에도 조각보가 있네요. 이 친구가 지금 무얼 하고 있는 것 같나요? - (가린 종이를 떼며) '책보'가 무슨 뜻일까요? 2. 그림을 단서로 주인공의 마음을 헤아려 본다. - 툇마루에 앉아 있는 옥이의 기분이 어떨까요? - (책가방을 보는 장면) 옥이가 지금 말을 한다면 뭐라고 할 것 같나요? 3. 노래하듯 운율을 살려 읽는다. ♬ 보자기 (보자기) 우리 보자기 쌀을 싸면 쌀보자기 떡을 싸면 떡보자기	그림책, 조각보(또는 조각보 사진)

마무리 및 평가	- 여행용 캐리어처럼 열고 닫는 운송도구와 보자기의 차이는 무엇인가요?	
확장 활동	확장 활동 1 **함께 만드는 조각보** 1. 조각종이에 자신이 좋아하는 그림책 제목을 적는다. - (장기 프로그램인 경우, 활동도서 중 선택한다.) 2. 조각 위치를 표시한 OHP 필름 위에 아동들의 조각종이를 붙여 완성한다. 	OHP필름, 조각종이, 양면 접착테이프, 필기구
확장 활동	확장 활동 2 **책보 메고 학교 가요!** • 책의 정보페이지에 소개된 내용처럼 책보를 메고 2인 삼각 경기를 할 수 있다.	
수업 메모	• '이사 가요! 이사 가!' 활동이 비중이 커서 도입활동으로 부담스러울 경우, 그림책 읽기와 확장 활동으로 연계해서 수업해도 좋다. • '함께 만드는 조각보' 활동 시, 조각종이에 책 제목을 적을 때 사인펜보다는 연필을 사용해야 종이 뒷면으로 번지지 않는다.	

비슷한 주제를 다룬 책(주제: 보자기)

『할머니의 조각보』 패트리샤 폴라코 지음, 이지유 옮김, 미래아이, 2003

『호랑이가 준 보자기』 서정오 지음, 김은정 그림, 한림출판사, 2007

초등 책 21

『색깔 손님』

안트예 담 글·그림, 유혜자 옮김, 한울림어린이, 2015

책 소개

엘리제 할머니는 혼자 있기를 좋아하고 늘 외롭다. 겁도 많아서 밤이나 낮이나 집 안에서만 지낸다. 어느 날, 할머니 집 안으로 파란색 종이비행기 하나가 날아든다. 할머니는 그것을 벽난로에 던져 태워 버린다. 다음 날, 할머니 집 문을 누군가 두드려 조심스레 문을 열자, 소년이 불쑥 들어온다. 그런데 소년이 집에 들어서서 한 발짝, 한 발짝 내디딜 때마다 회색빛이었던 엘리제 할머니의 집 곳곳이 조금씩 색으로 물들기 시작한다. 할머니와 소년이 함께 놀이를 시작하면서 무채색의 집안은 온통 화려한 색깔로 변한다.

활동 마음 실은 종이 비행기

주제

이웃

활동 대상

초등 중

활동 목표

• 이웃에 대해 관심을 갖고 이웃에게 위로가 되는 말을 표현할 수 있다.

◈ 활동 자료

그림책, A4 색지(인원수대로), 우드락 창문(단면 접착 우드락 4절 크기), 창문 받침대 2개, 셀로판테이프, 사인펜, 필기도구, 절연테이프(빨강, 파랑), 양면 색종이

활동 과정	활동내용	자료 및 지도상의 유의점
준비 활동	• 종이비행기로 그림책 내용에 대해 호기심 갖기 - 종이비행기를 접어서 날려 본적 있나요? - 누구와 어떨 때 종이비행기를 날려보았나요? - 이 그림책에는 특별한 종이비행기가 나올 텐데 어떤 것인지 만나볼까요?	
본 활동	**활동 1 그림책 감상** 1. **그림책을 감상한다.** ❶ 그림책 표지를 탐색한다. - (제목을 가린 채) 여기는 어디인 것 같나요? - 왜 이런 자세를 하고 있을까요? - (제목을 보여 주며) 색깔 손님? 색깔 손님이 무엇일까요? ❷ 면지 그림을 탐색한다. - 여기는 어디일까요? 어떤 느낌이 드나요? ❸ 그림을 가렸다가 서서히 보여 주며 읽는다. - (비행기가 날아드는 그림부분을 가린 채) …… **창문을 열 때도 있어요. 그러던 어느 날, 깜짝 놀랄 일이 벌어졌어요.** (노란 창과 하늘 색 종이비행기를 보여 주며) 비행기가 날아든 거예요. ❹ 노래를 첨가하며 읽는다. - (할머니와 아이가 숨바꼭질하는 장면에서) ♬ 꼭꼭 숨어라 머리카락 보일라. 2. **그림책 내용에 대해 이야기를 나눈다.** - (접은 종이비행기를 앞에 두고 눈을 감고 있는 장면에서) 할머니는 어떤 생각을 하고 있는 것 같나요?	그림책

	- 색깔 손님은 누구였나요? - (그림책 장면을 처음부터 훑어보며) 소년의 종이비행기가 날아든 이후, 할머니의 집은 점점 어떻게 달라졌나요? - 알록달록 화려하게 변한 이유는 무엇일까요? - 그렇다면 여기서 색깔은 무엇을 뜻하는 걸까요?	
본 활동	**활동 2 '마음의 종이비행기' 날리기** 1. **'색깔손님'이 필요한 이웃을 알아본다.** - 우리 주변에 엘리제할머니처럼 외롭게 혼자 살고 있는 이웃은 누굴까요? *독거노인, 아픈 친구.* - 그중에서 누구에게 종이비행기로 '색깔손님'을 날려 보내 볼까요? 2. **특정 이웃에게 필요한 말을 종이비행기에 적는다.** - 그 이웃에게 어떤 말을 해 주고 싶은지 비행기에 적어 볼까요?	A4 색지(인원수), 사인펜, 필기도구
	3. **열린 창문을 향해 종이비행기를 날린다.** - (교사가 미리 준비한 창문틀을 제시하며) 그 이웃이 잘 받아 볼 수 있도록 저기 창문틀 속으로 힘껏 던져 보자. 4. **이웃에게 해 주고 싶은 말을 큰소리로 함께 읽는다.** - (일제히 종이비행기를 던진 후, 교사가 창문틀 뒤편으로 가서 그 특정 이웃의 목소리를 내며) "아이고, 웬 종이비행기가 우리 집에 날아들었지? 여기 무슨 글도 있네. 근데 보이지 않아 읽을 수가 없네. 얘들아 나 좀 도와주겠니?"  	우드락 창문, 창문 받침대 2개, 셀로판테이프, 절연테이프, 양면색종이 · 비행기 날리기 놀이를 시작하기 전에 실패하는 것에 대해 속상해하지 않도록 이야기한다.

마무리 및 평가	- 종이비행기에 쓴 말들 중에서 가장 기억에 남는 말은 무엇이었나요? 그 이유는 무엇인가요? - 여기 이 책에서 본 할머니처럼 혼자 사는 이웃을 본 적이 있나요? - 이웃과 친하게 지내려면 어떻게 하면 좋을까요? - 알록달록 꾸민 창문을 보니 어떤 느낌이 드나요?	
확장 활동	• **알록달록 창문 꾸미기** 1. **우드락 창문틀을 색종이로 꾸민다.** - 종이비행기를 날렸더니 그 이웃이 사는 창문이 알록달록 변했대요. 우리가 알록달록 색깔창문을 만들어 볼까요? 2. **창문틀에서 기념촬영을 한다.**  	· 활동시간이 충분할 경우, 색깔 창문 꾸미기를 연계해서 한다.
수업 메모	• 수업을 시작하기 전에 미리 교실 바닥에 절연테이프로 출발선 3줄을 단계별로 붙여놓아야 종이비행기 날리기 활동의 흐름이 끊기지 않고 자연스럽게 이어질 수 있다.	

◈ 비슷한 주제를 담은 그림책(주제: 이웃)

『새 친구가 이사 왔어요』 레아 골드버그 글, 슈무엘 카츠 그림, 박미영 옮김, 랜덤하우스 코리아, 2008

『훌륭한 이웃』 엘렌 라세르 글, 질 보노토 그림, 엄혜숙 옮김, 풀과바람, 2016

초등 책 22

『건물들이 휴가를 갔어요』

이금희 글·그림, 느림보, 2011

책 소개

어느 여름, 사람들 대신 건물들이 휴가를 떠난다. 그러자 숨어있던 지평선이 드러나고 도시에는 시원한 바람이 불어온다. 속상해하던 사람들은 그동안 잊고 있었던 놀이를 하며 신나게 축제를 벌인다. 오랜만에 한가롭고 즐거운 시간을 보낸 사람들은 다음부터 건물들과 번갈아 휴가를 떠나기로 약속한다.

활동 이면지로 놀자

주제

놀이

활동 대상

초등 저

활동 목표

- 상품화된 놀잇감이 없어도 다양한 놀이를 할 수 있음을 안다.
- 이면지를 활용하여 다양한 놀이를 할 수 있다.

활동 자료

그림책, 이면지, 소고

<table>
<tr><th>활동 과정</th><th>활동내용</th><th>자료 및 지도상의 유의점</th></tr>
<tr><td>준비 활동</td><td>• 놀이 경험에 대한 이야기 나누기
- 심심할 때 친구랑 어떤 놀이를 하나요?
- 놀잇감 없이 하는 놀이는 어떤 것이 있을까요?</td><td></td></tr>
<tr><td rowspan="2">본 활동</td><td>활동 1 그림책 감상
1. 표지탐색을 한다.
- '휴가'가 무슨 뜻일까요?
- 건물들이 휴가를 가면 어떤 일이 벌어질까요?
2. 그림을 관찰하며 읽는다.
- 그림책 속 마을에는 어떤 건물들이 보이나요?
- 건물들이 모두 떠난 곳에서 친구들은 어떤 놀이를 하고 있나요?
- 건물들은 어떤 곳으로 여행을 다녀왔을까요?</td><td>그림책</td></tr>
<tr><td>활동 2 이면지 놀이
1. 이면지 놀이를 위한 상황을 설정한다.
- 모든 건물들이 휴가를 가서 그 안에 있던 놀잇감들도 모두 여행을 가고, 밖에는 비가 와서 놀이터에서도 놀 수가 없어요. 그런데 마침(이면지가 든 상자를 제시하며) 분리수거차가 빠뜨린 이면지만 남았어요.
2. 이면지를 탐색한다.
- 이면지는 한 면은 이미 사용했고 뒷면은 다시 사용할 수 있는 종이예요. 이면지로 무엇을 할 수 있을까요?
3. 신호등 놀이를 한다.
❶ 바닥에 아동의 수만큼 이면지들을 간격을 두고 놓는다.
❷ 교사가 두드리는 소고 박자에 따라 걷는 속도를 달리하며 종이를 밟지 않고 걷는다.
- 빨간 불(멈춤), 초록 불(보통 걸음), 노란 불(느린 걸음)
❸ 교사가 "점프 ㅇ번"을 외치면 말한 횟수만큼, 바닥에 놓인 종이를 뛰어 넘는다.</td><td>이면지

소고</td></tr>
</table>

본 활동	4. **이면지 뒤집기 놀이를 한다.** ❶ 아동이 이면지를 받았을 때 보이는 면에 따라 종이팀과 글자팀으로 나눈다.  ❷ 이면지 뒤집기를 한다. - 음악이 멈출 때까지 이면지를 뒤집어 보아요. 어느 팀이 많이 뒤집었나요? ❸ 뒤집어 놓은 이면지를 팀별로 다 같이 세어 본다.	이면지
마무리 및 평가	- 오늘 이면지로 어떤 놀이를 하였나요? - 우리가 평소에 가지고 노는 놀잇감과 이면지 놀이를 비교했을 때 어떻게 달랐나요? - 이면지로 또 어떤 놀이를 할 수 있을까요?	
확장 활동	• **이면지 나르기 놀이** 1. **이면지를 손등에 올리고 반환점 돌아오기 놀이를 한다.** - 출발선에서 도착선까지 이면지를 떨어뜨리지 않고 반환점을 돌아오면 성공하는 거예요. 2. **이면지를 허벅지 사이에 끼고 반환점 돌아오기 놀이를 한다.** 3. **이면지를 반으로 접어서 겨드랑이에 끼고 반환점 돌아오기 놀이를 한다.**  	이면지
수업 메모	• 재활용품을 활용한 활동과 연계하여 환경교육 주제로 할 수 있다. • 창의성을 키우는 활동으로도 적합하다. • 신호등 놀이에서 “박수 ㅇ번, 점프 ㅇ번” 등으로 구호를 첨가하는 방법으로 활동의 난이도를 조절할 수 있다.	

비슷한 주제를 담은 그림책(주제: 재활용품, 휴가)

『빠작이의 변신』 이송은 글, 조영아 그림, 국민서관, 2016

『빨간 줄무늬 바지』 채인선 글, 이진아 그림, 보림, 2007

『파리의 휴가』 구스티 글·그림, 최윤정 옮김, 바람의아이들, 2007

초등 책 23

『제가 잡아먹어도 될까요?』

조프루아 드 페나르 글·그림, 이정주 옮김, 베틀북, 2002

책 소개

늑대 루카스는 할아버지, 할머니, 아빠, 엄마 그리고 세 쌍둥이 남동생과 살고 있다. 어느 날 루카스는 독립을 선언하고 집을 떠나기로 한다. 가족들의 당부와 여러 가지 인사말을 듣고, 아버지가 알려준 '먹을 수 있는 것' 쪽지를 들고 집을 나선다. 길을 가다 잡아먹을 수 있는 동물들을 만나지만 그때마다 가족들이 떠올라서 잡아먹지 못하고 그냥 보내 준다. 일반적인 늑대 캐릭터와는 상반되는 성격의 주인공이 등장하여 아동 및 성인들에게도 흥미롭다.

활동 이야기 속 이야기를 찾아라!

주제

재미있는 이야기

활동 대상

초등 저, 중

활동 목표

- 주어진 그림으로 즉흥 이야기를 만들어 말할 수 있다.
- 이야기 속에 숨어 있는 또 다른 이야기를 찾아내어 간단히 소개할 수 있다.

◈ 활동 자료

그림책, 그림책 속 장면 컷(4장), '먹을 수 있는 것' 목록(8절 도화지), 이야기 속 이야기 책 표지('늑대와 일곱 마리 아기 염소', '아기 돼지 삼형제', '피터와 늑대', '빨간 모자' 등)

활동 과정	활동내용	자료 및 지도상의 유의점
준비 활동	• 수수께끼로 주인공 맞혀 보기 - 내가 누구인지 맞혀 보겠니? - 나는 외국 옛날이야기에 굉장히 많이 나와. - 나는 뾰족뾰족한 이빨도 있어서 다들 나를 무서워하지. - 특히 아기 돼지들이 나를 무서워하지. 내가 집을 '후―' 날려버렸거든 - 난 말이야, 일곱 마리 아기 염소를 단번에 꿀꺽 삼킨 적도 있어.	
본 활동	**활동 1** **네 장면으로 이야기 만들기** 1. **그림책 속의 장면 네 가지를 탐색한다.** - 오늘은 아주 재미있는 늑대를 만나볼 텐데, 여기 여러 친구들을 만나는 장면들이 있어요. 어떤 일이 벌어지고 있는 것 같나요? 2. **네 장면으로 이어서 즉흥 이야기를 만든다.** - (모둠별로 그림 장면들을 나눠 준 다음) 네 가지 그림으로 이야기를 만들어볼까요? - (모둠별 발표가 끝난 뒤) 그럼, 이 책 속에서 그 그림들이 어떤 이야기를 말하고 있는지 확인해 볼까요? 	장면 컷 4장

<table>
<tr>
<td>본 활동</td>
<td>

활동 2 그림책 감상

1. **표지를 탐색한다.**
- ('먹을 수 있는 것' 메모 부분을 가리고) 늑대의 표정이 어떤가요? 무엇을 보고 있는 것일까요?
- 제목이 '제가 잡아먹어도 될까요?'인데, 누구에게 하는 말인지 이야기 속으로 들어가 볼까요?

2. **앞면지를 탐색한다.**
- 여기는 어디일까요? 무슨 일이 벌어지고 있는 것 같나요?

3. **그림책을 감상한다.**

❶ 루카스 가족들의 대사를 역할에 맞게 강조하여 구연한다.
- 할머니: (울먹이며) "너는 내 인생의 태양이란다."
- 할아버지: (위엄을 부리며) "어허! 할아버지가 말씀하시면 잘 들어야 하는 거야!"

❷ 세쌍둥이 동생들이 부르는 노래를 '올드랭 사인'의 곡조에 맞춰 부른다.
♬ 안녕! 큰형! 잘 가! 슬픔은 삼켜 버리고!

❸ 8절 도화지에 '먹을 수 있는 것' 목록을 적어 따로 준비하고, 루카스가 각 등장인물을 만날 때마다 확인하며 읽는다.

❹ 루카스의 동작을 따라하며 구연한다.
- (염소 가족을 만나는 장면에서 한 손은 얼굴을 감싸고, 한 손은 가라는 손짓을 하며) "그럼 어서 가 봐. 내 마음이 바뀌기 전에!"

❺ 등장인물에 따라 달라지는 루카스의 태도가 느껴지게 구연한다. (여러 동물에게는 예의 바르고 친절하지만 거인에게는 거칠고 화가 나 있음)

❻ 마지막 장면을 보여 주기 전에 8절 도화지에 쓴 먹을 수 있는 목록을 다 함께 본다.
- 루카스가 먹을 수 있는 것은 엄마염소와 아기염소였나요? *아니요.*(교사는 줄을 긋는다.) … 먹을 수 있는 것은? *사람 잡아먹는 거인* (교사가 글씨를 쓴다.)

</td>
<td>그림책, 먹을 수 있는 것 목록</td>
</tr>
</table>

<table>
<tr>
<td>본활동</td>
<td>
활동 3 숨은 이야기 찾기
- (처음 보여 주었던 그림들을 제시하며) 처음에 보았던 이 그림들은 그림책 속에 나오는 장면이기는 하지만, 여러분이 예상했던 것과는 달랐어요. 혹시 이들이 누구인지 아나요?
- 오늘 본 그림책 속에는 서양에서 내려오는 옛날이야기 주인공들이 여러 명 나왔었어요. 어떤 이야기였는지 말해볼까요? 늑대와 일곱 마리 아기 염소 ('늑대와 일곱 마리 아기 염소' 그림책 표지를 보여 준다.)

</td>
<td>이야기 속 이야기 책표지</td>
</tr>
<tr>
<td>마무리 및 평가</td>
<td>
- 한 이야기 속에 다른 이야기에 등장했던 인물들이 다시 나온 그림책을 만나보았는데, 어떤 생각이 들었나요?
- 책 속에 숨어 있던 이야기들 중에서 다시 보고 싶은 게 있나요? 무엇인가요?
</td>
<td></td>
</tr>
<tr>
<td>확장 활동</td>
<td>
• 이야기박사 골든벨
- 이 책에 소개되었던 옛날이야기로 이야기 골든벨을 해보겠습니다. 도전 이야기 박사 골든벨!
<table>
<tr><td>국어</td><td>다음 중 『제가 잡아 먹어도 될까요?』 이야기 속에 나오지 않은 동화는 무엇일까요?
① 엄마염소와 일곱 마리 아기염소 ② 빨간 모자 ③ 아기 돼지 삼형제 ④ 피터와 늑대 ⑤ 백설공주 ⑥ 꼬마엄지</td></tr>
<tr><td>수학</td><td>동화제목에 들어간 동물 중 '아기 동물'의 수는 모두 몇 마리인가요?</td></tr>
<tr><td>미술</td><td>동화제목 중, 색깔이 들어간 동화가 있습니다. 무슨 색깔인가요?</td></tr>
<tr><td>자연</td><td>다음 중 동화 중에서 등장하지 않는 동물은 무엇인가요?
① 돼지 ② 악어 ③ 늑대 ④ 염소</td></tr>
<tr><td>사회</td><td>다음 중 그림 책 속 루카스의 가족에 해당하지 않는 사람은 누굴까요?
① 엄마 ② 할머니 ③ 여동생 ④ 아빠 ⑤ 할아버지</td></tr>
</table>
</td>
<td></td>
</tr>
</table>

수업 메모	• 이야기 속 전래동화 **『늑대와 일곱 마리 아기염소』** 그림형제 지음, 펠릭스 호프만 그림, 김재혁 옮김, 비룡소, 2000 **『피터와 늑대(프로코피예프의 음악동화)』** 블라디미르 바긴 글·그림, 노경실 옮김, 토토북, 2003 **『아기 돼지 삼형제』** 폴 갈돈 지음, 이상희 옮김, 시공주니어, 2007 **『빨간 모자』** 제스 스톡햄 그림, 예림당, 2006 **『꼬마 엄지』** 샤를 페로 지음, 마일스 하이만 그림, 김주열 옮김, 샘터, 2008	

◈ 비슷한 주제를 담은 그림책(주제: 착한 늑대)

『식사준비 다 됐어요』 조프루아 드 페나르 글·그림, 이정주 옮김, 베틀북, 2002

『늑대들이 사는 집』 허가람 글, 윤정주 그림, 비룡소, 2015

초등 책 24

『신통방통 세 가지 말』

김경희 글·그림, 웅진주니어, 2012

책 소개

옛날 어느 숯장수가 숯을 팔고 집으로 돌아오는 길에 둥지에서 떨어져 다친 까치, 배고파하는 고양이, 추위에 떨고 있는 거지 노인을 도와준다. 노인은 고맙다며 숯장수에게 신통방통한 세 가지 말을 알려 준다. 이 세 가지 말 덕분에 숯장수는 목숨도 구하고, 선물도 받고, 집에 든 도둑도 물리친다. 읽기 좋게 잘 써진 글과 그림 하나하나에 담겨져 있는 해학적인 요소는 독자에게 줄곧 즐거움과 재미를 안겨 준다. 앞면지부터 뒤 면지까지 작가가 사이사이 장치해 놓은 그림의 수수께끼를 찾아보는 재미가 있다.

활동 흔들흔들, 신통방통!

주제

재미있는 옛이야기

활동 대상

초등 저, 중

활동 목표

- 함께 소리 내어 읽고 움직이면서 우리 옛이야기의 흥겨움을 느끼고 표현할 수 있다.

◈ 활동 자료

그림책, 숫자 폿말(1, 2, 3)

활동 과정	활동내용	자료 및 지도상의 유의점
준비 활동	• 그림책 표지 탐색하기 - (제목을 가린 채) 여기 누가 보여요? - 할아버지의 손가락 세 개가 무엇을 뜻하는 걸까요? - '신통방통'은 어떤 뜻일까요?	그림책
본활동	**활동 1 그림책 감상** 1. **그림책을 감상한다.** ❶ 면지를 탐색한다. - 여기 할아버지가 어디를 보고 있네요. 어디를 보고 있을까요? ❷ 전래동화 특유의 입말을 살려서 운율감 있게 읽는다. - 옛날 어느 산골에/ 마음씨 착한 숯장수가 살았어.(↘)/ 그런데 참 가난해서/ 겨우 입에 풀칠만 하고 살았지.(↻) ❸ 펼침면의 한쪽 면을 가리고 읽는다. - (오른쪽 면을 가린 채) 한 고개 넘으니 까치가 둥지에서 떨어져 울고 있지 뭐야. ❹ 세 가지 신통방통한 말을 동작을 곁들여 음률감이 있게 함께 읽는다. - 하나, 바람 불면 타지 마라/ 둘, 무섭거든 춤을 춰라/ 셋, 반갑거든 설설 기어라 ❺ 앞 장면으로 다시 돌아가 읽는다. - 도둑은 언제부터 숯장수를 따라왔던 것일까요? (숯장수가 황소에다 선물을 한 보따리 싣고 춤추는 장면으로 거슬러 올라가서 살펴본다.) 2. **뒤 면지를 탐색한다.** - (뒤 면지를 보여 주며) 할아버지가 또 누군가를 발견했대요. 이 사람이 누구일까요?	그림책

<table>
<tr><td>본활동</td><td>활동 2 '신통방통 세 가지 말' 몸으로 표현하기
1. 책 속의 세 가지 동작을 자세히 알아본다.
- 이야기 속에 나왔던 세 가지 동작을 다시 한번 볼까요?
- 하나! '바람 불면 타지 마라'
왜 이렇게 움직일까요? 바람이 불어서 흔들흔들.
- 둘! '무섭거든 춤을 춰라'
위에서 확 덤벼드니까, 앗! 깜짝이야 하고 뒤로 놀라는 거예요.
- 셋! '반갑거든 설설 기어라'
너무 반가워서 아이고, 어서 와 하고 엎어지듯이 하면서 어서 와 하는 거예요.
2. 세 팀으로 나누어 숫자 푯말에 해당하는 신통방통 세 가지 말을 동작으로 표현한다.
- 이번에는 숫자 푯말을 보여 줄 거예요. 팀별로 힘을 합쳐 숫자에 해당하는 동작을 해 보세요.
- (팀원 간의 동작이 일치하지 않으면 그 팀이 벌점을 받게 된다.)

</td><td>· 책에 그림으로 표현돼 있는 동작에 대해 부연 설명함으로써, 연상을 돕는다.

숫자 푯말</td></tr>
<tr><td>마무리 및 평가</td><td>- 함께 소리 내어 읽고 움직일 때 기분이 어땠어요?
- 팀으로 동작표현하기를 할 때, 어떤 부분이 가장 재미있었나요?</td><td></td></tr>
<tr><td>수업 메모</td><td>• 팀별 동작 표현하기를 할 때, 푯말 제시하는 속도를 빨리 하면 긴장감을 높일 수 있다.</td><td></td></tr>
</table>

◈ 비슷한 주제를 담은 그림책(주제: 재미있는 우리말)

『**훨훨 간다**』 권정생 글, 김용철 그림, 국민서관, 2003

초등 책 25

『금도끼 은도끼』

이솝 원작, 엄혜숙 글 · 이수진 그림, 파랑새, 2014

책 소개

가난한 나무꾼이 실수로 쇠도끼를 강물에 빠뜨린다. 쇠도끼만을 제 것이라고 대답한 정직한 나무꾼에게 신령님은 금도끼, 은도끼까지 상으로 준다. 이 소문을 듣고 옆집 나무꾼은 쇠도끼를 일부러 연못에 빠뜨리고 금도끼를 제 것이라고 욕심을 부리다가 결국 자신의 것마저 잃고 만다.

착한 나무꾼이 신령님과 만나는 장면의 배경은 밝게 표현되어 있는 반면, 욕심쟁이 나무꾼 장면은 어둡게 채색되어, 선과 악을 대조적으로 보여 주고 있다.

활동 도끼를 찾아주세요

주제

정직

활동 대상

초등 저

활동 목표

- 효과음을 몸으로 표현하면서 극놀이를 할 수 있다.
- 동화 함께 읽기에 즐겁게 참여할 수 있다.

활동 자료

그림책, 파란 천(75×75㎝ 크기, 또는 보자기), 금도끼 은도끼 재료(금색 · 은색 색지, 나무젓가락 1인당 2개), 풀, 가위

활동 과정	활동내용	자료 및 지도상의 유의점
준비 활동	• 산신령 등·퇴장 효과음과 동작 만들기 1. 제목을 읽고 이야기를 나눈다. - 오늘 이야기는 '금도끼 은도끼' 이야기인데 혹시 들어 본 적 있나요? 2. 속표지를 탐색하며 효과음과 동작을 만든다. - '금도끼 은도끼' 이야기를 효과음을 넣어서 읽어 볼 거예요. - 신령님이 연못에서 나올 때는 어떤 효과음이 좋을까요? 예 양손으로 밑에서부터 위로 올려 물방울이 올라오는 듯한 동작을 취하며 '뽀그르르' - 신령님이 연못 속으로 들어갈 때는 어떻게 하면 좋을까요? 예 양손을 펼쳐 위에서 아래로 내려가듯이 흔들며 '뽀그르르'	그림책
본 활동	활동 1 그림책 감상 1. 아동의 참여를 격려하여 그림책을 함께 읽는다. - 신령님은 울음소리를 듣고 나무꾼 앞에 나타났어요. (문장을 첨가하여) "그때 신비한 소리가 들렸어요." (손을 펼쳐 참여하기를 격려하며) 뽀그르르~ 2. 등장인물의 성격설정을 구별되게 하여 입체적으로 읽는다. - (신령님: 고령의 위엄있는 할아버지 소리로) "이게 네 도끼냐?" - (나무꾼: 굵고 부드러운 중저음의 남성소리로) "아닙니다. 제 도끼는 금도끼가 아닙니다." - (옆집 나무꾼: 빠르고 높은 톤의 간교한 느낌의 남성소리로) "제가 그만 도끼를 강에 빠뜨리고 말았습니다."	그림책
	활동 2 '도끼를 찾아주세요' 극놀이 1. 극놀이에 사용할 금도끼 은도끼를 각자 만든다. 2. 2인 1조로 파란 천(이동 연못)을 들고 금도끼 은도끼를 가진 아이들에게 찾아가 극놀이를 한다.	파란 천, 금도끼 은도끼 재료(금색·은색 색지, 나무젓가락 1인당 2개), 풀, 가위

본활동	♬ 도끼 찾으러 간단다, 이야이야호~  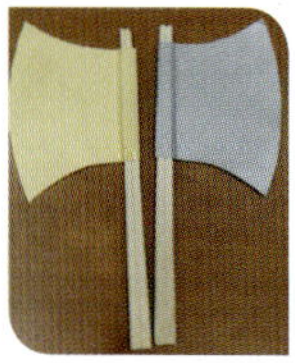	· 도끼 만드는 시간이 지나치게 길지 않도록 하고 파란 천은 아동이 통과할 수 있도록 '+'모양으로 절개해 둔다.
마무리 및 평가	- 책 읽을 때나 극놀이할 때 효과음과 함께했는데, 평소에 대사만 얘기할 때와 비교해서 어땠어요? - 극놀이를 하면서 어떤 부분이 가장 재미있었나요?	
수업 메모	• 극놀이를 진행할 때, 처음에는 교사가 극놀이를 이끌어가는 역할을 하여 비중을 높게 하다가, 점차 아동의 비중을 높이는 것이 좋다. 즉, 처음에는 교사가 해설을 맡아 각 등장인물이 할 대사와 동작의 힌트를 준다. (유아편, 『배달 대소동』 수업메모 참조) • 반복되는 구조 안에서 각자 약간씩 자신의 언어로 바꾸어 말할 수 있으므로 자신감이 부족한 아동도 참여할 수 있다.	

◈ 비슷한 주제를 담은 그림책(주제: 정직)

『빈 화분』 데미 글·그림, 서애경 옮김, 사계절, 2006

초등 책 26

『흥부 놀부』

홍영우 글·그림, 보리, 2014

책 소개

널리 알려진 우리 옛이야기로, 흥부는 착하게 살아 복을 받고, 놀부는 고약한 심보로 벌을 받게 된다는 전형적인 권선징악을 담고 있다.

어느 날 흥부는 다리가 부러진 제비 새끼를 정성껏 돌봐 준다. 이듬해 봄, 흥부는 제비가 물어다 준 박씨를 심어 박을 타게 되었는데, 이 박에서 쌀과 금은보화 등이 쏟아져 큰 부자가 되었다. 그 소식을 들은 놀부는 나쁜 방법으로 박씨를 얻어 박을 타게 되었으나, 부자는커녕 큰 벌을 받고 혼쭐이 난다.

활동 우리가 만드는 흥부놀부

주제

재미있는 옛이야기

활동 대상

초등 저

활동 목표

- 옛이야기를 다양한 방법으로 즐기고 내용을 전달할 수 있다.

활동 자료

그림책, 신문지 공

활동 과정	활동내용	자료 및 지도상의 유의점
준비 활동	• '도깨비 나라' 노래에 맞춰 박수 치기 ♬ 이상하고 아름다운 도깨비 나라 방망이로 두드리면 무엇이 될까? 금 나와라, 와라. 뚜욱 딱. 은 나와라, 와라. 뚜욱 딱.	
본 활동	**활동 1 그림책 감상** 1. **표지 그림을 보고 제목을 추측해 본다.** - '도깨비 나라' 노래에 맞추어 박수를 쳤는데, 오늘은 이 노래에 나온 도깨비가 등장하는 이야기를 들어 볼게요. - (제목을 가린 채 그림의 표지를 보여 주며) 그런데 이 새도 나온대요. 이게 무슨 새일까요? 그리고 무슨 이야기일까요? *흥부놀부, 제비* - (제목을 보여 주며) '흥부 놀부'는 많이 알고 있는 이야기죠? 이 새가 어떤 일을 하는지 이야기 속으로 들어가 볼게요. 2. **옛이야기 특유의 운율감을 살려 편안하고 구수하게 읽는다.** ❶ 바로 앞에 있는 누군가에게 들려주듯 천천히 말하듯이 읽는다. ❷ 바탕글의 문장 끝 억양에 변화를 주며 읽는다. - 옛날 어느 마을에/ 형제가 살았어(↘) 동생 흥부는 마음씨도 착하고 부지런한데(↗) 형 놀부는 세상에 둘도(강세두기) 없는 심술꾸러기에 욕심쟁이야(↻) 3. **그림책 속의 그림을 바탕으로 이야기의 살을 덧붙인다.** ❶ 그림을 단서로 이야기를 만들어 첨가하며 읽는다. - (첫 펼침면, 오른쪽 페이지를 가리키며) 언제, 어떤 일이 벌어지고 있나요? ❷ 대화체를 첨가하며 읽는다. - 그러던 어느 날, "까악, 지지배배 지지배배", "저기 좀 봐, 큰일 났어!" 커다란 구렁이 한 마리가 ……. 4 **의성어, 의태어를 강조하며 동작과 함께 읽는다.** - (박을 켜는 장면에서) '슬근슬근 톱질하세', '살근살근 톱질하세'	그림책

<table>
<tr><td>본 활동</td><td>활동 2 신문지 공을 이용한 이야기 릴레이
1. 아동들이 둥근 대형으로 서고 교사가 가운데에 서서 신문지공을 던져준다.
- 지금부터 신문지 공으로 '흥부 놀부' 이야기를 만들어 볼 거예요.
- 옛날 어느 마을에, 마음씨 착한 흥부와 마음씨 고약한 놀부가 살고 있었어요. 형 놀부는 아주 부자였대요. 하지만 ~(아동 1에게 공을 던져 준다.)
2. 아동의 이야기 만들기 사이에 교사가 이야기를 연결해 준다.
- (아동1) 하지만 동생 흥부는 아주 가난했대요. (아동1이 교사에게 공을 던져준다.)
- (교사) 어느 날, 흥부는 배가 너무 고파 놀부네 집을 찾아갔어요.</td><td>신문지 공
· 교사가 이야기 재구성하기에 대해서 편하게 임하도록 한다.</td></tr>
<tr><td>마무리 및 평가</td><td>- 흥부놀부 이야기를 여러 가지로 즐겨 보았는데, 무엇이 가장 기억에 남나요?</td><td></td></tr>
<tr><td>확장 활동</td><td>확장 활동 1 뚝딱! 소원의 도깨비방망이
1. 소원을 들어주는 도깨비방망이 놀이를 한다.
- 지금부터 도깨비방망이를 두드리면 박 속에서 뭐가 나오면 좋을지 생각해 보자.
2. 준비 동작으로 톱질하기를 표현한다.
- (앞뒤로 동작을 크게 하며) '슬근슬근 톱질하세'
(앞뒤로 동작을 작게 하며) '살근살근 톱질하세'
3. 아동이 순서대로 도깨비가 되어 소원을 말해본다.
- (나머지 아동이) 슬근슬근 톱질하세/ 살근살근 톱질하세
- (도깨비가 된 아동이 도깨비방망이를 내리치며) 게임기 나와라 뚝딱!</td><td>신문지 방망이</td></tr>
</table>

<table>
<tr>
<td></td>
<td>확장 활동 2 두루마리 난장판 놀이

• 박 속에서 나온 도깨비들이 난장판을 만들었듯이, 두루마리 휴지를 양손에 1미터 가량씩 감아쥐고 흔들며, 구령에 맞춰 탈춤 체조하듯이 춤을 춘다.
- "맘씨 고약한 놀부네에서 한 바탕 놀고 가세! 하나, 둘, 셋, 넷!"</td>
<td>두루마리 휴지</td>
</tr>
<tr>
<td>수업
메모</td>
<td>• 신문지로 도깨비방망이를 만들 때에는, 단단하게 감기보다는 헐렁하게 감으면 내리칠 때 소리도 나면서 활동에 재미를 더해 준다. '사탕 나와라 뚝딱!' 하면서 간식을 제공할 수도 있다.
• 이 동화는 아동에게 친숙한 전래동화이므로 후속해서 연계할 수 있는 활동의 폭이 넓다. 둘이서 마주 보고 하는 간단한 톱질체조부터 '뚝딱! 소원 방망이', '신문지 공 릴레이', '두루마리 난장판' 등 여러 가지 중에서 무엇이든 선택할 수 있다. 대상자들의 이해도나 프로그램의 성격에 따라서 후속 활동을 선정한다.</td>
<td></td>
</tr>
</table>

◈ 비슷한 주제를 담은 그림책(주제: 형제간의 우애)

『의좋은 형제』 이현주 글, 김천정 그림, 국민서관, 2006

『찬성!』 미야니시 타츠야 글·그림, 김난주 옮김, 시공주니어, 2011

초등 책 27

『이야기 주머니 이야기』

이억배 글·그림, 보림, 2008

책 소개

이야기를 좋아해서 이야기를 듣기만 하면 종이에 적어 주머니에 넣어 두는 아이가 있었다. 주머니에 갇혀 답답했던 이야기들은 귀신이 되어 아이가 장가가는 날 해코지하려 한다. 우연히 이 사실을 알게 된 머슴 덕에 목숨을 건진 신랑은 꽁꽁 묶어놓았던 이야기 주머니를 풀어 주고, 이야기들은 훨훨 날아간다.

선명하면서도 자세하게 그려진 그림을 읽다 보면 아이가 할머니, 할아버지, 아이, 나그네 등 세상에서 만난 모든 사람에게서 이야기를 전해 들었음을 알게 된다. 그림 단서를 통해 이야기를 유추해 보는 즐거움이 있고, 이야기를 통한 소통의 중요성도 발견할 수 있다.

활동 우리가 뽑은 이야기

주제

재미있는 옛이야기

활동 대상

초등 저

활동 목표

• 자신이 좋아하는 이야기를 소개하고 그 이유를 설명할 수 있다.

◈ 활동 자료

그림책, 이야기 주머니 그래프 판(4절 색지 2장, 풀), 스티커

활동 과정	활동내용	자료 및 지도상의 유의점
준비 활동	• 수수께끼 맞히기 1. **수수께끼로 '주머니'의 개념을 알아본다.** - 이것은 그 안에 무엇을 담을 수 있는 거예요. - 이것은 옷에도 달려 있어요. - 이것은 집어넣는 것에 따라 이름이 달라져요. 이것은 무엇일까요?	
본 활동	**활동 1 그림책 감상** 1. **제목을 보며 이야기를 나눈다.** - 오늘 읽을 책은 '이야기 주머니 이야기'랍니다. 그럼 이 주머니에는 뭐가 들어 있을까요? - 이야기 주머니에는 어떤 이야기가 들어 있을까요? 2. **그림책 감상을 한다.** ❶ 그림 읽기를 곁들여 읽는다. - 이야기판이 벌어진 곳이라면 어디든 다 쫓아다녔어. (그림을 가리키며) 마을 할머니에게서도 듣고, 장터 할아버지에게서도 듣고, 나물 캐는 아이에게서도 듣고, 지나가는 나그네에게서도 듣고. ❷ 이야기 주머니에서 나온 등장 인물을 탐색하며 이야기를 유추한다. - 이야기 주머니에서 어떤 이야기가 나왔는지 볼까요? 여기, 날개 옷을 입고 아이를 안고 있는 여자가 있네요. 어떤 이야기일까요?	그림책

본 활동	**활동 2 이야기 투표하기** 1. **이야기 제목이나 등장인물을 통해 이야기를 회상한다.** - 지난 한 학기 동안 들었던 이야기에는 어떤 것들이 있었나요? - '김수한무'는 어떤 이야기였나요? 2. **자신이 알고 있는 가장 재미있었던 이야기와 그 이유를 발표한다.** - 여기 커다란 이야기 주머니에 지금까지 들었던 이야기가 담겨 있어요. 이 이야기 중에 또 듣고 싶거나 다른 친구에게 들려주고 싶은 이야기를 골라 그 이유가 무엇인지 소개해 볼까요? 3. **스티커로 각 이야기에 투표한다.** 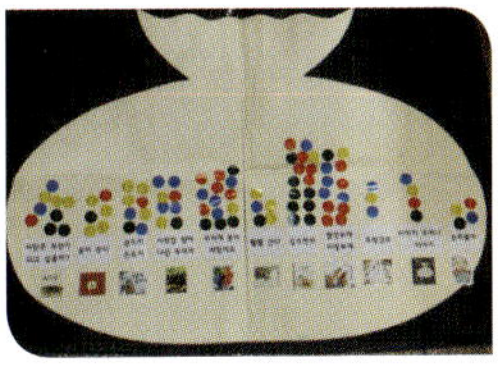	이야기 그래프판, 스티커
마무리 및 평가	- 내가 좋아하는 이야기를 다른 친구도 좋아한다고 한 적이 있나요? 그 때 기분이 어땠나요? - 오늘 책에 나왔던 이야기 외에 또 어떤 이야기가 주머니에 들어 있으면 좋을까요? - 세상에는 왜 이렇게 여러 가지 이야기가 있을까요?	
수업 메모	• 일정 기간 지속된 프로그램의 마지막 차시에 회상 및 평가 활동으로 사용하기에 적합하다. 이때 프로그램에서 다루었던 그림책의 표지 사진을 준비하여 기억을 떠올릴 수 있도록 한다.	

비슷한 주제를 담은 그림책(주제: 이야기)

『이야기 이야기』 게일 헤일리 글·그림, 엄혜숙 옮김, 보림, 1996

초등 책 28

『석수장이 아들』

전래 동요, 권문희 그림, 창비, 2007

책 소개

석수장이 아들과 동무가 주고받는 말놀이로 충남 예산에서 불리던 전래 동요이다. 돌의 질감을 살린 면지, 팽팽한 기싸움을 소박하게 담아낸 그림이 정겹다. 마지막에 석수장이가 되겠다고 외치는 아들의 말과 그 옆에서 말없이 땀을 닦는 아버지의 모습에서, 단순한 말의 재미를 넘어서는 묵직한 감동을 느낄 수 있다.

활동 주고받는 말놀이

주제

말놀이

활동 대상

초등 저

활동 목표

- 함께 소리 내어 전래 동요를 낭송할 수 있다.
- 연상되는 단어를 이어서 말할 수 있다.

활동 자료

그림책, 말놀이 가사 교구(석수장이 아들과 동무 대사), 낱말 카드

활동 과정	활동내용	자료 및 지도상의 유의점
준비 활동	• 전래 동요 부르기 1. 칠판에 '원숭이 엉덩이는 빨개' 노랫말에 등장하는 낱말을 적는다. - 여기에 '사과, 백두산, 원숭이, 바나나, 기차, 비행기' 가 있어요. 생각나는 것이 있나요? 2. 전래 동요를 빠르기에 변화를 주며 불러 본다.	
본 활동	**활동 1 그림책 감상** 1. 앞표지를 탐색한다. - 제목이 '석수장이 아들'이네요. 그림에서 아들이 누굴까요? 그럼 이 사람은 누굴까요? - 석수장이가 뭐 하는 사람인 것 같나요? 2. 석수장이 아들의 심리를 탐색한다. - "너두 너두 이담에 석수장이가 되겠수" 이 말을 듣고 석수장이 아들은 어떤 기분이 들까요? 3. 그림 읽기를 하며 상호작용 한다. - 석수장이 아들의 모자가 어떻게 변했나요? - 왜 "그까짓 석수장이"라고 말했을까요? 4. 뒷내용을 예측하며 읽는다. - 해보다 더 힘이 센 것은 무엇이 있을까요? 5. 글 위주로 다시 한번 읽는다.	그림책
	활동 2 주고받는 말놀이 1. 아동을 두 모둠(석수장이 아들, 동무)으로 나눈다. 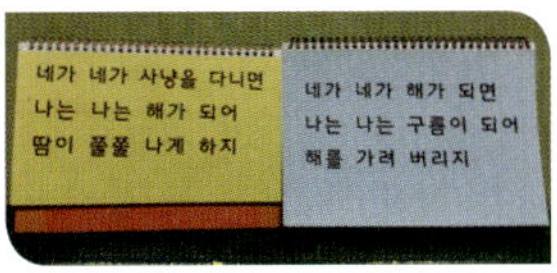 2. 교사가 각 모둠에 해당하는 말놀이 가사 교구의 페이지를 넘기면, 각 모둠이 운율감 있게 읽는다. 3. 속도감 있게 주고받으며 읽어 본다.	말놀이 교구 2개

본 활동	활동 3 말 이어가기 놀이 - 우리도 말 이어가기 놀이를 해 보아요. 여기에 여러 가지 단어가 있어요. - (낱말 카드를 뽑으며) '김치'를 뽑았네요. 김치는? *매워* - 매운 것은? *고추!* - *고추는 빨개 – 빨가면 사과 – 사과는 동그래 – 동그란 건 해님- 해님은 뜨거워…….* 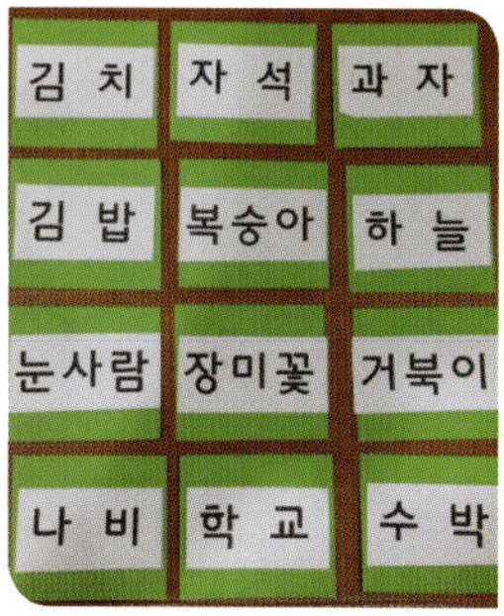 	낱말 카드
마무리 및 평가	- 함께 소리 내어 읽을 때 어떤 기분이 들었나요? - 말 이어가기 놀이를 할 때 어려운 점은 무엇이었나요?	
수업 메모	• 모둠별로 소리 내어 읽기만 해도 충분한 놀이가 되는 책이다. 2회 차에는 역할을 서로 바꾸어서 하면 더욱 재미있다. • 모둠별로 주고받는 말놀이를 할 때, 가사 부분을 확대한 교구를 활용한다. 아동의 수가 소규모일 때는 탁상용 달력 크기로 충분하다. • 말 이어가기를 할 때 규칙을 정한다. ❶ 가장 먼저 외친 아동의 낱말로 이어간다. ❷ 앞에서 나왔던 낱말이 다시 나오면 말놀이가 끝나고 새로운 낱말 카드를 뽑아 시작한다.	

◈ 비슷한 주제를 담은 그림책(주제: 말놀이)

『호랭이 꼬랭이 말놀이』 오호선 글, 남주현 그림, 길벗어린이, 2006

『최승호 시인의 말놀이 동시집 3』 최승호 시, 윤정주 그림, 비룡소, 2007

초등 책 29

『우리 할아버지가 꼭 나만했을 때』

전래 동요, 주경호 인형으로 꾸밈, 보림, 1999

책 소개

우리 조상들의 소박한 삶과 훈훈한 정서를 닮고 있는 전래 동요 27편이 실려 있다. 책을 읽다보면 노래뿐 아니라 술래잡기, 말타기 등 자연과 더불어 놀 수 있는 놀이도 노랫말과 익힐 수 있다. 토속적인 모습의 인형이 정감을 더한다.

활동 우리들의 성씨가

주제

전래 동요

활동 대상

초등 저

활동 목표

- '성씨가' 노래를 불러보며 자신의 성씨로 노랫말을 만들 수 있다.

활동 자료

그림책, '성씨가' 가사 판, 4절 색지, 띠모양 종이(아동 수만큼), 풀, 사인펜

<table>
<tr><th>활동 과정</th><th>활동내용</th><th>자료 및 지도상의 유의점</th></tr>
<tr><td>준비 활동</td><td>• 여러 세대에 걸친 전래동요에 대해 이야기 나누기
- (책에 있는 가족사진을 보여 주며) 사진이 어떠니? 이 사진은 언제 사진일까요? 옛날이요.
- 옛날에 이 사진 속의 사람들이 노래를 불렀다면 어떤 노래를 불렀을지 만나볼까요?</td><td></td></tr>
<tr><td>본 활동</td><td>활동 1 그림책 감상
1. 표지를 탐색한다.
- (앞표지를 보며) 아이들이 뭐 하고 있나요?
- 강아지가 누굴 보고 있는 걸까요?
- (뒤표지를 펼치며) 남자 아이였네. 아이가 나오면서 친구들에게 뭐라고 했을 것 같나요?
2. 페이지마다 모두 다른 전래 동요가 실려 있으나 전체적으로 한 편의 스토리를 만들어 들려준다.
- 아버지는 일하러 나가시려고 합니다. 집 앞에 친구들이 왔어요. “봉구야 놀자!”
3. 책에 있는 많은 노래 중 ‘성씨가’ 페이지를 살펴본다.</td><td>그림책</td></tr>
<tr><td></td><td>활동 2 성씨가 불러보기
1. ‘성씨가’ 노래 가사를 읽어 본다.
- 날이 따뜻해지면, 옛날에는 논으로 밭으로 일하러 가요. 여기 노래 속에 여러 가지 일을 하는 사람들이 나오는데, 어떤 사람들이 무슨 일을 하는지 알아볼까요?

성씨가
이서방 일하러 가세
김서방 김 매러 가세
– 중략 –
오서방 오이 사러 가세
유서방 유쾌히 노세</td><td>성씨가 가사판</td></tr>
</table>

	2. 노래 내용에 맞게 동작으로 표현해 본다. - 옛날에는 동네마다 우물이 있었대요. 우물은 어떻게 만들었을까요? - 신을 삼는다는 게 무슨 뜻일까요? - 짚신을 삼는 모습을 동작으로 만들어 봐요. 3. '성씨가'를 다 함께 불러본다.	
	활동 3 우리의 성씨가 만들기 1. 각자의 성씨를 넣어 말놀이 노래를 지어본다. - 이번에는 각자의 성씨를 넣어 노래를 지어 보아요. 선생님은 한 씨니까, '한 서방, 한강 보러 가세~' 이렇게 재미있는 말놀이를 해 볼 거예요. 2. 아동이 지은 '성씨가' 가사를 띠 모양종이에 써서 색지에 붙인다. 3. 모두 함께 만든 '성씨가'로 노래를 불러본다.	4절 색지, 띠모양 종이, 사인펜, 풀
마무리 및 평가	- 나의 성씨로 노랫말을 만들어 보니 기분이 어땠나요? - 성씨가 노래를 만들면서 새롭게 알게 된 것이 있나요? *박씨가 많아요.*	
수업 메모	• 학기 초에 친구들의 이름을 익히는 활동으로 적합하며 만 5세 유아와도 즐길 수 있다. • 아동에게 같은 성씨가 많은 경우(예: 김씨, 이씨 등) 교사가 미리 단어들을 예상해 보고 지지해 줄 방법을 구상한다.	

비슷한 주제를 담은 그림책(주제: 전래 동요)

『시리동동 거미동동』 권윤덕 글·그림, 창비, 2003

『잘잘잘 1 2 3』 이억배 글·그림, 사계절, 2008

초등 책 30

『꽃이 핀다』

백지혜 글 · 그림, 보림, 2007

책 소개

표지의 찔레꽃을 시작으로 우리 산과 들에서 피어나는 꽃들을 다루고 있다. 비단 위에 천연물감을 사용해 전통 채색 방법으로 우리 꽃들의 고운 빛깔들을 그려 냈다. 짧은 시적인 글과 선명하고 섬세한 그림이 돋보이며 오방색과 오간색 등 전통색의 의미, 각각의 꽃에 대한 정보도 담고 있다.

활동 꽃이 핀다, 꽃이 핀다!

주제

우리 꽃, 색

활동 대상

초등 중

활동 목표

- 우리 산과 들에서 자라는 꽃과 열매에 관심을 가질 수 있다.
- 한지 꽃 피우기를 통해 개화 과정의 긴장과 기대를 경험하고 표현할 수 있다.

활동 자료

그림책, 여러 가지 색깔 한지꽃(수조에 띄우기 용), 수조, 카드 만들기 재료(A4 연두 색지, 꽃무늬 색종이, 꽃 프린트물, 가위, 풀)

활동 과정	활동내용	자료 및 지도상의 유의점
준비 활동	• 표지 탐색하기 - (빨간색 표지 커버를 보여 주며) 이런 꽃을 본 적이 있나요? 무슨 꽃일까요? - (상아색 찔레꽃 덤불 표지 그림을 보여 주며) 이 꽃은 원래 이렇게 여러 개가 같이 피는 찔레꽃이에요.	그림책
본 활동	**활동 1 그림책 감상하기** 1. 그림책을 감상한다. - (매 장면마다 본문 앞에 문장을 첨가하며) 꽃이 핀다. 꽃이 핀다. (책장을 넘기며) **빨강, 동백꽃 핀다.** - (책에 있는 정보를 발췌해서 들려준다.) 동백은 제주도나 따뜻한 남쪽 지방 바닷가에 많이 자라는 나무예요. 늦겨울부터 이른 봄까지 짙은 빨간 꽃 또는 흰 꽃이 핀대요. 2. 그림책의 내용을 회상한다. - 그림책에서 보았던 꽃들 중 어떤 꽃이 가장 기억에 남나요?	그림책
	활동 2 한지 꽃 피우기 1. 꽃잎이 접혀 있는 한지 꽃을 탐색한다. - 이 꽃은 아직 피지 않았어요. 어떻게 하면 꽃이 필까요? 2. 수조에 한지 꽃 하나를 띄운다. - 물 위에 꽃을 띄워 볼까요? - 꽃이 핀다, 꽃이 핀다, (한지 꽃을 물 위에 내려놓으며) ○○꽃 핀다. 3. 아동들이 한지 꽃을 물 위에 놓아본다. 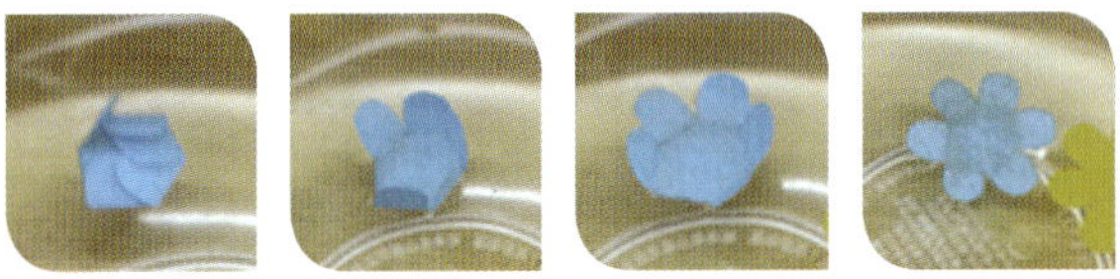	수조, 한지 꽃(아동 수만큼)
	활동 3 '꽃이 핀다' 카드 만들기 1. A4 색지를 절반으로 자른 다음 색종이로 꽃을 접어 붙인다(교구공방 참조).	A4 색지(연두색), 꽃무늬 색종이, 꽃 프린트물, 가위, 풀

본 활동	2. **펼쳐 놓은 색종이 꽃 중앙에 실사 꽃 프린트물(사진 또는 그림)을 붙인다.** 	
마무리 및 평가	- (카드 위의 꽃을 열며 연작시 낭송을 한다.) 꽃이 핀다. 꽃이 핀다. 빨강, 동백꽃 핀다. - 한지 꽃을 물 위에 띄울 때 어떤 기분이 들었나요? - 오늘 새롭게 알게 된 꽃이나 풀은 무엇인가요?	
수업 메모	• 색종이 꽃은 교사가 미리 접어 준비한다. • 한지 꽃은 아동들이 직접 접어 보도록 하며, 한지 꽃을 물 위에 놓을 때 어느 한쪽이 먼저 물에 잠기지 않도록 가만히 내려놓도록 한다.	

AB 교구공방

⊙ '활짝 피는 꽃' 접기

• **준비물:** 색종이, 가위, 풀, 색지, 꽃 그림

① 색종이를 반으로 접는다.
② 다시 반으로 접는다.
③ 삼등분할 부분을 어림한다.
④ 삼등분으로 접는다.
⑤ 뾰족한 부분을 둥글게 오린다.
⑥ 바탕을 육각형으로 하여 접는다.
⑦ 꽃잎을 오므린다.
⑧ 꽃 그림을 가운데에 붙인다.

◈ 비슷한 주제를 담은 그림책(주제: 꽃)

『나, 꽃으로 태어났어』 엠마 줄리아니 글·그림, 이세진 옮김, 비룡소, 2014

『봄을 찾은 할아버지』 한태희 글·그림, 한림출판사, 2011

초등 책 31

『온 세상 국기가 펄럭펄럭』

서정훈 글, 김성희 그림, 웅진주니어, 2010

책 소개

국기가 처음 시작된 기원부터 국기에 담긴 그 나라의 역사, 위치, 자연, 종교, 전설, 영토 등 국기에 담겨 있는 의미와 정보를 테마별로 흥미롭게 구성하였다. 우리나라 태극기가 만들어지게 된 과정도 함께 들어 있다. 처음과 끝을 장식하는 월드컵 경기장 장면은 자연스럽게 세계국기를 가장 많이 볼 수 있는 현장이어서 현실감이 있다. 김연아 선수의 동계올림픽 금메달 수상 등 그림 속에서 발견할 수 있는 정보들도 다수 들어 있다.

활동 나라 비교 요술책 만들기

주제

국기

활동 대상

초등 저, 중

활동 목표

- 국기는 나라를 대표하는 상징이며 그 나라에 관한 정보를 담겨 있음을 알 수 있다.
- 각 나라 국기와 유니폼의 모양, 색, 무늬를 구별할 수 있다.

활동 자료

그림책, 축구 선수 및 관중석 사진, 융판, 국기 및 유니폼 그림 컷, 요술책 만들기 재료(8절 도화지, 국기 및 유니폼 그림 컷, 가위, 풀)

활동 과정	활동내용	자료 및 지도상의 유의점
준비 활동	• 사진을 통해 국기의 상징성 만나보기 - 국가대표들이 뛰는 축구경기를 본 적이 있나요? - (유니폼을 입은 국가 대표 축구선수 사진과 응원석 사진을 보여 주며) 축구선수와 응원석 관중의 공통점은 무엇인가요? *같은 색 옷을 입었어요(무늬, 문양, 페이스 페인팅 등)*	축구 선수 및 관중석 사진
본 활동	**활동 1 그림책 감상하기** 1. **그림책을 감상한다.** ❶ 아동의 참여를 격려하고, 주요 정보를 강조하면서 읽는다. - (그림책 속 에베레스트 산을 가리키며) 이 산은 어느 나라에 있을까요? *네팔.* - 캐나다에는 설탕단풍나무가 많이 자라요. 그래서 이 나무 수액으로 만든 시럽이 유명해요. *메이플 시럽, 핫케이크에 얹어 먹어요.* - 유럽 국기들의 비슷한 점은 무엇인가요? *십자가.* - 국기는 그 나라를 나타내는 얼굴이에요. 혹시 여기서 누구인지 알 수 있을 것 같은 사람 있어요? *김연아 선수가 올림픽 때 금메달을 따고 손 흔들어요.* ❷ 꾸밈말과 주요한 정보를 읽을 때는 강세를 둔다. - 네모 모양이 아닌 국기는 세계에서 딱 하나, 네팔 국기뿐이야. ❸ 국기에 대한 인상 깊은 구절을 다 함께 읽는다. - 국기는 그 나라이자 국민이거든.	그림책

	활동 2　요술책 만들기 1. 융판으로 국기와 유니폼의 공통점을 찾아 분류한다. - (융판으로 그림 컷들을 제시하며) 여기 국기와 유니폼이 있는데, 공통적인 것들끼리 나눠 볼까요?  2 요술책을 만든다. ❶ 8절 도화지 1장을 잘라 요술책 바탕 틀을 만든다. ※ 요술책 만드는 방법: 『스토리텔링과 책놀이』 p.320 참조 ❷ 완성된 바탕 틀에 국가명, 국기, 유니폼 순서대로 쓰고 붙인다.  요술책 겉면  요술책 안쪽면	융판, 국기 및 유니폼 그림 컷 요술책 재료(8절 도화지, 국기 및 유니폼 그림 컷, 가위, 풀)
마무리 및 평가	- 운동선수들의 유니폼에 그 나라 국기의 색과 무늬를 넣는 이유는 무엇일까요?	
수업 메모	• 1, 2차시로 나누어 국기에 대한 정보를 소재로 국기 골든벨을 진행할 수 있다. • 1학년들이 요술책 만들기를 어려워할 수 있으므로, 1학년 대집단 수업인 경우에는 요술책 바탕 틀을 미리 재단해 가는 게 필요하며, 국기 및 유니폼 컷은 라벨지에 출력하여 만들면 편리하다.	

◈ 비슷한 주제를 담은 그림책(주제: 세계 여러 나라, 국기)

『국기따라 세계여행』 와라베 기미카 지음, 베틀북, 2010

『국기는 재미있다』 보코공방 그림, 스마트베어, 2016

초등 책 32

『움직이는 ㄱㄴㄷ』

이수지 글·그림, 길벗어린이, 2006

책 소개

일반적으로 알고 있는 'ㄱ은 기차', 'ㄴ은 나비'가 아닌, 동사와 형용사로 자음을 표현했다. 배경 없이 단순하게 그려진 그림은 해당 자음으로 시작하는 단어의 뜻을 잘 살려 그렸다. 왼쪽 페이지의 단어를 가리고, 그림이 주는 이미지를 맞히며 수수께끼 놀이하듯 읽을 수 있다.

활동 글자놀이

주제

한글

활동 대상

초등 저, 중

활동 목표

- 한글의 자음을 알고, 특정 자음이 들어간 낱말을 쓸 수 있다.

활동 자료

그림책, 글자판, 자음카드, 접착메모지, 연필, 비밀주머니(혹은 바구니)

활동 과정	활동내용	자료 및 지도상의 유의점
준비 활동	• 한글에 대한 이야기 나누기 - 한글은 누가 만들었는지 알고 있나요? - '가'는 'ㄱ'과 'ㅏ'이 만나고, '너'는 'ㄴ'과 'ㅓ'가 만나서 이루어진 글자예요. - 'ㄱ'이나 'ㄴ'을 뭐라고 부르는지 알고 있나요? 'ㅏ'와 'ㅓ'를 뭐라고 하는지 알고 있나요?	
본 활동	**활동 1 그림책 감상** 1. **표지를 탐색한다.** - 제목이 '움직이는 ㄱㄴㄷ'입니다. ㄱㄴㄷ이 움직인대요. 어떻게 움직이는지 볼까요? 2. **수수께끼 놀이처럼 그림책을 감상한다.** - (왼쪽 페이지, 글자 부분을 가리고) 'ㄱ'이 보이나요? 어디 있나요? *새장이요.* 'ㄱ'을 새장에 어떻게 했나요? *넣었어요.* - 'ㄱ'으로 시작하는 단어로 맞혀보세요. - (글자를 보이며) 가두다. 'ㄱ'을 새장에 가두다. 가두다의 기역! - (아동과 함께) *가두다의 기역!* - (가렸던 글자를 보이며) 녹다. 아하! 'ㄴ'이 녹으면서 움직이고 있네요. 녹다의 니은! *녹다의 니은!* 	그림책
	활동 2 '만세' 글자 놀이 1. **글자판에서 한 칸을 자기 자리로 정하고 둘러앉는다.** 2. **단어를 적을 개별메모지를 나눠 갖는다.** 3. **술래가 비밀주머니에서 자음카드 중의 하나를 꺼내 큰소리로 외친다.** 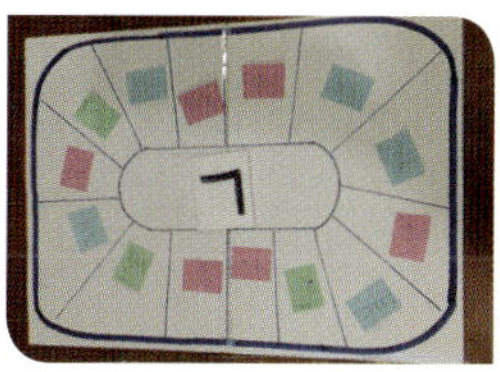	글자판, 자음카드, 접착메모지, 연필, 비밀주머니(혹은 바구니)

본 활동	**4. 술래가 반환점까지 달려갔다가 돌아오는 동안, 그 자음이 들어가는 낱말을 메모지에 적어 자신의 칸에 붙인다.**   **5. 술래가 도착하여 '만세'를 외치면, 모두 함께 손을 위로 올린다.** **6. 각자의 단어를 릴레이식으로 말해 본다.** - ('리리리자로 끝나는 말' 음에 맞춰) ♬기역, 기역이 들어가는 말 / *가지, 가재, 국수, 가랑비, 공, 구두~* ※ 술래가 '만세'를 외칠 때까지 낱말을 적지 못하거나, 늦게 한 아동이 다음 술래가 된다.	
마무리 및 평가	- 오늘 글자놀이를 해 보았는데 어떤 부분이 가장 기억에 남나요?	
수업 메모	• 문해 능력이 부족한 아동이 함께 참여하고 있는 경우, 활동의 난이도를 조절한다. 예 둘이서 짝을 지어 시작하기 • 술래가 반환점을 돌아올 공간이 부족한 경우에는 '무궁화 꽃이 피었습니다'를 세 번 외치거나, 전래 동요 '원숭이 엉덩이는 빨개'를 끝까지 부르는 것으로 대신할 수 있다. • 각 자음으로 시작하는 단어가 들어간 짧은 문장을 지어 말하기로 확장할 수도 있다.	

◈ 비슷한 주제를 담은 그림책(주제: 자음)

『개구쟁이 ㄱㄴㄷ』 이억배 글·그림, 사계절, 2005

『요렇게 해봐요』 김시영 글·그림, 마루벌, 2011

초등 책 33

『쭈글쭈글 주름』

박정선 기획·글, 송혜선 그림, 비룡소, 2008

책 소개

이 책은 우리 주변의 수많은 주름들에 대해 이야기하듯 알려 준다. 책에 있는 플랩을 열고 읽다 보면 주름이 우리 몸에서 어떤 일을 하는지, 동물들과 일상생활 속에서 주름이 어떤 기능을 하는지 보여 준다. 평소에 무심코 지나치기 쉬운 주름의 중요성과 다양한 쓰임을 알 수 있는 지식정보 그림책이다.

활동 우리 몸의 주름

주제

주름

활동 대상

초등 저

활동 목표

- 우리 몸에 있는 주름을 찾아보고, 주름의 필요성과 중요성에 대해 알 수 있다.
- 친구들과 협동하여 몸으로 집단 주름을 만들 수 있다.

활동 자료

그림책, 주름 사진자료(노인 얼굴, 주름치마, 주름 많은 강아지), 비밀상자, 신체부위 그림 카드

활동 과정	활동내용	자료 및 지도상의 유의점
준비 활동	• 수수께끼로 도입하기 - 이것은 우리 주변에 많이 숨어 있어요. - (사진 자료를 보여 주며) 할머니한테도 있고, 강아지에게도 있어요. 또 예쁜 치마에도 있지요. - (그림책 표지를 보이며) 삐에로 아저씨가 연주하는 악기에도 있는 이것은 무엇일까요? *주름*	주름 사진자료(노인 얼굴, 주름 치마, 주름 많은 강아지), 그림책
본 활동	**활동 1 그림책 감상** 1. **그림책을 감상한다.** ❶ 이야기를 나누듯이 정감 있고 편안하게 읽는다. - 이 손은 누구의 손일까요? 할머니, 할아버지 손에만 주름이 있을까요? - 우리 손에도 주름이 있나 찾아볼까요? ❷ 플랩을 열어가며 읽는다. - 주름은 우리 몸 곳곳에 있어요. 팔에 주름이 있어서(플랩을 열며) 이렇게 움직일 수 있지요. - 다리가 없는 지렁이가 기어 다닐 수 있는 것은 (플랩을 열며) 꿈~틀! 주름 때문이래요.	그림책
	활동 2 '주름' 놀이 1. **'주름아~주름아~ 나와라!' 놀이를 한다.**  ❶ 비밀상자에 있는 신체부위 그림 카드를 한 장씩 뽑는다. ❷ 같은 신체부위 카드를 뽑은 아동끼리 모둠을 만든다. ♬즐겁게 춤을 추다가 손바닥(입술, 무릎, 팔꿈치, 얼굴 등) 모여라 ❸ 뽑은 카드의 주름을 모둠별로 표현한다. - 한 모둠씩 나와서 그 주름을 보여 줄까요? ♬주름아~ 주름아~ 어디 있니?	비밀상자, 신체부위 그림 카드

본 활동	**2. '주름이 사라진다면!' 놀이를 한다.** - 그런데 갑자기 우리 몸에서 주름이 사라진다면 어떻게 될까요? ♬주름아~ 주름아~ 사라져라! - 지금 손바닥 주름이 없어졌는데 바닥에 떨어진 색종이를 주워볼까요? **3. 모둠별로 '왕주름 펼치고 접기'를 한다.** ❶ 두 팀으로 나누어 손을 잡고 주름이 된다. - 주름 여러분, 모두 손잡았나요? 지금부터 주름이 얼마나 펴질 수 있는지 펴 보도록 하겠습니다. 단, 첫 번째 사람은 잡고 있는 기둥(혹은 벽)을 절대 놓치면 안 됩니다. 소고를 치면 제자리에 멈추고 어느 팀이 더 긴지 비교해 보도록 하겠습니다. ♬ 펴져라, 펴져라, 주름아, 쭉쭉 펴져라. "따닥!" ❷ 노래에 맞춰 줄어들기를 한다. - 주름 여러분, 이번에는 최대한 오므려보겠습니다. ♬ 접어라, 접어라 주름아, 쏙쏙 접어라. "따닥!"	색종이 소고 · 아동끼리 손이 떨어지지 않도록 유의하며 진행한다(아동과 아동 간, 출발 점과 첫 번째 아동).
마무리 및 평가	- 우리가 생활할 때 주름은 어떨 때 생기는지 말해 줄 수 있나요? *걸을 때, 말할 때, 물건을 쥘 때, 우리가 움직일 때 생겨요.* - 우리 몸의 '주름'에 대해 새롭게 알게 된 사실이 있나요? (*주름 때문에 우리 몸이 부드럽게 움직일 수 있어요./ 할머니가 되면 생기는 건 줄 알았는데, 우리 몸에도 많이 있어요.*)	
수업 메모	• 색지를 주름 접기하여 다양한 사물로 표상하는 활동으로 연계해 볼 수 있다(아코디언, 울타리, 리본, 부채 등). • 초등 고학년을 대상으로 '아름다운 주름에는 어떤 것이 있는가?'에 대해 토론해 볼 수 있다. 	

비슷한 주제를 담은 그림책(주제: 주름)

『다리미야 세상을 주름 잡아라』 임정진 글, 강경수 그림, 샘터, 2008

저·자·소·개

이송은

학력 및 경력 중앙대학교 대학원 유아교육학과(문학박사)
경인교육대학교 강사
부천대학교 영유아보육과 겸임교수
한국출판문화산업진흥원 강사
동화가있는집 연구소 소장(현)
한국어린이문학교육학회 이사(현)
한국 교육인류학회 이사(현)

저서 『스토리텔링과 책놀이』(창지사), 『유아문학교육의 이론과 실제』(창지사)외 다수.

논문 "2세 영아의 책에 대한 의미탐색"(박사학위논문)
"다문화가정의 문화이해를 위한 문학활동 실행연구: 필리핀 모자를 대상으로" (어린이 문학교육연구 8권 2호)
"세 연구자들의 스토리텔링 탐험기: 그림책으로 아이들과 소통하는 할머니·할아버지 세워가기"(교육인류학 연구19권 3호)외 다수

김윤경

학력 및 경력 경기대학교 대학원 유아교육학과 석사과정 수료
수원시육아종합지원센터 강사
한국출판문화산업진흥원 강사
동화가있는집 연구소 연구원(현, 경기지부장)

논문 "세 연구자들의 스토리텔링 탐험기: 그림책으로 아이들과 소통하는 할머니 · 할아버지 세워가기"(교육인류학 연구19권 3호)

전진영

학력 및 경력 국립공주대학교 대학원 유아교육학과 박사과정 수료
백석문화대학교 유아교육과 강사
한국출판문화산업진흥원 강사
동화가있는집 연구소 연구원(현, 충청지부장)
충청남도평생교육원 강사(현)
한국포괄영유아 · 아동교육지원학회 이사(현)

논문 "영아와 양육자가 공공도서관에서 경험하는 책놀이에 관한 연구"(석사학위논문)
"세 연구자들의 스토리텔링 탐험기: 그림책으로 아이들과 소통하는 할머니 · 할아버지 세워가기"(교육인류학 연구19권 3호)

권 옥

학력 및 경력 전북대학교 대학원 고고문화인류학과 석사과정 수료
한국출판문화산업진흥원 강사
전주시민대학 책놀이지도반 지도교수
동화가있는집 연구소 연구원(현, 전북 지부장)
어린이문화연구소 '책놀이터' 소장(현)

한선예

학력 및 경력 경기대학교 대학원 유아교육학과 박사과정 재학 중
시립종합복지어린이집 교사
유한대학교 아동보육과 강사
서울 성북구육아종합지원센터 강사
동화가있는집 연구소 연구원(현, 서울인천지부장)

논문 "다문화가정 유아와 어머니를 위한 다문화주의적 문학교육활동의 구성 및 적용"(석사학위논문)

최형임

학력 및 경력 한국방송통신대학교 유아교육과 졸업
사천 사랑어린이집 교사
이천 국공립아미어린이집 교사
이천 봄뜰유치원 교사
동화가있는집 연구소 연구원(현)

이춘희

학력 및 경력 경기대학교 대학원 유아교육학과 석사과정 재학 중
명당초등학교 강사
한림도서관 강사(현)
동화가있는집 연구소 연구원(현)

한주미

학력 및 경력 명지대학교 사회교육대학원 아동심리치료학과 석사과정 재학 중
한국출판문화산업진흥원 강사
의정부육아종합지원센터 강사(현)
동화가있는집 연구소 연구원(현)

〈연구진〉
김미라(동화가있는집 연구소 연구원)
신일순(〃)
최수진(〃)
안혜련(〃)
박순하(〃)
정지연(연극놀이 강사)
유훼리(전, 오산대학부설유치원 교사)

동화가있는집 연구소 www.leestoryhouse.com
서울특별시 영등포구 양평로 67 한강포스빌 207호
☎ 02-2632-1582

〈국내문헌〉

국립어린이청소년도서관(2011). 어린이 담당 사서를 위한 스토리텔링 운영 매뉴얼 2.

김선(1999). 유아를 위한 연극놀이. 서울: 사다리연극놀이 연구소(비간행).

김선·한정혜·제인현·이송은(2007). 유아를 위한 연극놀이. 서울: 창지사.

박선희·이송은(1997). 유아를 위한 문학활동. 서울: 정민사.

박찬옥·김낙홍·구수연·이옥임·노희연·이선영·이예숙(2015). 보육과정. 경기: 정민사.

박찬옥·정남미·곽현주(2008). 놀이지도. 경기: 정민사.

소꿉놀이(2008). 교육연극 수업 어떻게 할까?. 서울: 정인출판사.

신일순(2009). 그림책놀이 활동에서 다문화 가정 엄마와 영아의 경험에 관한 연구. 건국대학교 교육대학원 석사학위논문.

이송은(2006) 2세 영아의 책에 대한 의미 탐색. 중앙대학교 대학원 박사학위논문.

이송은(2007). 다문화가정의 문화이해를 위한 문학활동 실행연구: 필리핀 모-자를 대상으로. 어린이문학교육연구, 8(2), 129-163.

이송은(2009). 어린이 담당사서를 위한 스토리텔링운영 매뉴얼 개발. 어린이문학교육연구, 10(2), 149-175.

이송은(2012). 스토리텔링과 책놀이. 서울:창지사.

이송은·전진영·김윤경(2016). 세 연구자들의 스토리텔링 탐험기: 그림책으로 아이들과 소통하는 할머니·할아버지 세워가기. 교육인류학 연구, 19(3), 67-119.

이숙재(2014). 영유아 놀이의 이론과 실제. 서울: 창지사.

전진영(2014). 영아와 양육자가 공공도서관에서 경험하는 책놀이에 관한 연구. 공주대학교대학원 석사학위논문.

한국정신문화연구원(1991). 한국민족문화대백과사전 제5권.

한선예(2014). 다문화가정 유아와 어머니를 위한 다문화주의적 문학교육활동의 구성 및 적용. 동덕여자대학교대학원 석사학위논문.

〈외국문헌〉

Ko, S. J. & Lee, S. E.(2013). The effects of picture-books shared reading training for immigrant mothers of young children: An exploratory study. *Asia-Pacific Journal of Research in Early Childhood Education, 7(2)*, 29-46.

Parten, M. B. (1932). Social participation among preschool children. *The Journal of Abnormal and Social Psychology*, 27, 243-269.

Raines, S. C. & Isbell, R. T. (1994). *Stories: Children's Literature In Early Education*. New York: Delmar Publishers Inc.

〈언론보도자료〉

머니투데이(2014.07.25.). 무식한 대한민국… "진지 빨지 말고 책 치워라".

스토리텔링과 책놀이 2

초판 1쇄 발행 2017년 2월 22일
초판 4쇄 발행 2020년 1월 29일

지 은 이 | 이송은 · 김윤경 · 전진영 · 권옥 · 한선예 · 최형임 · 이춘희 · 한주미
펴 낸 이 | 김기섭
편 집 인 | 이초롱
펴 낸 곳 | 창지사 www.changjisa.com
08589 서울시 금천구 가산디지털 1로 83 파트너스타워 1차 9층
전화 (02)719-2211~3
팩스 (02)701-9386
등 록 | 1977년 4월 28일 · 제1-421호

ISBN 978-89-426-0916-1 (93370)

값 22,000원

이 도서의 국립중앙도서관 출판예정도서목록(CIP)은 서지정보유통지원시스템 홈페이지(http://seoji.nl.go.kr)와 국가자료공동목록시스템(http://www.nl.go.kr/kolisnet)에서 이용하실 수 있습니다(CIP제어번호: 2017004579)